空の区別

中観派哲学と区別のシステム理論

西 菜穂子

渓水社

Unterscheidung in die Leerheit
Mādhyamika und Systemtheorie der Unterscheidung

すべての区別・マーヤーに

目　次

はじめに ………………………………………………………………… 3

第1章　『身体化された心』の問題提起
　第1節　身体化論提唱の背景 ……………………………………… 8
　　1　『身体化された心』の動機　8
　　2　認知主義批判　9
　　3　同書の仏教理解の問題点　13
　　4　科学（学問）と日常の自己　18
　第2節　身体化論と仏教思想からの示唆 ………………………… 21
　　1　心の科学と自己　21
　　2　自己の根拠　無根拠性　23
　　　(1) 自己の根拠　23
　　　(2) 色の認知　行為からの産出　26
　　　(3) 無根拠性　28
　　3　エナクティブ・アプローチと自我のない状態　33

第2章　ルーマンの理論
　第1節　区別・観察 ………………………………………………… 46
　　1　システムと環境　46
　　　(1) 差異理論としてのシステム理論　46
　　　(2) 区別・観察　49
　　　(3) 二値コード　53
　　　(4) オートポイエーシス　55
　　　(5) 社会　意味　言語　57
　　2　自己　60
　　　(1)「個人」の同一性と観察者　60

i

（2）意識と心　66
　3　世界　70
　　（1）世界の観察とパラドックスのコミュニケーション　70
　　（2）時間　75
　　（3）世界と沈黙すること　81
　4　科学システム　85
　　（1）科学システムという観察形式　85
　　　（a）Wissenschaft の規定　85
　　　（b）複雑性　89
　　　（c）偶然（Zufall）　90
　　（2）基礎づけ可能性　92
　　　（a）観察の記述　93
　　　（b）科学の「説得性」　95
第2節　神の区別………………………………………………100
　1　宗教システム　100
　　（1）ルーマンのアプローチ　100
　　（2）宗教システムにおける意味　106
　　（3）宗教のコミュニケーション　108
　2　内在と超越　112
　　（1）内在と超越を扱うこと　113
　　（2）宗教システムのコード「内在／超越」　115
　3　仏教哲学への関心　119
　　（1）ルーマンの神概念　120
　　（2）ルーマンの仏教観とキリスト教的コスモロジー　123
　　　（a）仏教についての記述　123
　　　（b）西谷の思想に対する理解　129
　　　（c）キリスト教的コスモロジー批判　133
　　（3）ブラフマンについての言及　136

第3章　ナーガールジュナの哲学

第1節　ヤスパース「ナーガールジュナ」……………………152
  1　西洋における中観派哲学の受容　152
  2　帰謬法の西洋哲学からの解説　154
  3　思惟と非思惟　158
  4　空性　die Leerheit　168
  5　東洋と西洋の自己　174

第2節　中村元『龍樹』………………………………………178
  1　中観派の概略　178
    (1) 歴史的背景と文献　178
    (2) 論敵・説一切有部の思想　179
    (3) 帰謬法　181
  2　空　185
    (1)「空」の受容　185
    (2) 中道　186
    (3) 縁起　188
    (4) 空見　191
    (5) 空と救済　194
  3　我　アートマン　197
    (1) 行為主体　197
    (2) アートマン　202
    (3) アナートマン　205
  4　空と涅槃　209
    (1) 我と涅槃　209
    (2) 二諦と絶対的な智　214
  5　比較思想的考察　220

第3節　ナーガールジュナ論の総括……………………………224
  1　有と無の対立とその観察者　224
  2　空・縁起・中道　そして時間　226

3　現象世界　228
　　第4節　インド哲学とナーガールジュナ……………………………234
　　　1　インド思想とギリシア思想　234
　　　2　ヴェーダーンタ思想　ブラフマン　236
　　　　(1)　シャンカラの不二一元論　237
　　　　(2)　時間という無明と世界の展開　240
　　　　(3)　至高のブラフマンと区別の統一　243
　　　3　アートマンとブラフマン　247
　　　　(1)　個人存在とアートマン　247
　　　　(2)　ヴェーダーンタと仏教のアートマン、そしてブラフマン　249
　　　4　自我のない行為　253

　第4章　西洋の内在と超越・東洋の空と涅槃
　　第1節　ニコラウス・クザーヌスの否定神学とナーガールジュナ…266
　　　1　否定神学の神　266
　　　2　神の観照　269
　　第2節　ルーマン理論と仏教思想……………………………………274
　　　1　ルーマンの仏教理解　274
　　　2　「キリスト教の神」とルーマン　278
　　　　(1)　神の対概念　279
　　　　(2)　偶発性の定式　280
　　　　(3)　キリスト教とルーマン　285
　　第3節　内在の営為と空………………………………………………289
　　第4節　伴われてあること　菩薩とイエス…………………………294

おわりに………………………………………………………………………305
あとがき………………………………………………………………………307
文献……………………………………………………………………………309
索引……………………………………………………………………………317

―凡例―

1. バレーラら、ルーマンの主要文献の註は初出以降、略号を使用。
2. 文献の翻訳は基本的に筆者。邦訳通りもしくは微変更の場合、邦訳の頁数を（ ）内に追加記載（参照の場合「参照」と付記）。引用文の強調（訳文では傍点表記）は原文通り。筆者による強調の場合は「（傍点は筆者）」と記載。
3. 中村元『龍樹』講談社（2002）の註は初出以降、著者名と頁数のみ記載。そのほかの中村の文献についてはさらに出版年を記載。
4. 上記以外の文献の註では著者名、出版年を記載。
5. 巻末の文献表に全項目記載。

―略号―
（ ）内は初版発行年

Francisco J. Varela/Evan Thompson/Eleanor Rosch

EM　*The Embodied Mind: Cognitive Science and Human Experience,* rev. ed., Cambridge, MA 2016 (1991).

Niklas Luhmann

SY　*Soziale Systeme: Grundriß einer allgemeinen Theorie,* Frankfurt/M. 1987 (1984).

SA 4　*Soziologische Aufklärung 4: Beiträge zur funktionalen Differenzierung der Gesellschaft,* Opladen 1987.

RS　Niklas Luhmann/Peter Fuchs: *Reden und Schweigen,* Frankfurt/M. 1989.

GS 3　*Gesellschaftsstruktur und Semantik: Studien zur Wissenssoziologie der modernen Gesellschaft.* Band 3, 4. Aufl. Frankfurt/M. 2012 (1989).

WG　*Die Wissenschaft der Gesellschaft,* Frankfurt/M. 1992 (1990).

BM　*Beobachtungen der Moderne,* Opladen 1992.

SA 6　*Soziologische Aufklärung 6: Die Soziologie und der Mensch,* 3. Aufl., Opladen 2008 (1995).

GG *Die Gesellschaft der Gesellschaft*, 2Bde., 9. Aufl., Frankfurt/M. 2015 (1997).
PG *Die Politik der Gesellschaft*, Frankfurt/M. 2002 (1998).
Rel. *Die Religion der Gesellschaft*, hrsg. von André Kieserling, 4. Aufl., Frankfurt/M. 2015 (2000).
ES *Einführung in die Systemtheorie*, hrsg. von Dirk Baecker, 2. Aufl., Heidelberg 2004 (2002).

空の区別
― 中観派哲学と区別のシステム理論 ―

はじめに

　本書のテーマは、この世界に生きる自己への問いである。西洋生物学者、西洋社会学者、西洋哲学者、東洋哲学者の記述を、仏教中観派哲学の祖ナーガールジュナの空の思想を通して論じる。

　ニクラス・ルーマンの社会システム理論は、中期以降、生物学のシステム理論のオートポイエーシスなどの重要な概念装置を取り入れることによって、さらに独自の社会理論に築きあげられている。
　現代生物学理論の支柱の一つであり、近年特に神経科学分野から注目されているこのオートポイエーシス理論は、生物学者ウンベルト・マトゥラーナとフランシスコ・バレーラによって提唱され、上述の生物学分野、社会理論のみならず、AIやそのほかの情報システム理論にも影響を与えている。バレーラはその後、今日の認知科学理論の主流の一つである身体化の黎明期に土台を作り上げる功績を残している。
　本書は、そのバレーラがエヴァン・トンプソン、エレノア・ロッシュと共に著した、身体化認知論（embodied cognition）を代表する著作 *The Embodied Mind: Cognitive Science and Human Experience*（1991）『身体化された心』[1] において試みた以下のような提案を起点としている。
　それは、現代認知科学における現象学・哲学の重要性をあらためて確認すること、そして、仏教中観派の祖であるナーガールジュナの空の哲学の視座を取り入れることによって、日常的な意識体験を生きることの様相と認知科学の融合的視点を提示することであった。
　この著作の、特に色彩認知理論は、観察者と観察対象そして心（mind）を行為から産出するものと定義した「エナクティブ認知論（enactive approach）」と名付けられ[2]、その身体化認知論は認知科学分野において、

理論及び実証にも多大な影響を及ぼした。その議論は現在も生産的に行われている。

　その一方で、仏教思想との融合という点、つまりバレーラらが意図した本来の意義の点においては、前述の反響に比して浸透度は低かった[3]。バレーラ自身は、1970年代から、個人的に仏教思想に親しむのみならず、認知科学と瞑想心理・哲学の対話的研究に携わりつつナローパ研究所において教鞭を取り、その後、関係諸学会や国際研究所で当該の学際研究を試み続けていた。バレーラが自身の著書の中で最も重要であると位置付けた同書の意欲的な試みの主旨は、上述のように仏教思想との融合であった。それにもかかわらずその最も核心的な部分が西洋思想において深く受け止められなかったということは、逆に、ある可能性を残していると言えよう。つまり、（仏教または東洋）哲学、あるいは社会科学や科学哲学全般の根底に連ねてゆく形で、この試みを敷延させる余地がある、ということである。

　バレーラらの目的の理解を妨げた最も大きな要因は、仏教哲学をはじめとする東洋思想研究の西洋における未成熟にあったと考えられる。東洋文化・思想研究者そして一部の例外を除いて、仏教思想は未だに神秘思想的な扱いにとどまり、その高度な理論的完成度に対する理解は、欧州中心主義的な態度に阻まれてきた。もっとも、近年、仏教を哲学として評価する傾向も広がりつつある。現在はその変化の歩みの入り口と言える。

　本書では中村元の『龍樹』[4]という透徹したナーガールジュナ哲学研究を比較参照する。この中観派哲学のきわめて重要な研究を翻訳という言語・文化的フィルターを経ることなく参照できるということには大きな意義があり、その理解のもとに東洋の西洋思想研究の側から提示できることの可能性は広がるであろうと考える。

　また、バレーラらの視点は後期のルーマン理論に少なからぬ影響を与えていると推察する。ルーマンの社会システム理論に一貫する区別と観察の視座の抽象的な普遍性から、仏教中観派哲学や東洋思想との脈絡を探り当ててゆく。さらにルーマン後期の宗教理論の「空」や仏教思想に関する記述から興味深い示唆を得て、ナーガールジュナの思想への連関の布石とする。

はじめに

　ナーガールジュナの空の哲学の考察ではまず、ヤスパースによる際立った解釈に着目する。ヤスパースはインドのウパニシャッド思想にも造詣があり、西洋哲学の伝統的な背景からの中観派哲学の理解にも深い洞察を示している。空観についての中村とヤスパースの解釈を同時参照することで東西研究者の視点の対比が可能となり、その根底を貫いて普遍的に受容されうる空すなわち中道の哲学もまたより明らかとなるであろう。

　さらに、仏教思想が古代インド哲学を思想の源として形而上学的な本質を共有していることをあらためて確認する。アドヴァイタ・ヴェーダーンタ哲学のシャンカラによる絶対者ブラフマン概念を考察し、また、古代ギリシアとインド仏教との交流の歴史的影響を顧みることによって、ヤスパースと中村によるナーガールジュナ解釈の比較が俯瞰される。同時に、それによってルーマン理論との接続性も示される。

　そして、ルーマンが本質的な影響を受け、中村がナーガールジュナの帰謬法と比較した、ニコラウス・クザーヌスの否定神学の記述を参照し、システム理論、中観派哲学、キリスト教否定神学の視座の重なりを見出す。

　最終的に、これら諸思惟を可能とするものによって、自己への問い、現代の世界を生きることに対するひとつのあり方が示される。それは異なるとされる角度からの記述が形作る、異ならざるもののひとつの形であることが理解されよう。

　これらの考察は、以下の一貫した視座によってなされる。幅広い学問領域に影響を与えた現代生物システム理論の背景に貫かれるものは、本来、より広範な哲学・思想的普遍性を持つような視点に求められる。それは一見狭義の宗教思想とされ、認知科学や現代社会理論とは概して無縁とされるものであるかもしれない。だが、様々な思想的営為は連なり合いひとつの脈絡を形成している。現代認知科学も、社会システム理論もまた、そうしたあらゆる歴史的な思惟の営為の成果であり、その礎の上に描かれている。それは個別の多様な概念の発展の歴史を湛えてなおその全てを包含する抽象的な概念でありながら、思惟を極め尽くし止揚した後に把捉されるものとされる。そこに仏教思想の「空」の概念を観ることができる。

註
1 Varela/Thompson/Roch, rev. ed. (2016).『身体化された心』(2000)。(以下略号 EM)。
2 Cf. EM. p.9.
3 Cf. Wilson/Foglia (2017).
  とはいえ、近年その状況が漸次変わりつつある。Cf. Kabat-Zinn, Foreword to the Revised Edition (in EM, pp.xi-xvi).
4 『龍樹』(2002)。底本は『ナーガールジュナ』(人類の知的遺産シリーズ13) (1980)。

第1章

『身体化された心』の問題提起

第 1 章 『身体化された心』の問題提起

第 1 節　身体化論提唱の背景

1　『身体化された心』の動機

　バレーラらのこの著作の最大の動機は、日常のまさに生きている自己と科学の分離に対する問題意識である。科学は今日、先鋭的にまで洗練されかつ威力を持っている。しかし、個別の領域にのみ特化した言わば「箱入り」の専門性によって、われわれ自身の自己とその生きる日常における「世界」との分裂がむしろ深化している。科学に従事する科学者自身もそのような「生きた」存在であるにもかかわらず、である。それでは科学の意味も、生きている自己自身としての意味もまた、虚無的な結果しか生まないのではないか、そのような現代の危機意識に対して認知科学はどのように対峙するのかということが、バレーラらの考察の出発点であった[1]。もっとも、現在の状況は、初版刊行の1991年当時に比して、インターネットやAIの発達によって、従来考えられていた種々の分野・社会の境界線が劇的に流動化された部分と、逆に別の意味での孤立化がより先鋭化された部分とがあると言えるであろう。

　いずれにせよ、同書のアイディアが練られた1970年代後半から1980年代全般にわたって、今日われわれが直面している状況の萌芽とその根底となる問題認識が一部に顕在化し始めていた。そうした中で、バレーラが、共著者のロッシュやトンプソンの哲学、人文科学、仏教思想的な背景にその可能性を求めたのは、もちろんバレーラ個人のそうしたチベット仏教との邂逅と傾倒による経験的な要素に端を発している。しかし、このような個人的体験に基づくきっかけから、これら二つの領域が最終的に一つの集約点にたどり着いたことが注目に値する。つまり仏教の核概念である空観が、認知科学によって到達された非・主客二元的な認知理解と理論的に根本においても細部においても適合するという事実にきわめて西洋科学理論

的アプローチによっても到達し得たというところに、この研究の意義があるのではないであろうか。

本書では、『身体化された心』の、脚光を浴びた認知科学分野の論証・記述ではないもう一つの側面、棚上げされたままの哲学・仏教思想の記述について主に言及する。認知科学分野の専門性の高い議論に関しては、特に本書のテーマに関連して必要なものに適宜言及する。

2 認知主義批判

今日の認知科学の潮流の原点は1940年代の第一次学際的サイバネティクス・ムーブメントである。この認知科学のサイバネティクス期における実践的な成果の例として、生物システムの自己組織化論、情報学、人工知能理論が挙げられる。さらにサイバネティクスから認知科学への流れと、その研究プログラムの変遷、名称の変化など具体的な内容については『身体化された心』の第1章及び第3章に詳しい。しかし、本書の議論に関わるこれらの歴史的経緯で留意すべき重要な点は、サイバネティクス・ムーブメントの意図が本来、心の科学の創造にあったことである。その意味するところは、それまで主に哲学者や心理学者の対象とされてきた心的現象すなわち人間経験を、何らかの形で自然科学分野の対象として把握したいという志向の現れであった。

バレーラらによれば、このようなサイバネティクス・ムーブメントから派生しているはずの当時の認知科学においては、その起源についてすら忘却されており、必然的に上述のような本来の意図もまた見失われていた[2]。当時の認知科学の主流は、認知を記号的表象の計算として定義する「認知主義（cognitivism）」であった。バレーラらはその問題点と欠落部分を指摘し、それに代わる上述の「エナクティブ（enactive）」という概念を『身体化された心』において提案したのである。

認知主義とは一体どのような視座に基づく科学なのか、それを端的に表

第 1 章　『身体化された心』の問題提起

現する Q ＆ A 形式の要約が同書に掲げられている。以下にその一つを引用する。同書および本書の問題意識に照らしても、その論理的難点は一読して明らかである。

　「問い 3：認知システムが適切に機能しているか否かをいかにして知るのか？

　答え：記号が現実の世界の何らかの外観を適切に表し、情報処理がシステムに与えられた問題解決の成功へと導く時である。[3]」

　ここで明白なのは、認知主義者にとって、「現実世界」という最終的に還元可能な客観的客体の存在が想定されていることであり、それを「適切」に表す「記号」が存在することを前提としていることである。また、記号は意味論の項目であるので、このコンテクストでは、さらにその記号に意味を付与する次元がなくては成立しない。こうしたことも、「客観的現実世界」同様、自明のこととして含意されているのである。

　それに対してバレーラらの提案したエナクティブ・アプローチにおいては、認知とは、認知主体とその客体である客観世界の二分を前提とする行為ではない。認知そのものが世界と心を「創出すること（enactment）」そのものであり、それは、ひとつの存在（a being）による多様な行為の歴史に基づいて形作られるのである。換言すると、世界とは、行動することと行動主体と行動対象が、すべて同時に立ち起こり形作られる「認知」そのものである、と言えよう。このアプローチには、ローティの認識論批判を真摯に受け止め、それをさらに科学理論にまで敷衍しようとする意欲がある、と述べられている[4]。つまり、当時、経験的な自然科学者の立場においても、科学哲学的な思索がもはや不可避である事態を見通すものであったと考えられる。

　認知主義は上述のように、AI、脳科学を中心とした神経生物学、心理学などの領域においてその情報処理の仮説が多大な影響を及ぼしてきた。その中で特に心理学における認知主義のアプローチでは、最終的に「認知に意識は不要である」という帰結に至るという。この帰結は本書の議論において重要であろう。認知と意識の間に必然的な連関が見つけられないと

いうのである[5]。意識が不要であるということはつまり、通常「自己」と呼ばれるような意識主体がなくても認知が可能であるということを意味する。

『身体化された心』には、認知主義の問題点から様々な創発特性（emergent properties）が現れてきた経緯（ニューロン研究から自己組織化や創発の理論への発展、認知主義の代替案もしくは補完と融和）について詳しく論じられている。以下に、その中で本論のテーゼにも関わる記号についての記述を簡単に考察する。

認知主義は、表象という計算図式で認知を表現する。この計算図式に必要なのは、表象の対象、表象するための記号、そして、その記号に意味を与えそれを定式化する作業である。ここでの記号は、物理的に還元可能なあるものと意味レベルをつなぐものと定義される。しかし、記号がいかにして意味を獲得するのかは解明不能なため、創発説を取り入れたコネクショニズムのような非記号的なアプローチが現れた。それらの説では意味は特定の記号にあるものではなく、「システムの全体状態の関数」として捉えられ、「認識や学習のようなドメインの全体機能に結びついている」とされる[6]。

伝統的な認知主義は、要素、固有性（属性）（properties）を重んじ、これらを所与のものとして扱い、その関係性を突き止める理論を自認している。認知主義者が計算において想定するのは物理学・神経生理学の次元の他に、還元不能な記号のレベル、及びそれ以外に意味論的・表象的なレベルである。しかし、同一の意味価値が数多くの記号形式によって理解され得ることに鑑みて、このような意味論の還元不可能も明らかである、とバレーラらは指摘する[7]。つまり、究極的には、その「意味」がいかに規定されるかということは解明不能であり、それ以上の還元はできないということである。したがって、計算とはトートロジーであるとも言えよう。

このことを一般化して表現すると、ある理論を説明する上でその基盤の

第1章　『身体化された心』の問題提起

ためには適切な概念やその概念を名付ける方法論が必要となるということである。認知主義は、自らの方法論は記号によって成り立つと考えている。しかし、そこに使用されている記号には、必ずそれを意味付けする上位の原理、概念が必要となる。たとえコネクショニズムのアプローチ、つまり意味がシステム全体の関数として認知や学習のような全体機能に結びついているものであるとするような視座を融合したところで、結局は上位の意味・原理を想定せざるを得ない。バレーラらはそれをこのように表現している。

> 記号は、額面通りに受け取るものではない。それらは、サブ記号レベルに支配原理が存在しているような諸操作の近似的なマクロレベルの記述として見られるのである。[8]

そこでは、記号の起源と意味に関する問いがより明確になるが、他方で任意の記号レベルが、そのネットワークの特徴に強く依存するようになり、結果として歴史的な意味づけが起こる、とバレーラらは指摘している。しかし、そもそも意味論から独立した「純粋に方法論的な」説明などというものが可能なのであろうか。

認知主義によれば、上述の記号計算はわれわれの気づき得ないプロセス、つまり「無意識」で行われる。したがって、認知主体は、無意識の記号計算と通常の「自己」意識による経験という状態に二分される。この二つの間には連関はなく、まったくの分離状態となっている[9]。それにもかかわらず、一つの認知主体が素朴に想定されているのである。

こうした認知主体の二分化をレイ・ジャッケンドッフは「心－心問題(mind-mind problem)」として、ドメインを「脳、計算する心、現象論の心」の三つに分けている[10]。さらに計算する心の「中間レベル表象」によってそれが現象論の心へ架橋される、とする[11]。しかしそれでは、意識の不統一性をこの理論ではどのように説明するのであろうか。ここでの意

第1節 身体化論提唱の背景

識とは、計算する心が中心となっている考え方である。そこに現れるのは、結局、「認知主義者による志向性と意識の分離の、さらに極端な形式の影響[12]」となってしまう。ここにおいては経験的意識は付属するものに過ぎないように扱われている。

このような科学の状況では、ますます日常的な「自己」は孤立してゆくという問題意識を持ったバレーラらは、哲学の側からの接近を試みた。特に認知科学の運動に多大な影響を与えたメルロ＝ポンティの現象学から、フッサール、ハイデガーまで参照し、最終的に、主客二元論の超克の可能性を仏教中観派哲学の中道理論に見出したのである。

3 同書の仏教理解の問題点

すでに述べたように、同書におけるバレーラらによる色彩の認知理論などの、より具体的な生物学的議論は多様な後継者によって展開していった一方、主体と表象と客体という表象論の想定・設定の誤謬についての指摘は正しく引き継がれたとは言えない。この指摘こそエナクティブ・アプローチの最も本質的な核心であったにもかかわらず、現代のエナクティブ・アプローチの研究者は、相変わらず「自己」や「主体」の概念を単なる主観主義に陥りかねない極めて素朴なコンテクストにおいて使用している[13]。

当初のバレーラらの批判は以下のようなことであった。自然科学分野においては、通常使用される言語の意味の形成には特に注意を払われることはない。表象計算において、意味は比較的無造作に慣習的に使用されているものを自明のものとして素朴に受容し使用する。表象計算をする場合に、使用するシンボルの意味を、その計算を行う脳がどのように有しているのかということについては不問に付し、さらには意味の意味について考えられることなどない。バレーラらはこのような批判を精緻に論証した上で、エナクティブ・アプローチを提唱している。

このような西洋哲学的な理論や概念規定の議論においても、自然科学分

第 1 章　『身体化された心』の問題提起

野との架橋は容易ではない。西洋哲学との接合ですらこの状況であったことから、同書における仏教思想の哲学・概念の導入やその意義の多くが事実上看過されても驚くには当たらない。ここに見られるのは、「東洋神秘主義」との接点を敢えて取り入れずとも、『身体化された心』において例示された認知科学的論証についての議論自体には支障はないはずである、という認知科学の側におけるある種の信念のように思えるのである。こうした認識や信念は、大部分が印象批評やレトリックによって無意識に強固なものとされる。グレアム・プリーストが指摘しているように、そのようなレトリックは実は、思想において非常に大きな影響を及ぼしているのではないであろうか[14]。

『身体化された心』の 2016 年の改訂版には存命の共著者たち(トンプソン、ロッシュ)が序文を執筆している。この序文には、同書の哲学的さらには仏教思想についての科学の側からのこのような受容の欠落について言及されている。その一方で、トンプソンは初版におけるいくつかのアプローチの不十分さや、誤りも認めている。

その中の一つに、同書では特定の瞑想的手法の実践面に重点を置き過ぎたという反省があった[15]。実はこれが、同書の仏教思想アプローチが今ひとつ浸透しなかったことに少なからぬ影響を与えていたとも考えられる。確かに、『身体化された心』の「mindfulness(正念)」「awareness(正知)」という状態についての解説と、「瞑想の技法」との関連についての記述は拙速の感は否めない。伝統仏教的にはこのような意識状態はそもそも言語化の非常に困難な経験的な境地である。しかし同書では、それらが上記のような特定の概念(特に英訳の意味において)を用いて規定可能な精神的・心的状態とされている。さらに、そうした特定の状態が、中観派哲学の真髄である中道の思想を理解するために不可欠であるように提示されてもいた。これに関しては極めて西洋哲学的な批判もあったが[16]、それは別としても特定のメソッドによって生み出されるとする意識状態の強調は、結局「神秘主義」に対する感情的な拒絶を誘引するものであろう。

もちろん、バレーラらの意図は、「壮大な理論体系の構築」でも比較思

第 1 節　身体化論提唱の背景

想研究でもなく、西洋的理論・理性にのみ基づいて「真理」「生命」にアプローチすることには限界があることを記述によって明らかにしようとしたことにある。その意味で同書では特に「人間経験」としての何らかの直接体験の重要性を強調する必要があった。それが、西洋科学や哲学、そして仏教思想の実践の双方に資することになるという目論見もあった[17]。こうした領域を超えた試みは常に、多方面からの歩みによって漸次的に成し遂げられるものである。様々な試行錯誤自体が貴重な道程であるため、拙速な部分のみを一義的に強調することはあまり意味をなさないであろう。

　同書における仏教思想の理解に関連して、トンプソンが反省的に記述している重要な点がもう一つある。それは著者らの当時のインド・チベット仏教哲学の捉え方は、当時の（現在はいっそう広範に普及している）いわゆる「仏教モダニズム」の一つであったということである。したがって伝統的な経典・知識、思想の体系についての思惟は深いとは言えず、仏教のダルマについての記述も表層的と言わざるを得ない。
　このような近代上座部仏教（東南アジアなど）の西洋における解釈・アレンジによる瞑想メソッド[18]の結果から得られた体験によって仏教の教義が理解される、という著者らの当時の認識が明らかに誤りであったことをトンプソン自身が認めている[19]。ただし、これは仏教モダニズム批判や、伝統仏教原理主義を意味するものではないことも同時に強調している。そもそも時代や地域を越えてそれぞれの時間・空間に展開した特色を取り入れて定着し発展してきたのが仏教であり、現代（西洋）社会におけるこのような普及や定着もまた、その一つの形である。ただ、以下のトンプソンの反省的な指摘は本書においても重要であるため、特にここで強調しておきたい。インド・チベット仏教の哲学思想は「瞑想から直接導出されたもの」ではない。つまり西洋哲学同様、仏教理論は本来、哲学的にきわめて緊密な抽象理論である、ということである。
　トンプソンによるこれらの後年の反省を待つまでもなく、『身体化された心』における瞑想の意識状態や境地に関する言及は皮相で思想としても

第1章 『身体化された心』の問題提起

曖昧であり、本来インド思想や仏教哲学に貫かれている独自に透徹した議論が欠落していることが読み取れる。また特定の西洋化されたメソッドが中道に至る理想的な実践的方法であると著者らによって考えられていたことが顕著にあらわれていた。このように特定のメソッドに関連付けられたことで、中道理論そのものの哲学的理解の普及という意味では、妨げになった部分もあると考えられる。

　また、同書の理論を受容する側にも印象や偏見がある。バレーラらは同書で、瞑想の実践方法やその意識状態についての理解を、認知科学理論と同様もしくはそれ以上に重要なものとしている。この認識については細かい議論の余地がある。しかし、その議論以前に、生物学分野以外でも彼らの身体化論に影響を受けた科学者は多かったものの、哲学や仏教思想の部分はほぼ度外視されるか、緻密に読解されなかった[20]。一方で逆に近年、これらの瞑想メソッドによって生み出される状態についての認知科学・脳科学分野のリサーチがますます波及しており、トンプソンはこの状況についての注意喚起もしている[21]。このような発展自体は有意義であるが、それが既存の経験的「実証」による「裏付け」となるならば、それは『身体化された心』でバレーラらが目指したことではない。バレーラらの「科学の帝国主義[22]」批判が正しく理解されれば、「外的に実証」された身体や脳の状態と「意識状態」との安易な混同は避けられるはずである。

　このように同書で頻繁に「mindfulness/awareness」という概念で表される体験的状態については特定の仏教モダニズムを限定的に理解・解釈したものに基づくため、これらについてのバレーラらの記述に関しては、本論のテーゼの論述の上で特に必要なもののみに適宜、解説とともに言及するにとどめる。

　なお、伝統的なこれらの境地の言語表現という意味では、むしろ、ヤスパースの西洋哲学の手法による解釈がそのエッセンスを掴み得ている。その意識状態は、純粋に経験的な事象でありながら、実は極限まで言語化可能なのである。それについては第3章に詳述する。

第1節　身体化論提唱の背景

　このような初版当時の著者らの知識・理解の不足による不正確なアプローチ以外にも、異なる文化圏の全くの異分野に向けた仏教思想の紹介という意味で、不十分な点がある。特に、修行法や世界観といった個別具体的で種々多様な上座部仏教特有の概念を組み込むには、前提となる歴史的・思想的説明が同書では十分に展開されていない。仏教思想の法（ダルマ）の細則についての具体的な記述があるが、「法」の理解そのものが西洋思想において容易ではない。また、『身体化された心』の五蘊や因縁輪廻に関する記述については、各概念説明も馴染みのない読者にとって、十分とは言えない。一例を挙げれば、十二因縁の「渇愛（愛）」であるが、英語では craving となっている。邦訳では「愛[23]」と訳されている。この英語の craving、および日本語の「愛」の訳語の双方ともに、誤解を回避するための注釈は必要であろう。

　特に『身体化された心』の原文記述に関して言えば、「渇愛」には英語の love（愛）の要素もまた含まれている。そして、その「愛」という概念ひとつを取り上げてみても、インド（仏教）哲学と中国・日本の仏教思想における展開との相違や、それら全てにおける二面的解釈、狭義と広義、低次と高次、それぞれの定義に関して様々な議論が可能であろう[24]。

　このような概してエキゾチシズムとして受け取られる傾向にあるアビダルマの細部についての歴史的経緯を省いた記述は、特に西洋科学分野から『身体化された心』を読解する立場にある読み手にとっては唐突感が否めない。これらもまた、初版刊行から十数年に至る、同書の仏教思想の理解と受容の回り道の要因の一つであったのかもしれない。

　しかし、あらゆる学際的な先駆的アプローチには、細かな誤解や視座の設定の問題は避けられない。それでも同書の意欲的な試みとその意図は、本来非常に高く評価されるべきである。1990年代初頭に、中観派哲学の視点が西洋科学の二元論と虚無主義の隘路に転換をもたらすという革新的な視点がこのように西欧の側から提示されたのである。たとえ、その仏教思想に関する知識の記載が当時の西洋学問界に広く問うには時期尚早かつ不完全でもあったとしても、その意義そのものは大きく、今後さらなる議

第1章 『身体化された心』の問題提起

論の呼び水となっていくであろうと思われる。

4 科学（学問）と日常の自己

　科学と経験の溝を埋めるものとして、西洋哲学の中でも特に現象学のアプローチを最も重要と見なし、それを起点として『身体化された心』は構成されている。

　同書では、メルロ＝ポンティによる科学と経験の架橋の探求の先駆的なものとして、ブレンターノからフッサールに至る指向性の概念からの意識の本質への接近が論じられている。

　その中で、フッサールの科学批判もまた、科学の生活世界への浸透を論じながらも実践的な手法が欠落していたと批判されている。つまり、生活世界が科学に先行すると認めつつ、「元」の生活世界に戻ることは現象学によって可能となるのだが、その現象学自体がまさにその生活世界の中にある、という循環の指摘である。そしてハイデガーによる現象学批判（文化や慣習などの背景から生の体験を分離することの不可能性の指摘）、メルロ＝ポンティによる同様の科学批判、すなわち科学もまた身体存在としての我々の存在を経験的手法で解明する活動に他ならない、という視点を評価する。バレーラらによれば、しかしそれらもまた理論の枠内にあり、あくまで「経験に関する論考」であり、それに自覚的であったのはメルロ＝ポンティであったとも述べている。いずれにしても西洋哲学としての現象学のこの隘路は、そのまま「理性信仰」の喪失となる、という[25]。

　なお、トンプソンは先の改訂版において、これらの現象学全般への初版での批判は拙速であり、この論法で議論を進めたことは彼自身もはや受け入れられないとしている。逆に現象学は今日の哲学・認知科学においてなお影響力を持ち、両者の相互浸透によってその後神経科学の諸研究が進んでいる、と述べている[26]。

　バレーラらの初版の現象学批判の妥当性や、個別の哲学者の思想解釈の多様性については本書では立ち入らない。しかし、このような読み方、解

第 1 節　身体化論提唱の背景

釈を前提として、そのような視座に対するバレーラらの批判の意図は汲み取ることができよう。

　ここで非常に興味深いのは、バレーラらが、科学には「理論を超えた生命のようなものがある（has a life beyond theory）[27]」と考えていたことである。これは、哲学的思考の方が理論的なアプローチのみに専心しており、それに比するとむしろ科学の方が、それがいかに従来の客観主義的なものであっても、生命そのもののダイナミズムに影響を受けざるを得ないことを表していると思われる。さらにバレーラらのエナクティブ・アプローチの観点で考えれば、理論的記述そのものが生命活動の中にある、とも言えるのではないであろうか。

　心と理性の二元論に基づきつつ、しかもわれわれの経験世界がその両方と切り離すことができないということを認識し、さらにその上で「心」を理性で解明しようとするなら、これは完全な自家撞着に陥る。他方、これに対して「非」理性的な部分へ言及しようとする場合、たとえば「無意識」の領域における精神分析などを考えてみても、完全に個人内部の概念システムに対して、相変わらず何らかの外的な方法論を当てはめざるを得ないという点で、根本的に「理性的」アプローチでしかない。それでは、心の解明方法としてこのような形で理性（あくまで西洋的な）を使用する方法を取らないならば、代替案は一体何であろうか。

　それに対する答えは、非西洋的な伝統を持つ思想ではないかというのがバレーラらの提案である。同書で主に強調されたのは、仏教思想の哲学的な部分のみを提示することではなく、先に述べたように瞑想とその境地という経験的な意識についての記述と科学的理論との収斂であった。バレーラらは瞑想によって至る意識の状態と、日常生活の態度、その心的状態を区別する。そして後者を、実はハイデガーとメルロ＝ポンティが科学と哲学に帰したような抽象的な態度に他ならないのである、とする[28]。つまり、その心的状態・態度とは、あらゆる慣習的な条件付けと先入観にとらわれた思考状態であり、人間の経験からは隔絶しているものだ、というの

第1章　『身体化された心』の問題提起

である。

　これらの指摘についての妥当性の議論は、すでに述べたようなバレーラらによって提案されている瞑想技法や境地に関する背景から、本書の扱うところではない。しかし、本書第2章以降で論じる区別の理論や、中観派哲学、仏教の二諦の論理、そしてウパニッシャッド哲学などのきわめて理性的な説明によって、上に批判されているような「哲学や科学の態度」というものがいかなるものであるのかについては明らかとなってゆくであろう。

　西洋哲学・科学では、「心とは何か」「身体とは何か」と問いかけて、理論的に反省し、科学的に研究し、その結果、様々な様相の認知能力に関する多種多様な主張・結果が生じる。しかし、この質問をしているのは誰なのか、それがいかに問われているのかということが忘れられている、とバレーラらは指摘する。そして以下のように述べる。

　　反省のなかに自分自身を含めないことにより、部分的な反省しか探求
　　されず、われわれの問いは非身体化される（disembodied）。[29]

　これらのバレーラらの問題提起において一貫して認められるのは、科学者としての営為そのものをも、日常を生きる自己としての自身のものとして解明しようとする、それによって何よりも生命としての「自己」を追求しようとする、その探求への熱意である。

第2節　身体化論と仏教思想からの示唆

1　心の科学と自己

　19世紀末までの物理学者は、観察した物質を正確に測定可能できるような客観的尺度をもつ「眼」のようなものを想定している。それは、「未知の客観的な実在物として地球上にその地図を描くためにパラシュート降下した認知エージェント[30]」のような観察者である、とバレーラらは的確な比喩で表現している。このような世界観において前提とされているのは、「客観的実在物」そして、これらを見通す非人格的観察者によって算出される世界についての「正確な」知識の確実な存在、このようなものである。

　こうした「客観主義」が対極として生み出すのは、量子力学の不確定性原理の局部的な援用によって成立するような「主観主義」であると、バレーラらは述べる。この両極端な態度設定は、古代ギリシア以降続いてきた伝統的な主客両論の再生に他ならないであろう。自己も世界も、哲学的にも科学的にも、追求すべき対象がますます不可視化される中で、技術のみが先鋭化してゆくのである。

　これに対して、技術による人間の疎外化や非人間性を帯びてゆく社会という批判的な言述も可能であろう。しかし、それに先立って、まず人間であるわれわれの存在ということが一体どういうことなのかということが定義されなければならない。そしてまさにその時点でいくつもの問題点に突き当たる。身体的存在としての人間と、自己意識と、そして他者、さらには近代以降の社会的存在という馴染み深い問題である。心の科学の創出を掲げて出現したサイバネティクスは、心的現象の研究を言語的分析にのみ委ねてきたことへの新しい動きであった。

　心を扱うにあたって、19世紀の内観主義者は、それを外部の対象とし

第1章 『身体化された心』の問題提起

たことによって、観察者間の見解を当然ながら統一することができずに挫折した。このような心の「客観的」観察不能性という難問を20世紀以降認知心理学がどのように解消しようとしてきたかの経緯については、『身体化された心』第3章に詳述されている。

　すでに述べたように認知主義者にとって意識のある主体は必ずしも存在する必要はない。認知のなされるところ、すなわち「認知ドメイン」が必ずしも意識的なシステムではないということが認知主義者の問題点である。これによって、われわれの「自己」や「心」といった認識・概念は、認知という行為の必須構成素から除外されるのである。認知主義者は、「自己」は見つけられないだけでなく、認知にさえ必要ないとする。それによって、科学と経験の緊張が最高潮に達する、とバレーラらは指摘している[31]。

　さて、このように人間経験を検証・包括する方法が認知科学には無いことが認識された。しかし他方で、心を扱う心理学や人間学は、「自己の基盤がない経験的創発形成」という認知科学のたどり着いた結論を全く無いものとして扱うのである（または、そうせざるを得ない）。この分離的状況は、科学と人間経験の分離よりも、ある意味二重の欺瞞となると言えよう。

　バレーラらはこのような状況について、認知科学者ミンスキーの以下の記述を重視し「そのまま引用する価値がある」としている。

　　物理世界に意思の自由の入る余地がないことは問題ではないが、意思の自由という概念はわれわれの心的領域モデルにとって不可欠なのである。心理学のあまりに多くのことがその概念に依拠しているので、われわれとしてはそれを決して放棄できない。われわれは、誤りであると知りつつも、その信念を維持し続けることと余儀なくされている。ただし、心の平和や快活さがどうなろうと、われわれの信念の「すべて」に誤りを見つけるようにインスパイアされた場合は別だが。[32]

第 2 節　身体化論と仏教思想からの示唆

　この記述の感情的な要素をバレーラらも認めているが、もはや、このように問題自体の所在を意図的に視界の範囲外に括り置くことしか、こうした隘路に対処する方法はないように思われるのかもしれない。バレーラらがたびたび強調する「人間経験と科学の分裂」に対する暫定的な妥協は実は諸分野において様々な方法で機能している。特に社会科学および広義の精神科学分野では、この妥協を突き崩すと存在基盤を揺るがすものとなるであろう。

　認知科学と実験心理学では、まず科学的客観性を絶対的なものとした上で、それぞれの制限された認識と定義の内部において、外的対象として自己を扱う。結果として扱われた「自己」は断片化し、バレーラらの的確な指摘の通り「視界から消える」のである[33]。身体的存在、名前を持っていること、そして社会的な存在としての様々な属性、身近な他者との関係性、感情的反応、思考、そのいずれをいかに束ねようとしても、そもそもの定義がそれぞれの狭義の制約の中にあって、束ねる基準となるものは見つからない。そして、ここで重要なのは一体、「誰」が「束ねるのか」ということであろう。その「誰」の問いが自家撞着を起こした時に、「自己」の見つからないわれわれの「一貫性」の理由をバレーラらは、仏教思想の空の「縁起」に求めるのである。

2　自己の根拠　無根拠性

(1) 自己の根拠

　さて、これまで見てきたような意識の統一性、その所在はどこであろうか。バレーラらはカントの「統覚」を認知プロセスのアウェアネスに相当するものであると見なす。そして経験的なそうしたアウェアネスに先行するものとしてのカントの超越論的統一性という回答を高く評価する。しかし、一方でバレーラらはこうも指摘する。このカントの分析では、真の自己はあっても、われわれはそれを真に知り得ることはない。つまりその真の自己と、われわれ自身が日常の「自己」とするものに対する執着ともよ

23

第1章　『身体化された心』の問題提起

べる確信と世界との間の経験的な関係についても、相変わらず断絶したままである、と[34]。なお、これに関してカントの超越論的自己とバレーラらによる解釈の「正念／正知」の伝統の自己の違いの図式化がわかりやすい。

　それでは、日常の自己の感覚、それはどこに由来するのか。これについて、バレーラらは仏教のアビダルマにおける五蘊の理論を検討課題として例示する。簡潔に言えば、五蘊によって経験的な自己を構成するカテゴリーが説明されるのである。特に五蘊の中の識蘊、つまり意識が、そのほかの感覚器官を対象と結びつける心の作用となる。しかし、最終的にはその識蘊も連続性すなわち流れの説明にしかならず、そこには自己を見つけることができないという結論に至る。

　ここで、バレーラらは五蘊の生起の連続性を神経科学の知覚フレーミングとの関連性において説明している。この比較検討は興味深い。しかし重要なのは、それによって「経験を正当化するのに神経科学の助けを借りようというのでもない（それは科学の帝国主義であろう）[35]」とバレーラらが強調している点であろう。これと同様な問題意識を表しているのは、「空」を現代数学で論証するのはアナクロニズムであるかもしれない、という分析哲学者としてのプリーストの自らの論証に対する相対化である[36]。両者ともに西洋科学万能主義の盲目について注意喚起するものでありながら、偏見にとらわれずあらゆる方法論を純粋に比較検討させるに値するものとする革新的な視点を共有していると言えるであろう。いずれにせよ、説一切有部の法有の立場を、西洋哲学や生物学的理論によって再記述することで現代に蘇生させたことは『身体化された心』の功績でもある。

　また、輪廻の宿業に関する現代認知科学的な解釈もまた興味深く注目に値する。つまり直接経験の原因分析として、仏教思想の業（カルマ）を考察するのである。そして、「いかに習慣が形成されて長きにわたって継続するのかといった心理学的な因果律を説明する[37]」ものという解釈を行っている。

　この解釈の重要な点は、これがあくまで「直接経験の原因分析」であっ

第2節　身体化論と仏教思想からの示唆

て、「合理性の外部形式としての因果形式」ではないという点である。そして「その関心は、条件づけられている心の鎖を断ち切ること[38]」である。したがってこれらの中にも「自己」は見つけられないのである。

結果として、五蘊の生起の研究においても、自己同一性をつかむことはできなかった。そしてその帰結を以下のように「空」と結びつけている。

> この生起と消滅、出現と衰退こそ、経験の五蘊における自己の空性なのである。[39]

これは、五蘊の中またはその背後にそれを操作するような「自己」が無いということである。

このように、科学は確固たる不変（unchangeable）の「自己」なるものが見つからないことまでは解明した。けれども、相変わらず、われわれの「自己」感覚についての質問には答えることができないのである。しかし、現代認知科学はこの状況をもはや許容しなかった。そこで提示されるのが、創発に関わる理論である。創発についての統一された理論公式のようなものはないが、ネットワークから新たな分離が生じることを総称し、創発特性（emergent properties）とされている[40]。これらの理論については、認知主義批判の部分においてすでに言及した。

いずれにせよ、求められているのは自己の根拠なのであるが、それが見つからないままに科学が営まれ続けることに対する批判的指摘が同書の随所に挙げられている。だが、自己のない心についての認知科学の論証は人間経験にとって重要である、ともバレーラらは言う[41]。これは、認知科学において自己が見つけられなかった、ということが、科学万能主義を逆手に取る形で説得力を持つが故に、とも言えよう。けれどもその結果に甘んじるのみでは、結局は日常の自己の人間経験との架橋はそのまま放置される。そこで、バレーラらはその上であらためて仏教思想の導入、すなわち中道の提案に至るのである。

第 1 章 『身体化された心』の問題提起

(2) 色の認知　行為からの産出

　バレーラらは、上述の議論の認知科学的裏付けとして、色の認知を取り上げる。色彩認知を「構造的カップリングの歴史から産み出される、知覚された、もしくは経験的な世界の中に位置づける[42]」ことによって、色は所与でも表象されたものでもなく、行為から産出される認知のあり方であることを論証するのである。

　この部分では、上述したような認知主義の問題点、特に「所与としての解明可能な世界の要素」を前提とした理論の困難を認めた上で、命題知ではなく経験的な知（knowledge how）を創出的な認知の現出として扱うことから出発する。

　すなわち、身体としてあること、それは一個人に限らず共同体においてもまた、身体化された存在としての世界との相互依存・共発生があるはずである、とするのである[43]。これらは、この著作の初版刊行当時は、一部の認知科学者によって少しずつ認識されていた問題意識であった。先にも述べたように、バレーラらは、このケーススタディとしての色彩認知についての詳細な論証によって、認知科学分野に根本的な影響を与えた。また、ネオダーウィニズムに代わるナチュラルドリフト[44]という進化の理論において、環境との相互関連においての進化を論じている。すなわち、「環境無くして生物なく、生物無くして環境なし[45]」という基本的な生物概念である。

　これらの細かな自然科学的論証の一つ一つに関しても、中観派の哲学と関連付けて論じることが可能であると思われる。特に、構造的カップリングの説明と、空の相依性との緊密な関連については、考察するに値する興味深い比較である。これらは機会を別にして論じる価値があり、今後の諸研究に期待しうるものであろう。

　さて、本書のテーマに関わる、これらの論述の重要な点は以下の帰結である。

　色は知覚される物体の表面とは分離不可能であり、表面知覚自体も知覚

第 2 節　身体化論と仏教思想からの示唆

者のあり方（文化的コンテクストも含め）に依存するということが最終的に確認されたこと、すなわち、知覚行為そのものが色そのものをあらしめる、ということである。

バレーラらが enaction =「行為からの産出」と名付けるこの理論は、以下の二点に集約されている。

「（1）知覚とは知覚によって導かれる行為から構成される。
　（2）認知構造は、行為が恒常的に知覚に導かれることを可能にするような回帰的な感覚運動パターンから創発される。[46]」

さらに、このエナクティブ・アプローチの視座が、バレーラらが同書でも重要な位置に置くメルロ＝ポンティの知覚や行動分析にもその根源が見られると言及されていることにも注目したい[47]。

また、バレーラらは、本章第 1 節の認知主義批判の部分で引用したものと同様の質疑応答形式による解説をエナクティブ・アプローチについても行っている。その一つの問いと答えに、興味深いテーゼが現れているので引用する。

「問 3 ：認知システムがいつ適切に機能しているかをどうやって知るのか？
　答え：（あらゆる種の若い生物が行うように）進行中の存在世界の一部になるときか、（進化の歴史で起こるように）あたらしい世界を形成するとき。[48]」

さらに、これに関連して、すでに述べた旧来の認知主義に代わるオルタナティブとしての創発やコネクショニズムについてのバレーラらの解説の中で、ニューロン研究と五蘊連続節の近似性について言及している箇所がある。これは、上記の問 3 の質疑応答に関わってくると思われるため、ここで引用したい。

　五蘊は一瞬の創発として生起するのだろう。同時的（なぜなら創発パターンそのものが全体として生起するため）、そして連続的（なぜならパターンが現出するためには、そこに参与する構成素の間に行ったり来たり

27

の活動がなければならないため）といった区分が厳密には全くない共鳴ネットワークにおけるようにである。[49]

　この、「同時的と連続的」という区分などない、ということは、仏教思想の縁起（pratītyasamutpāda）を端的に表すものでもある。これは物事の共依存的な生起をあらわす概念なのである（本書第3章参照）。縁起の英訳である codependent arising という表現は、心を扱う上でよく知られた、「集合要素の創発的特性」を最もよく表している、とバレーラは後に述べている[50]。

(3) 無根拠性

　科学の営為においても、日常の自己にしても、われわれは根拠を求める。その前提を揺るがされることは、脅威と捉えられ、抵抗される。それは、人の思考＝心（mind）は絶対的な根拠を渇望する「デカルト主義の不安（the Cartesian anxiety）[51]」を持つからである、とリチャード・バーンスタインの概念を用いてバレーラらは述べている。これは自己、さらに世界という客体があるはずであるという信念が揺るがせられるときに陥る心的状況である。

　『純粋理性批判』の「超越論的分析」を締めくくるにあたってカントが述べているのは、このデカルト主義の不安の二者択一である、とバレーラらは読み取る[52]。その指摘通り、確かにそこには絶対的な根拠に対する渇望が現れているが、この主客の対立は、「心と自然に関する人間の歴史がもたらした一つの考え方でしかない[53]」と言う。『身体化された心』の革新的な部分は、西洋哲学はこの根拠づけを自明としてきたが（20世紀以降のそれに対する批判も含め）、それに固執する性向そのものについての疑義を挟もうとしなかった点の指摘にあると言えよう[54]。同様のことは、ルーマンも『社会の科学』においてたびたび言及している。バレーラらはこのような根拠への執着に着目することによって、その原因究明と解消に対して「無我」という仏教哲学の与える可能性を提示するのである。

第 2 節　身体化論と仏教思想からの示唆

　このデカルト主義の不安を堅固に抱きながら、「無根拠性」に直面すると容易に陥るのは、ニヒリズムへの傾倒である。客観主義信仰の喪失としてのニヒリズムは、必然的に、根拠に対する執着心を共有するという意味において表裏一体なのである。

　ここで、バレーラらの述べるこの「無根拠性」の概念について注釈を加える必要があろう。バレーラらが使用する無根拠性（groundlessness）とは、本書第 3 章に論じるヤスパース及び中村のナーガールジュナ論で特に強調される、「自性」の意味としての「無根拠（grundlos）・無制約」とは異なっているということである。ナーガールジュナ論において、「無根拠・無制約」を意味する「自性」は、「空が自性ではないこと＝自体としてあるものではないこと」の論証において頻繁に使用される。つまり、自性とはそれ自体で存在する絶対的なものであり、その根拠や制約などはありえない。そして、空は無自性と同義であるとされる。したがって、この場合の「無根拠・無制約」は、原因も結果も全て内包する、外側に根拠を求めること自体が誤謬となるような、最終的な実在を意味する。

　他方、『身体化された心』で言及されている「根拠」とは、客体としての世界、そして所与としての要素による現象の因果関係を遡及すれば、必ず根本的な基盤、絶対的な根拠に到達し、それを基準にすべての事象が解明可能であるようなものを指す[55]。これは、ルーマンの表現では「基礎づけ可能であること（Begründbarkeit）」に該当する。つまり還元主義的な、それ自体がもはや基礎づけを必要としない知識にすべてを還元できる、そのようなものが存在するはずであるという前提である[56]。われわれはこのような最終根拠が所与としてこの世界にあり、それに到達可能であるとの仮定に基づき因果関係の究明に勤しむが、最終的には、種々のそうした試みは常に打ち破られる。したがって、このような認識可能な「根拠」づけは究極的に不可能である。それをバレーラらは「無根拠」と称している。そして、バレーラらはこの「根拠づけ」の探求に代えて、空の相互依存を提案するのである。

　したがって、『身体化された心』においては、上述の西洋思想的な「無

第1章 『身体化された心』の問題提起

根拠性」を「空」（śūnyatā）と同義の概念として用いている[57]。このような概念の使用は、仏教思想の空の本来の趣旨に照らして適切とは言えないであろう。いずれにしても、本来の「無根拠」との混同と誤解を避けるためにここに明確にしておく必要がある。

　このような理解の上で、この「無根拠性」をバレーラらの中心課題である日常経験と（科）学理論との架橋という視座から考えれば、以下のように解釈できよう。

　無根拠性（バレーラらによれば「空」と同一）ということを、日々の経験の理解において、それらの経験を可能とする世界のあり方そのものと考えることができるであろう。人間の限界的な認識の上では、絶対的な「根拠」などは存在しない。もし、一時的に根拠を設定することができたとしても、あくまでその限定的な条件の下でのできる限り合理的な根拠の想定が可能だ、というだけであって、刻々と変化する諸要素・諸条件によってその連関はいとも簡単に変容する。この、いわば暫定的な「無根拠性の証左」に関しては、科学はそれ自身でその活動に多大に貢献しているとも言える。つまり、新たに現れる論証によって既存の（西洋形而上学的）根拠を突き崩す役割を担うのである。自らも科学者であるバレーラは、ヒラリー・パトナムを引用して科学は「形而上学的な答えを粉砕することにかけては達者だが、それに代わるものを何も提供できない[58]」としてそれ以上の役割を期待すべきではないと結論づける。このような無根拠を前にして陥るニヒリズムの苦境とは、自らが執し時にはそれを自己同一性の核としてきたような様々な価値観がもはや維持不可能であることを合理的に認識しつつも、それらを断念できない状況である。それも執着の一種である。ならば、ニヒリズムの本質は虚無ではなく、むしろ何らかの見解を断念できない自我への執着という意味で、エゴイズムの亜種であるとも言えるかもしれない。根拠への執着もニヒリズムも、日常生活における経験を軽視することによってドグマに陥っていることに変わりはないと言えよう。

　以下の一節は、こうした根拠づけへの希求が、世界から分離した自己に

第 2 節　身体化論と仏教思想からの示唆

対する執着と表裏一体であることを示す、端的な表現である。

> 内的根拠への執着は自我 – 自身（ego-self）の本質であり、絶えざる欲求不満の根源である。この内的根拠に対する執着こそ、所与の独立した世界という外的根拠への執着を含む、より大きな執着の一種であるということを正しく認識し始めることができる。[59]

　内的根拠を求めるということは、その時点で、外的世界を規定しているということである。これは、互いに随伴する内外の根拠である。把握可能な根拠全般とはそれ自体区別であり、それについての根拠はさらなる区別にしか求められない。これはルーマンが依拠するゲーデルの不完全性定理の根本テーゼでもある。
　さらにバレーラらは、こうした視点の具体的な実践として、以下のようなユニークな提案をしているので引用したい。

> 行為から産出されるものとして認知をとらえる見方を挑発的に拡張することができるとするならば、人類学における文化的知識の領域に対してであろう。民話、魚の名前、ジョークといった文化的知識の軌跡はどこにあるのか。個人の心の中だろうか、社会の規則の中であろうか、文化的な人工物の中なのだろうか。時間を経ることによって、そして情報提供者を経ることによって見られるそうした知識の変遷はいかに説明されるのか？[60]

　この問いに対してのバレーラらの答えは、これらの知識の軌跡は、それに関わる全ての共通領域にあるのではないであろうか、というものである。さらに、こうした知識や意味のコンテクストは特定の状況における行為から「身体化される」と考えれば、人類学に影響を与える刺激となろう、とも推測している。
　ここで理解されるのは、われわれの「生きること＝生活＝人生（life）」

31

第1章 『身体化された心』の問題提起

が、そのような知識を創出しているということであろう。そして、それは後述する（特に本書第3章第2節）智恵とは別のものであるということを、ここで強調しておきたい。これに関しては、バレーラらも以下のように的確に表現している。

> 重要なのは、そのような成熟が抽象的な態度をとることではないと知ることである。仏教の導師によってしばしば指摘されるように、知識とは、叡智（prajñā）の意味であって、何かについての知識なのではない。[61]

さらにこのことを換言して、仏教の導師の常なる教えとして簡にして要を得た一文を付言している。「自ら経験とともにある人間になることである[62]」。

このような理解に基づいて、経験を智恵にまで高めるような、「人間としてあること」が完全なる明確さであること、そうしたことをひとまず自然科学という分野で表現する（最終的にはそのような分離は無くなるような）、そのようなアプローチとして、バレーラらはエナクティブ・アプローチを提唱したのである。

日常（現象世界）がすなわち涅槃（超越）であるというナーガールジュナの帰結を、バレーラらは、真の自由とは意識の変化を以て日常生活における自身の身体化において経験を享受することである[63]、という現代西洋的・認知科学的視点の表現に置き換えている。これこそが、『身体化された心』の核心ではないか、と推察する。

3 エナクティブ・アプローチと自我のない状態

『身体化された心』での中観派哲学の取り上げ方は、どちらかと言えば『中論』の文献的解釈よりも主に以下の二点に重点が置かれている。空の中道であることを、（1）二諦（本書、213頁以下参照）で言えば世（俗）諦の解釈（つまりダルマ分析）、および（2）瞑想によって至る意識状態における自他の区別の消滅に重点を置いて説明すること、である。

（1）に関してはすでに言及した。（2）については、このような特定の意識の状態を論述するにあたっては、言語・理論による伝達の限界を考慮せねばならないであろう。バレーラは生物学者としての観点から、その意識状態の自然科学的な記述を極力試みている。例えば、心身の一体化の状態といった意味で、瞑想における意識の状態に匹敵しうるものとして、熟練したミュージシャンのある域に達した演奏や身体存在の限界の領域を超えるような偉業を成し遂げるアスリートなど、比較的身近で観察可能な例をあげている[64]。これらの実例の妥当性はともかくとして、仮に読み手がそのような経験的説明・解釈に注力すると、結局何らかの「客観性」によって、そのような意識状態が解明されるような認識に後退しかねないであろう。それこそが同書で批判されている旧「科学的」な視座であり、それでは人間経験と認知科学の関係は相変わらず主客のままである。実際、脳科学的見地からの実証研究などについてこの種の懸念があることは、改訂版序文にも指摘されている。また、このような経験的技法の「成功例」が何らかの偏った「教義」の強弁に恣意的に利用される可能性も考えられる。

これに関連して、初版でもバレーラらが、警告を発していることがある[65]。それは、特殊技術によって哲学または瞑想の達人になることが瞑想訓練であると考えるのは自己欺瞞に陥ることである、というどちらかと言えば心理学的な側面からの注意喚起である。さらに「瞑想技法」の注意点について、現代に流行の自己啓発的な瞑想は未熟な我執から始まることが多く、狭義の自我の認識をむしろ強めることになるということにも言及し

第1章　『身体化された心』の問題提起

ている点が重要であろう。

　身体存在としてあることについての理論であるエナクティブ・アプローチは、中観派理論に対し、このように接近する。すなわち、ある種の意識の状態である「mindfulness/awareness」についての探求は、身体存在を否定するものでなく、むしろ「われわれが基本的に身体としてあることを直に研究対象として表現する[66]」ものである、として扱うのである。

　しかし、エナクティブ・アプローチのみならず、身体化論の核心である「身体としてあること（embodiement）」や、「構造的カップリング」のような概念もまた、あくまで「概念」であり、それ自体、歴史的なものである[67]、と述べられていることは重要であろう。これは、そうした概念があくまで世諦の論理における現れであることをバレーラらが認識していたことによるのである。もっともこれは、あくまでバレーラらの理解による空＝無根拠性に基づくものであることを確認しておくべきである。

　本章でこれまで論じてきたバレーラらの問題意識から、この「われわれ自身が身体としてあること」とは、科学者自身がその認識とともにそのように研究を行うことが核心とされていることは十分に理解できることであろう。当初から『身体化された心』においては、認知科学そのものに対しても、このアプローチを反省的に用いていることが明示されていた。それにもかかわらず、その意図が十分に理解されているとは言えない状況は、改訂版序文でも示唆されている[68]。付言すると、こうした視座は、オートロジカルな記述というルーマンの理論展開にも同様に当てはまる（本書95頁参照）。

　このように看過されてはいるが、同書の「経験の分析における反省の役割」の節の中でこの論点が重要であることははっきりと記されている。以下の一文にはその意図が特に明確に表れている。

　　質問に関する反省の中に、質問者自身と、質問していること自体のプ

第 2 節 身体化論と仏教思想からの示唆

ロセスを含める時（根本的な循環性を思い出すこと）、その問いは新たな生命と意味を授かるのである。[69]

ここで表されているのは、科学者自身が全ての科学的営為の中に、生きている自身を含める、ということなのである。バレーラらは、この著作の中で多様な表現を用いて同様のことを随所に述べている[70]。この重要な意図が十分に浸透しなかったこと自体が、まさにバレーラらが当時の科学界に対して持っていた認識を裏付けるものと言えるであろう。

バレーラらがその身体化論によって促す発想の転換は、伝統的な主客二元論の問題、つまり西洋哲学において未超克の理性と経験としての生活世界の問題を非西洋哲学的視点によってとらえると、いかなる変化が見られるか、ということであった。『身体化された心』の終章で、このことについて特に、西谷啓治の *Religion and Nothingness*『宗教とは何か』[71] を参照して論じられている。そこでは西谷のニーチェについての評価と批判が的確に解釈されている。ちなみに、もともと共著者のエヴァン・トンプソンによるハイデガーと西谷に関する論文をバレーラが読み、トンプソンにコンタクトを取ったことから、『身体化された心』の著述のプロジェクトが始まっているという経緯がある。

バレーラらは一つの重要な指摘をここで行っている。西谷が、西洋のニヒリズムを仏教思想の「大疑」とは峻別することによって空の哲学に到達する可能性を示したからといって、仏教的なその他の装飾をすべて取り入れる主張をしているわけではない、と見通していることである（西谷の「大疑」については第 2 章のルーマンの宗教論において詳しく言及する）。この指摘が表しているのは、逆に言えばあらゆる文化的な「装飾」を濾過しても、そこに残る本質的な視座があり、それを取り入れることができるということでもある。

これと同様に、バレーラらが認知科学研究の土台の上にエナクティブ・アプローチを構築しようとすることも、科学そのものの再概念化によっ

第1章 『身体化された心』の問題提起

て、これらの超領域的ないくつかの視座が決して全く異質な分離したものではないことを示すことができる、という予見に基づいたものであった。換言すれば、そのような再概念化という営為こそ、「日常にあること」と科学を架橋することであり、またそれを可能にする実践的なアプローチとしての瞑想の意識状態の提示という試みであった、ということであろう。

バレーラらは『身体化された心』の結論にあたって、「根拠なき世界」としての空の理解が容易にニヒリズムと同一視されることに対して批判を加えている。西洋の伝統的ニヒリズムとの比較対象のためには仏教をよく引き合いに出すが、仏教徒の肯定的な側面については無視しようとするのは意識的な場合もある、と述べるのである[72]。

この背景にあるのは、「無根拠性」への不安や、歴史的・宗教的な理由のみならず、西洋思想の側の東洋思想の軽視、度外視もあろう。たとえば19世紀末にマックス・ミューラーは、非西洋的思考というものが正当に評価されないことについて慨嘆している[73]。それから約一世紀を経ても、少なくとも20世紀後半にはまだ本質的な変化は見られていなかったと言っても過言ではない。一方、バレーラらは、インド＝ヨーロッパ語族の言語や文化・哲学的遺産の共有の歴史的事実に鑑みるに、こういった事態はきわめて非合理的であるとして、「西洋哲学史がインド思想を看過してきたのは作為的である[74]」と明確に批判している。

また、これまで西洋の哲学者が、些少な例外を除いて中観派哲学を顧みようとしなかったのは、西洋哲学が自身を唯一無比のものと考え、そのほかの伝統は「われわれ」には関係が無いとアプリオリに想定しているからである、とも批判的に述べている[75]。

この思想が西洋で受け入れられ難いそれ以外の要因としては、無根拠性とは即ち理性の否定となるという拒絶感ではないか、とバレーラは考えている[76]。例えば「現代思想の伝統においては、無根拠性が発見されると、ネガティブなもの、つまり科学を営んだり、理性で哲学的真理を証明したり、有意義な生活を過ごしたりするための理想を壊すものと見られがちである[77]」。

第2節　身体化論と仏教思想からの示唆

　こうした反応はきわめて伝統西洋形而上学的な思惟であると言える。それについては以下の指摘が的確であろう。

　　ニヒリズムが実は客観主義と深く結びついていることがわかる。それは確実で絶対的な基準点を与えてくれるように思われたものの崩壊に対する極端な反応だからである。[78]

　つまりそれは、確実で絶対的ということに盲目的なまでに信を置き固執するあまりの反動なのである。これに関して、バレーラらは客観主義とニヒリズムが共通の根源を持つこと、その正しい認識が中道の教えの核にあるのだと述べている[79]。この記述は、仏教の空の哲学の正しい理解に基づいている。そして、これは仏教思想におけるいわゆる「空見」という誤った見解についての言及でもある。「空見」については第3章に詳述する。

　また、西洋思想では、客観主義の揺らぎがニヒリズムを誘発するのと同様に、自我に執着することの放棄が、個人の軽視や否定と同一ではないかという解釈に向かう傾向があることも指摘されている[80]。このような解釈に陥るのは、科学者を例にとって考えれば、以下のような態度に起因する。つまり科学を営む時に経験的な側面を無視し、日常生活では、科学的な発見を無視するというようなある種の二分した自己による生活態度である。

　この態度はきわめて実践的であるが、厳密に反省的な思考ではない。つまりこのような態度においては、客観的な自己が科学によって把捉されないと認めつつ、それでもなおこの日常の「自我」を手放すことは非人間的ではないのか、と考えているのである。それでも、自己が科学において見つけられないと、上述のような一種のプラグマティズムが崩壊するのであろう。バレーラらはこの現象を以下のような鋭い表現で指摘する。

　　この結果、客観主義的な表象への答えとなるはずの自己の非存在が相

第 1 章 『身体化された心』の問題提起

対的な（現実的な）自己の非存在と完全に混同されてしまう。[81]

しかし、これはそもそも、客観主義科学の対象となる自己と日常の自己を、根拠も曖昧なままに分離させていたからこその混同であり、その帰結としてのニヒリズムなのである、と言えるであろう。すると、そのどちらの自己にも偏らない中道が何らかの可能性を提示する、ということになる。そのように考えれば、無根拠で生きること＝空を生きること、ということが、バレーラらの中心テーゼであった。これは西洋科学者としてのバレーラ自身が、西洋科学の正統的な道筋を追ったのちに行き着いた結論に対してどのように対処してゆくべきかという観点から、仏教思想との融合という活路を見出したがゆえの「中道」の選択であったのであると言えるであろう。

『身体化された心』では全編にわたって「身体としてあること」が意識されており、それは確固たる根拠づけられた自我があるということではない、ということが繰り返されている。

中観派の伝統においては、あらゆる仏教と同じように、自我のない状態（egolessness）に近づくことが偉大な恩寵なのである。[82]

仏教は一般的に狭義の自我の克服・滅却、「無我」をさしあたり到達すべき目標として掲げていると理解される宗教思想である。ここで重要なのは、自我として訳される概念のサンスクリット原語であるアートマンの指し示すものが理解の次元によって異なるということであろう。仏教思想の無我は、個人としての自我、五蘊・十二処・十八界によって規定される限定的な「存在」として認識されるものの「無」である。これについては主に本書第 3 章第 2 節、第 4 節に詳細に論じる。

自我のない状態が西洋的に解釈されると道徳や倫理のない無法地帯への恐れとなることは、バレーラらも指摘し、続けてその理由も明確に示して

第2節　身体化論と仏教思想からの示唆

いる。そうした恐れこそ、「自己とその産物である自己利益について経験的な洞察によって分析する、という西洋的な言説の失敗なのではないか[83]」というのである。バレーラらは『身体化された心』のこのような視点による提案を、科学のみならず現代のあらゆる分野のジレンマへと向けて発していた。同書の結論における以下の記述もまた示唆に富むものであろう。

　執着は自我 – 自身に対する固着として個人的に現れるだけでなく、人種や種族のアイデンティティへの固執として集団的にも現れる。同様に領土としての土地に執着することも、人々を異なる集団に分割したり、一方による占有権の主張を生じさせたりするものである。[84]

　最後に、同書において自我のない状態という文脈において語られている、その本来の意図をあらためて明らかにすべき重要な論点がある。それはバレーラらが終章の一節を割いて記述している「慈悲 (compassion)」である。ナーガールジュナをはじめ、ブッダ以来の原始仏教からいかなる宗派も変わらずに説いたのは、慈悲であった。この慈悲とは、自我の概念から完全に解放される境地（悟り、もしくは解脱）に至らずとも、持ち続けることが励まされる。バレーラらも、あらゆる生物に対するそうした慈悲・慈愛こそが、「空」の大悟に必要なのである、ということを結論の前に詳述している[85]。

　これに関してバレーラらは言葉を尽くして、西洋的な自己とその自己の利益についての「合理的」思考や西洋科学思考に慣れた読者の理解を得ようと努めている。しかし、その試みは現在のところは思わしい成果を上げていない。自我がないにもかかわらず、他者に対する慈悲が説かれるのである。伝統的西洋的思考では理解し難いこうした思想についての記述は、本書第2章、第3章で論じる思想家、哲学者の緊密な言語表現・思惟の手にゆだねるほうがよいのかもしれない。しかし、それでも以下に引用するバレーラらの表現は非常に印象的かつ訴えるものである。

第 1 章 『身体化された心』の問題提起

　　こうしたことが抽象的に思えるならば、読者はこの簡単な練習をしてみると良いかもしれない。通常、われわれはこの種の本を読む際に、畏まった目的意識を持って読む。あなたがこれを読むのは、ただ他者を利するためだけの目的なのだ、と想像してみてほしい。この読書作業への感じ方が一変するのではないか。[86]

　『身体化された心』においてバレーラらは、ルーマンとは異なり、「主体」という言語を使用して、認知主体にあたるものを暫定的に据え置く。しかし、最終的にはこの概念が解体される、もしくは慣習的な解釈による意味から変容してゆくという過程を見る。暫定的に用いられたバレーラらのこの「主体」概念は、どちらかと言えばルーマンの「観察者」に近似している。例えばバレーラらが出発点としたメルロ＝ポンティの「世界は主体から分離し得ない[87]」というのは、主体が世界というものを認知する（共に現れる）ことを可能とするのであり、その意味においては主体そのものが世界を投影しているのである。また、同時に世界が主体を投影しているということは、双方が同時に、お互いの差異を可能としているということでもある。なぜなら異なっていなければ投影という概念は当てはまらなくなるからである。つまり、双方があって双方の区別を可能としているということになる。これはルーマンの観察者に他ならない。しかし、ここで投影しあう「世界」は、あくまでもルーマンにおいては観察者によって「世界」と捉えられたものであり、「世界そのもの」ではない。このルーマン理論については次章に論じるが、世界は観察不可能だからである。

第2節　身体化論と仏教思想からの示唆

註

1　Cf. EM, p.lxvi.
2　Cf. ibid., p.37.
3　Ibid., p.43.
4　Cf. ibid., p.9; Rorty（1979）.
5　Cf. EM, p.51.
6　Cf. ibid., p.99.
7　Cf. ibid., pp. 41-43.
8　Ibid., p.101.（151 頁）。
9　Cf. ibid., p.52.
10　Cf. Jackendoff（1987）, p.20.
11　Cf. EM, pp.52-53.
12　Ibid., p.56.
13　Cf. Wilson/Foglia（2017）, 6. 4 Agency, the self, and subjectivity.
14　Cf. Priest（2005）, p.108.（139 頁）。クワインによるパロディー化したマイノング主義批判について、このようなレトリックが与える印象の影響は哲学者たちが自認する以上に大きい、としている。
15　Cf. EM, p.xxiii. 下の註 18 参照。
16　Cf. ibid., p.xxiv. このような観察からいかにして経験を分離させるのかについての観察の有効な基盤などあり得ない、というドレイファスによる批判。Cf. Dreyfus（1993）, pp.542-546.
17　Cf. EM, pp.lxiv-lxv.
18　『身体化された心』で言及されているのは、一般に mindfulness meditation（「マインドフルネス瞑想」）と呼ばれるものの一つであるが、「ニョンパ（風狂）」の活仏、チョギャム・トゥルンパが西洋での布教で用いた mindfulness/awareness meditation を特に元にしている。これはバレーラがトゥルンパに師事したことによる。トゥルンパの教えは、西洋での受容のために伝統チベット仏教の詳細を大幅に省略しつつも、本質的にはその教義に基づいている。一般に知られる宗教色を全く捨象した Jon Kabat-Zinn の療法メソッドとは背景・性質が異なる。
19　Cf. EM, pp.xxii-xxiv.
20　Cf. Wilson/Foglia（2017）, 2. 2 Enactive Cognition.
　　ちなみに新執筆陣によって完全にリバイスされた 2021 年版では、この項目の旧版のバレーラらについての記述は大幅に縮小されている。Cf. Shapiro/Lawrence/Shannon/Spaulding（2021）.
21　EM, p.xxv.
22　Ibid., p.72.　及本書 24 頁参照。
23　Cf. EM, p.114.（166 頁）。
24　たとえば、否定的、すなわち克服されるべき面として自我の欲求にもとづく渇愛

第1章 『身体化された心』の問題提起

(tṛṣṇā) や愛欲（kāma）がある。それに対して自我による対象の限定のない親愛（preman）があり、それは慈悲（maitrī）につながるものである。『岩波仏教辞典 第二版』、1 頁、および中村（1998）、172‒178 頁参照。このように、本書第 4 章で言及される「慈悲」に近い語義の「愛」との相違が、サンスクリットにおいても明確である。

25　Cf. EM, pp.18-20.
26　Cf. ibid., p.xxii.
27　Ibid., p.19.
28　Cf. ibid., p.25.
29　Ibid., p.27.
30　Ibid., p.4.（24 頁）。
31　Cf. ibid., p.51.
32　Ibid., p.128.（187 頁参照）。Minsky（1986），p.307.
33　Cf. EM p.230.
34　Cf. ibid., pp.70-72.
　　なお、バレーラはカントの超越論的自我と、ウパニシャッド哲学のアートマンを「経験では決して知り得ない自己」として同列に扱っているが（Ibid., p.60）、これは少なくとも後者においては厳密には正確ではない。
35　Ibid., p.72.
36　Cf. Priest（2009），pp.467-480. さらに「しかしそれは特に問題だとは思わない。キリスト教の戒律が編纂された当時、適切な数学が未だなかったからと言って、それを当てはめられないということはないであろう。」（p.477）と続けている。
37　EM, pp.110-111.
38　Ibid., p.111.
39　Ibid., p.80.（123 頁）。
40　Cf. ibid., pp.88-103.
41　Cf. ibid., pp.129-130.
42　Ibid., p.165.
43　Cf. ibid., pp.147-150.
44　Cf. Maturana/Varela（1998），p.115. ナチュラルドリフトという進化概念では、独立した所与の環境という視座そのものが成立しない。Cf. EM, pp.198-199.
45　EM, p.198. リチャード・レウォンティンからの引用である。Lewontin（1983），pp.63-82.
46　EM, p.173.（246 頁参照）。
47　『行動の構造』の記述から、有機体と環境が相互指定・選択において相互形成し不可分であることをメルロ＝ポンティが明確に認識していた、と述べている。Cf. EM, p.174; Merleau-Ponty（1942），p.13.
48　EM, p.206.（293 頁）。
49　Ibid., p.98.

第 2 節　身体化論と仏教思想からの示唆

50　Cf. ibid., p.110.
51　Ibid., p.140. Cf. Bernstein（1983）.
52　Cf. EM, p.141; Kant（2017）, S. 267-268.
53　EM, p.141.（204 頁）。
54　Cf. ibid., p.144.
55　いわゆる foundationalism に対する批判である。
56　本書第 2 章第 1 節 4（2）「基礎づけ可能性」に詳述。
57　Cf. EM, p.144.
58　Ibid., p.218. Putnam（1987）, p.29.
59　EM, p.143.（206-207 頁参照）。
60　Ibid., p.178. この例に人類学者のブロフスキーの著書を参照している。Cf. Borofsky（1990）.
61　EM, p.26.（55 頁参照）。
62　Ibid., p.27.（55 頁参照）。
63　Cf. ibid., p.234.
64　Cf. ibid., p.28.
65　Cf. ibid., p.29, 250.
66　Ibid., p.28.（56 頁）。
67　Cf. ibid., p.228.
68　Ibid., p.xxvii.
69　Ibid., p.31.（60 頁参照）。
70　例えば、創発理論が AI 研究等にもたらすと思われる展望は研究自体がその成果を出すであろうとし、バレーラらの主題は認知科学と人間経験の対話にあるとする（cf. ibid., p.103）。また、理論的反省と科学的研究における「問いかける者」の忘却を指摘する（cf. ibid., p.27）。
71　Nishitani（1982）. 西谷（1961）。
72　Cf. EM pp.246-247.
73　Cf. Müller（1873）.（213-415 頁）。
74　EM, p.22.（48 頁）。
　　また、わが国の仏教学者の視点としては以下参照。佐藤（1994）、75 – 82 頁。
75　Cf. EM, p.219.
76　Cf. ibid., pp.233-234. その反動としてのニヒリズム的反応がある。Cf. ibid., pp.228-230.
77　Ibid., p.233.（329 頁）。
78　Ibid., p.237.
79　Ibid., p.238.
80　ルーマンの主体概念批判に対する反応にも表れている（本書 60 頁以降参照）。
81　EM, pp.237-238.（336 頁）。
82　Ibid., p.233. 筆者訳。原文は　"... as in all Buddhism, the intimation of egolessness

第 1 章 『身体化された心』の問題提起

is a great blessing …" であるが、邦訳（329 頁）の「自我に親しむ」では逆の意味となる。
83　Ibid., p.243.
84　Ibid., p.252.
85　Cf. ibid., pp.245-251. 慈悲については特に本書第 2 章第 3・4 節参照。
86　EM p.247.（350 頁）。
87　Ibid., p.3. Merleau-Ponty（1945）, p.xv.（23 頁）。

第 2 章

ルーマンの理論

第2章 ルーマンの理論

ルーマンの社会システム理論は、きわめて多様な分野、視座から論じることが可能である。本章では、区別と観察の視点が、世界をどのように分割してゆくのか、という視点に焦点を置く[1]。

第1節 区別・観察

1 システムと環境

(1) 差異理論としてのシステム理論

ルーマン社会システム理論の受容・理解に関して、ドイツでは現在も活発な議論が行われている。英語圏ではやはり翻訳の問題上、没後に本格化したという。あらゆる思想が浸透する際に翻訳の問題は避けられない。それは単に異なる言語間の翻訳の問題のみに限らず、しるしとしての言語というものの本質でもある。社会システム理論についていえば、英語圏のみならず、ドイツでも「システム」という語に対しての一般認識や語感が、理論の理解や浸透を妨げていることが未だ完全には払拭されていないことも同様のことを表している。

システムの語源や定義の簡易な概要を仮にたどってみても、この概念に蓄積された様々に異なった認識の種子を拾うことができる。日常的に使用されるシステムの語源としての古代ギリシア、たとえばアリストテレスのシステム概念は、きわめて単純化すれば、要素とその関係性を通して全体を表そうとするものであった。現代社会の日常に連想されるコンピューター関連の語彙や、現代的な組織・制度や手続きなどを表すことがらは、概念の歴史においては非常に短期間のものである。また、そういった一般用語ではなくとも、あいまいな語感を以て社会（科）学一般に用いることもままある。もちろん、それぞれに意義と有用性はあろう。しかし、より抽象的な思惟の営為を考えるなら、定義の整理が求められる[2]。

第1節　区別・観察

　周知のようにルーマン・システム理論の基本概念はパーソンズから受け継がれている。多くの定義はことごとく塗り替えられ、後年には全く独自の理論に築き上げられている。

　ルーマンはこのように定義する。ある特定のはたらきを持つ何らかの統一体が、他との境界線を引きつつ（つまり、内側と外側を持って）連続性をもって作動している、それを「システム」と呼ぶ。そこから出発する。

　さしあたり（科）学（Wissenschaften）とされるものはすべて定義から始まる。よって、この設定で理論展開を目指すことは可能である。しかし他分野、たとえばドイツでは経営学や心理学などにおけるルーマン・システム理論の受容と援用はスムーズであったが、社会学における反応は両極であった[3]。

　これはルーマンの難解な文章と独特の著述・理論展開、多様な分野にわたる膨大な文献の参照を含めた質量にも大きく起因すると思われる。特有の概念装置と、言明を避け旋回し続ける言述が迷路に引き込む感がある。たとえ、各文節の意味を「正確に理解した」としても、理論のそのものの表す意味が明らかになったわけではない。その背景に感じられる把捉されざる何かの気配は一体何であろうか[4]。

　ルーマンの講義や講演は、その著作に比してわかりやすいものであったと言われる。ここで、一般のオーディエンスに向けての TV 番組のインタビューの中から以下の発言を引用したい。これは差異理論としてのルーマン理論の入り口として、簡にして要を得ている。

　　とにかく常にシステムと環境の違いに関して、という点から出発するのです。
　　Ich will einfach mal aus einem Gesichtspunkt ausgehen, dass es *immer* um die Differenz von System und Umwelt geht.[5]（強調は筆者）。

　ルーマンによれば、一つのシステム（一つの統一体）は必ずその環境

第 2 章　ルーマンの理論

(その統一体とは異なる、外側の部分)を前提条件とする。つまり境界線を引いているから「システム」なのである。境界線が引かれるということは、その境界線によって分かれ出た外側にあたる環境は、本来その線の反対側とは適応している、ということも同時に意味している。このことだけに限って平面的に例えると、一枚の紙片に切れ目を入れるとその二片の境界線は必ずぴたりと合う、というシンプルな比喩で理解できよう。

　また、第 1 章の認知科学の視点から考えれば、さらに明確である。ルーマンが諸著作において繰り返し、「環境が無ければシステムはそもそも存在していない」と述べるのは、区別のない認知はありえないことを強調するためである。システムの前提そのものが、境界線を引くことにある。もし外側＝環境が無ければ、もはやシステム(統一体)とは言えまい。

　再び同じインタビューから引用する。

> ひとつの統一体(単体)がほかのすべてのものに対してどのような反応をするのか、どういう境界線が引かれるのか、……社会が自己以外のすべてのものに対してどう境界線を引くのか、ということです。
> Wie reagiert eine Einheit auf alles andere. Welche Grenzen werden gebildet, 〔…〕wie begrenzt sich die Gesellschaft gegen etwas anderes.[6]

　ルーマンは、最後期(1991-1992)の大学での講義録である『システム理論入門』[7]においても、同様のことを述べている。つまりシステム理論とは、システムと環境の相違から出発することである。これは西洋思想でギリシア哲学以来の伝統的な統一を表すものであるコスモロジーや、世界概念、存在概念などからではなく、何よりも差異から出発することなのだと言う[8]。このきわめてシンプルかつ確固とした基本姿勢は、口語表現によってより明確に伝わるかもしれない。

　ルーマン・システム理論では特有の概念が循環的に使用されて概念相互の意味を支えていることも、記述の理解が難しいことの一因である。各用

語の説明はどこからでも始めることが可能であり、だからこそ順を追う直線形式での記述では伝達し難い。ほとんどの著作にそれぞれ微妙な変化のある重複記述が多いのはそのためでもあると思われる。

　いずれにしても、出発点はシステムと環境の差異にある、というのがルーマン理論の始まりであり核である。必ず、差異、つまり区別することが、この世界に随伴するのである。

　これについてはラールマンス／フェアシュラーヘンによる解説が分かり易い。「これは容易に理解できよう。つまり、区別を使用しなければ、「世界」はその中に何も見ることはできない、差異の無い一つの全体になってしまうのだ[9]」。これは世界に限ったことではなく、観察者についても同様のことが言える。差異の無い一つの全体では、そもそも観察する者もいるのであろうか、ということである。

　したがって、必ずしも、ルーマン理論に特有と思われる数多の概念を同時に把握していなければ、理論のすべてが理解不可能ということではない。このように考えれば、より容易となるであろう。われわれは生きているというそのことによって自己というものの境界線を引く、すなわち観察＝区別する、それはとりもなおさず差異を認識することから全てを始めるからである。

　それでは観察すること、すなわち区別することとはいかなることであるか、次に述べてゆきたい。

(2) 区別・観察

　観察する者がおり、観察者がいるということは同時に観察されるものがあるということである。また観察者がいるということは、観察という行為が行われるということを同時に意味する。さらに観察が行われているということは、すなわち区別が行われているのである。これがすべての始まりである。「区別はひとつの境界線であり、ある差異をマークするということです[10]」。

　区別が始まった時点で、観察者は何をシステムとして扱うことができる

第2章　ルーマンの理論

か、ということは問うことができない。つまり、そうしたことに対して無自覚である。しかし区別は既に始まっているのである。

ルーマンは『社会システム』(1984)[11]で「システムがある（es gibt Systeme）[12]」ことを全ての出発点としている。この本意は、上述のような区別の始まりということなのだ、とルーマン自身が後年、『社会の科学』において述べている[13]。ルーマンはそこであらためて、システムが「ある」ということは、区別と指示において世界を観察すると、そうした観察の作動（はたらき）には、はたらき自身の現実性（Realität）があるという意味である、と念を押している[14]。つまりシステムが自体（an sich）としてある、と言っているわけではない。

区別することと観察することが同義であるなら、ルーマンの社会理論は区別に端緒がある理論であり、区別がその核であってそのほかの概念装置は全てそれに付随して立ち現れてくるものと言うことも可能である。前述の講義録では、区別は二つの要素（Komponenten）を必要とする、区別することそのもの（垂直の線）と指し示すこと（水平の線）である、という説明もしている[15]。

これは、たとえば観察者と観察対象の境界線、シールドのようなものを垂直と考え、それを指し示す場合に横方向に地平が広がる、つまり水平の場が広がると考えるとわかりやすいであろう。このように、「区別すること」という行為そのものが区別と指示の二つの区別を含んでいるのである。

つまり「一つの統一体＝自己言及システム」には「環境／他者言及」が必須である。ルーマンが繰り返し、「システムと環境」の区別を強調してゆく理由は、外側無くして内側無く、ひいては観察は不可能となるということにつきる。このことは、前章の認知科学の議論全般から、すでに明らかであろう。ただ、この「観察者」が誰なのか？ということはのちの議論のためにひとまず、置いておきたい。

第1節　区別・観察

　以下の引用には、システムの本質が特有のユーモラスな造語によってシンプルに表されている。

　　システムとは「一と一、ということ」(Undheit) です。統一とは「一と一」(das Und) ですが、それは要素や構造や関係ではありません。[16]

　まず、少なくとも二つ以上の区別されたものがなければ、「一と一」などと表すことはできない。そもそも差異があること、そしてそれが統一されること、その両方のためには「動き」がなければならない。そして、それは必然的に時間を前提とする。生命について考えれば、この意味はより明らかになろう。生命体は「動き・はたらき＝作動」がなければもはやシステムとしては見られない。前章で扱ったことが土台となる。時間を生きる「われわれ」がこのような区別・観察をしているのである。社会学者であろうと、生物学者であろうと、「われわれ」の観察であり、「われわれ」に関わるあらゆる動き＝生命を度外視して何一つ可能ではない。
　したがって、あらかじめ存在する、恣意的な目的が定められた何らかの固定的なシステムについての理論ではないことが理解されよう。
　それでは、いかにして観察と区別およびシステムと環境の連関が立ち現れるのであろうか。ルーマンはたとえばこのように説明する。

　　なぜならシステムと環境という区別を指し示しに用いることは、それがシステムであれ環境であれ、常に観察だからである。……システムと環境の区別は、常に観察者の付加的なパフォーマンスであり、もちろん観察者自身、オートポイエーティックなシステムでなければならない。[17]

　つまり、自身がオートポイエーシスのシステム（(4)で解説）である「観察者」がいる時点で、観察という行為があり、そしてそこには必ず区別が伴っているということ全ての同時性を、このように表現しようと試み

第2章　ルーマンの理論

ているのである。しかし、そもそも分節化すること自体、そしてそれを読むことも含めて、必ず時間の作用を伴う。全ての同時性について伝えることは、言語のこのような性質上、容易ではない。

　自体存在するシステムではないなら、もちろん環境自体（Umwelt an sich）などというものあり得ず、また、「目新しい従来にないシステム」などのことでもない。この「環境」はあくまでシステムあってのもので、一般的な語感で考えてはならない。様々な意味の歴史を持つ西洋思想的な主体と客体、自然などの概念に代えて、「システムと環境」の概念で出発する、ということである。この概念によって区別を表現することは、さしあたり上述の概念に深く刻印される歴史的意味の不純物にとらわれない方法と考えられていたのである。しかし、もちろんシステム概念自体にも特有の固定観念・語感があり、それに対する拒絶といった負の副産物もある。

　それでもバレーラらの方法とはまた異なる形で、ルーマンは西洋の主客二元論の膠着から離れようと試みる。つまり、常に差異、すなわち「システム（自己言及）と環境（他者言及）」の差異から出発することでそれは可能となるのではないか、ということである。

　さて、仮に、ある即自的な観察すなわち一次観察をする観察者があるとする。観察には必ず盲点があり、この観察者もまた例外なく観察不可能な盲点のある領域にある。最初の観察者、つまり一次観察者が観察しているということを観察すると、一次観察者の盲点が観察可能となる。これが二次観察、セカンド・オーダーの観察である。この観察者は自らが観察していることを認識している。しかし、これが指し示すところは、二次観察者が一次観察者より、より明確に観察しているなどということでもない[18]。全ての観察者に当てはまることであるが、盲点がないということはありえない。すなわちいかに観察の次元を上げていっても、常にそれぞれの盲点のある領域からの観察なのである。観察が区別であるならば、「全体を見渡す」「事柄の本質を捉える」（仮にそのようなものが可能として）などということが不可能であることは、理解しうるであろう。

(3) 二値コード

　二値コード（バイナリーコード）化とは、言語上の「是／否」であり、ある値に対して反対値を置くことである。単純化すると以下のようになる。物事が進むとき、道程が示される時、それを選択として捉えると、ひとまず「是／否」という二つに必ず分岐する。選択行為には「する」または「しない」の両面が示され、必然的にいずれかを選択するようになっている。そして、社会の諸システムはそれぞれに固有の二値コードによって作動する。たとえば政治システムでは権力という媒体に基づく二者択一の選択がなされ、法システムでは法という媒体のもとに、といった具合である。そしてこの固有のコードの値の適用条件、すなわちプログラムがそれぞれのシステムにある。このオペレーションによって、それぞれのシステムが自身の同一性を保持し環境と自らの境界線を引いているのである。

　システム（自己言及）は環境（他者言及）と区別され自己同一性を保持しながら、その境界線を横断するように常にこの二値コードによる区別・選択が行われている。つまりシステムと環境の区別、固有のコードの下の二者択一、これによってシステムに動きが生まれる（振動 Oszillation）[19]。こうしてシステムの作動そのものが可能となるということである。

　ここにルーマンのいわゆる偶発性（Kontingenz）が関連する。これは平易に言えば、常に他の選択肢でもありうる（es kann anders sein）ということである。たとえば、ある選択が行われた場合、反対の選択肢でもあり得たわけである。コード化はしたがって、常に二値性を持ち、それ以外は「排除された第三項」として、そのシステムの機能の枠外である。

　経済システムを例にとってたとえると、貨幣という媒体を基にした選択肢の「払う（消費する）／払わない（消費しない）」という二値がある。そして、経済システムでは、貨幣（財産）の媒体に基づく二値の選択肢以外のものは扱われないため、それ以外は経済の問題ではない、つまり排除された第三項ということになる。もちろん、現代社会では経済システムは法、政治などとカップリングしている（連動している）ので、例えば法システムのコードである「合法／非合法」と密接に関連することは理解でき

よう。しかし、貨幣のコードはあくまでも「払う（消費する）／払わない（消費しない）」という二つの値を持つ。これを逆側から表現すると以下のようになる。つまり、このように二値コード化することで、機能システムはその機能領域において起こる問題をそのように把握可能となるのである、ということである。

再換言すると、あるコードに条件付けられたシステムは、そのコード以外の基準については何ひとつ扱えないということである。それは、ある特定の具体的な事柄についてはある特定のシステムでしか扱えないという意味ではない。その事柄を固有のコードによってしか記述できない、ということである。例えば政治システムにおいてはある宗教組織の投票行動の結果は政治システムの文脈でのみ、つまりその動機がたとえ当該組織の「超越的な啓示」に基づくものであろうと「投票する／しない」で言及される。

上記はきわめて単純化した図式である。

また、このような二値コードには選好が付随する。単純に「是／否」という二分化から見ても、「是」は「肯定」すなわちポジティブとして捉えられる。言語上は本来ニュートラルな「是／否」のコードの価値に、各システムの固有のプログラムによって選好が伴ってくる。例えば法システムでは合法が非合法よりも選好される。

この選好・価値に関する議論には、必ず規範の問題が立ち現れる。ルーマンの循環的な著述はヘーゲルとしばしば対比される。その理由は、もちろんオートポイエーティックな理論そのものにもあるが、初めに結論があったうえで因果関係の布石を置いてゆくような形式、つまり規範的（normativ）な論証を回避しようとしていることにもある。ルーマン理論において規範とは常に「事実（現実）に反する事柄の期待」（contra faktisch zu erwarten[20]）なのである。したがって、規範もまた観察の対象であって「目的」ではない。もちろんこの設定そのものにも立脚点がないわけではない。

最後に、二値コードとは二つの可能性を示す相対化のシンボルでもあ

第1節　区別・観察

り、また同時にそれ以外＝排除された第三項の可能性も示す、二項対立以外のものに対する逆説でもある、と言えるのではないであろうか。

(4) オートポイエーシス

　生物学者であるマトゥラーナが、バレーラとともに提唱したこの概念は、ルーマンの社会システム理論に中期以降導入され、最終的な理論確立の基盤となっている。

　オートポイエーシスの語源は、ギリシア語のポイエーシス（生産・作り出すこと）とオート（自身の）のコンビネーションであり、すなわち「システムとはそれ自身の産物である[21]」ということである。

　この概念の提唱者であるマトゥラーナは、ルーマンがこれを社会システムに援用する際に、一つだけ異論を示したという。それは、コミュニケーション・システムを社会システム（soziale Systeme）であるとすることに対しての拒絶である。なぜなら、マトゥラーナにとって社会システムとは、まず個々の人間たち（Menschen）が前提であり、それらが形成する集団としての総称であったからであって、これに関しては譲らなかったという[22]。しかし、バレーラ（少なくとも後年の）であったならば、ルーマンの視座を理解し得たのではないか。それは本書の議論が進んでゆくにつれてより明らかになるであろう。

　ルーマンは自らの社会理論が、マトゥラーナの生物システム理論・生物学的認識論とは相違があることを所々に確認している。とはいえ、以下のようにも明言している。

　　それでもこのマトゥラーナとの差異を過大に考えてはなるまい。なぜなら、ほかならぬ彼の生物学的言語理論が、新しい認知の諸領域を開拓するための大きな余地を与えてくれるからである。[23]

　ルーマンがオートポイエーシス概念を用いる時に、この概念によっていかなる区別を念頭に置いていたか、ということが分かりやすい比較があ

55

る。それはニコラウス・クザーヌスなど神学の記述に見られる概念 authypostaton、つまり「それ自体で存立している＝自体存在（Ansichsein）」ということをオートヒポスタシス（Authypostasis）と表現し、それと区別していることである。システムはこの「オートヒポスタシス」ではなく、オートポイエーシス（Autopoiesis）「自己制作」なのであると、『社会の科学』で述べている[24]。システムが自体として存在するのではないという、理解が浸透しづらかった理論の根幹を、この概念の対比であらためて確認しているのである。

　オートポイエーティックなシステムは、それ自身を指し示すために恒常的にそれ自身のマークに戻る（自己言及）。オートポイエーシスと名付けられているのは、システムという統一体を作り出す再生産である。その再生産によって、システムとそれ以外（環境）の間に境界線が引かれる。ある一つの統一体は、それ以外のものがあることによってしか成立しない。差異がなければそもそも何一つ成り立たないのである。

　オートポイエーシスとは「生命とは何か」という根源的な問いである。ルーマンは既出の講義録でこのように述べている。この「何か？という問い（Was-Fragen）」は常に忌避されているが、オートポイエシスとはまさにその問いに答えようというものであるのだ、[25]と。

　先に説明した一次観察、つまり即自的な観察は「何か？ Was-Fragen」であり、二次観察は一次観察者がどのように観察しているのかを観察するので「いかに？ Wie-Fragen」であるとされている。観察の理論は後者のWie-Fragenを扱うものであるにも関わらず、ルーマンはメタ理論であるオートポイエーシスを自身の理論の中核に導入したのである。

　そして、ルーマンがそれをいかにして社会理論として展開したのかは膨大な著作を紐解けば辿り着けるかもしれないが、「なぜ？ Warum-Fragen」の回答とはならないであろう。

(5) 社会　意味　言語

　ルーマンは常に社会学者としての記述ということを強調する。自らの理論が社会についての理論であること、そして社会の中で行われる社会についての記述であること、という二重の意味を常に確認するのである。

> 社会というコミュニケーションのオートポイエーシスを保証しているのは、まさに絶えず更新されるイエス／ノーの分岐、つまり言語の二値コードである。それによって社会はイエスの軌道でもノーの軌道でも作動を継続することができ、より魅力的な他のコミュニケーションの可能性が見えた場合には、中断することもできる。[26]

　社会（Gesellscahft）[27]の部分システムとしてのそれぞれのシステム（政治、法、経済、教育、芸術など）もまた機能的に分化した社会システムである。これは、一定の条件下で固有のコミュニケーションの媒体を通じて（シンボル的に一般化されたコミュニケーションメディアとよばれる）政治、経済、法、教育、芸術、科学（学問）といった現代のわれわれにとって観察可能な社会のそれぞれの諸システムが常に作動を続けている、ということが観察（区別）される、ということである。ルーマンはこれらをすべてコミュニケーションによって成り立っているオートポイエーティックなシステムである、と見なす。当然、コミュニケーションがなければ、これらのシステムというものもない。すでに述べたように、オートポイエーシス、つまり自己自身に回帰するはたらきがなければ、社会などというものやそれぞれの社会システムなどというものもないのである。これらを基本前提としてルーマンの理論を捉えると、「社会の中で行われる社会についての理論」ということがより明確に理解できよう。

　言語は、社会のコミュニケーションの基底的な媒体である。社会のコミュニケーションは言語の特性を基に作動している。すでに述べたように言語には、「肯定／否定」の値があり、それに基づいて全てのコミュニケー

ションが成立している。そして、言語には意味が必ず伴う[28]。意味もまた媒体である。あらゆる心的システムと社会システムは意味という媒体において自らの作動を規定し、再生産する[29]。自他の区別、あるものと他のものの区別、そして時間の前後の区別（「意味の三次元」[30]）である。すなわち、意味が人間の心理や社会のコミュニケーションを可能とするのである。

そもそも言語という媒体そのものの意味は何であろうか。なぜ、そのような二つの選択肢を提示する媒体というものがあるのか。これらの問いは存在論的な問いである。「なぜ言語があるのか」という問い同様、媒体である意味の意味についても答えることは——少なくともこの次元では——できない（メディアとしての意味については第2節以降に詳述する）。

上述の認識に立って、媒体、すなわちメディアとしての意味は否定され得ない、とルーマンは述べる。なぜならあらゆる否定は、その否定されるものの規定を、つまり意味を前提としているからである。これは簡単に理解されよう。何らかの意味を前提にしなければ、われわれは何も否定することができないのである。

たとえば、フッサールはわれわれの知覚は意味が他の意味を影に隠す（abschatten）という機能を担うことによってのみ、一つ一つの現象に到達することができると言う[31]。同様のことをルーマンはこのように表現する。あらゆる意味は、パラドックスとしてのみ、自らの統一を主張することができる。つまり、肯定と否定が同じものである（Selbigkeit）ということである[32]。そもそも肯定も否定も、本来一つのものなのである。これ自体がパラドックスであろう。言語というコミュニケーション・システムの媒体に関連づけて、世界に印をつけるという行為について考えると、興味深い洞察が得られる。われわれは言語を用いてしか、世界について境界線を引くことができない。だからこそ、マークされないスペースに対して無限のような印象を抱くのは、まさに言語の問題なのであるというルーマンの見通しである。

だが他方で、このコミュニケーション、つまりマークすることが言語によって可能となるのならば、言語的な限界もまたこのコミュニケーション

における区別の特性となる[33]。

　世界に境界線を引くこと、すなわちわれわれの観察は、言語のあらゆる特性に依存しており、言語のない区別はあり得ない。そして言語というものはパラドックスとトートロジーをその性質としている。したがって世界の観察も常にそのように行われるのである。これについては、3「世界」においてさらに詳しく論じる。

　上述の区別と言語の問題の考察から、このように言うことができよう。言語はトートロジーの繰り返しによって無限に続く性質を持ち、ひとたび言語によって切り込みがなされると、その亀裂は顕在化していない、無数・無限の言語化の印象をわれわれの意識に刻印するのである、と。
　ルーマンは、否定されるもの、つまりある概念と反対のものが形成されるときにはその対峙概念は排除されているのではなく、逆に指し示されて潜在化していると言う。当然ながら、対峙概念の形成のためにはそもそも、ある概念という意味が必要とされる。したがって意味の外側とは以下のようなものとなる。

　　意味テーゼによって排除されるのは、絶対的空虚の逆の状態（Gegenfall）、無であること（Nichtheit）、言葉の根源的な意味でのカオス、およびスペンサー＝ブラウンが言う意味での《マークされない状態》という世界状態だけである。[34]

　つまり、世界の中では、意味によって排除されたものも排除されていないということである。換言すれば、いかなる意味の否定であっても否定というものはそれの否定したものを潜在化し、そうすることで保存もするのである。裏返せばこのような否定という行為には、「意味」がなければならない。すなわち、何かを無意味と呼ぶならば有意味なものが指し示されなければならない。同様に考えるならば、上述のように排除されたはずの《マークされない状態》もまた、意味システムそのものの中において排除

されているということであり、意味システム自体が排除したものそれ自体を含んでいるのである。これも議論が進むにつれてより明らかになるであろう。

ルーマンは『社会の宗教』において、この有意味と無意味の区別は宗教システムが担う機能であるとする。換言すればつまり、宗教というものは意味というメディアの形式領域に求められるべきである、ということになる。このことから、ルーマンは宗教を一種の根源的な問いの領域と見ていたと考えてよいであろう。この認識は、のちに論じるルーマンの宗教に関する記述に繋がるものである。

さて、そこで意味の区別をつけるものは観察者であるが、それは一体誰なのかという問いが起こる。伝統的に考えれば、それは主体ということになるが、ルーマン理論ではその設定にはしないことをすでに言及した。それでは、観察者に関わるそうした概念、主体や人格、自己、同一性などについてルーマン理論ではどのよう見ていたかを次に論じる。

2 自己

(1)「個人」の同一性と観察者

既述の通り、ルーマンは人間を社会の構成要素としては捉えていなかった。身体、心としての人間は、あくまで社会の環境、つまり外側にある。このように、社会システムとその環境、すなわち社会のコミュニケーション以外のもの、例えば身体・心として捉えられる「人」との差異に注目して現象が眺められる。しかし「人間」はシステムとしては捉えられていない[35]。

これについて社会の外側に人間が置かれている（排除されている）として「人間軽視」などの批判が起こったが、そこに価値判断は無くあくまで観察理論としての視座であることをルーマンは説明している。先の講義録では、社会批判の際には「環境ポジション」にいた方がむしろ快適ではな

いかという、特有の諸譎表現をしている[36]。ルーマン自身、個人としての自分自身が社会に組み込まれてしまうと居心地が悪いと思うと述べている。つまり「自身の考えを他者が考え、他者からの化学的、生物学的リアクションが自身の身体を動かすような[37]」類の包摂には自由はないのではないか、ということである。

また、ルーマンにとって意識過程は社会の環境に置かれているのだが、留意したいのは、この場合、意識の所在は「経験的な」通常理解の「人間」の付属物ではないということである。ルーマンの定義については次の(2)「意識と心」で論じる。

ルーマンは、意識を個人と同一視するような伝統的な定義や、人間・個人概念の西洋思想史における意味の歴史をたどり、個人（Individuum）と称されるものの統一性の疑義を指摘する。何ひとつそれ自身のみで統一体たり得ないのならば、本性（Natur）として統一体なものなど無い。したがって、本性としての同一性もあり得ず、身体存在・精神存在としての人間の個人化という想定は、断念せざるを得ないとする[38]。

このように自己を既存の概念に基づく個人として規定することが危うくなると、特に西洋的思惟の特性として、自己の同一性を求めて異なる方向にその追求は向かう傾向にある。ルーマンによれば、それは自己の内面の無限性とその表現の要求という現れ方をする[39]。

本書のテーゼに関連してここで留意したいのは、この「内面の無限性」という認識とは、あくまで一つの統一性（同一性）に基づいた自我のことであり、こうした自我の存在が常に前提となっていることである。しかし、この必要性の追求はいずれにしても脱出口のない迷妄に陥る。なぜなら、自己の統一性のためには、その確認としての自己観察が必要となる。そして、それによって自己の個性というものを同定しなければならない。しかしルーマンも述べるように、そのためには世界を同定しなければならない。それは、個人の向こう側にあるもの、つまりその同一性の相関物として残るのは世界だけだからである。けれども、こうした個人観は現実世

界との関係のみならず、自己自身との関係においても困難に陥る。自我による世界の規定と世界による自我の規定という循環の上に、終わりのない内的な希求や努力が続けられても、そこには自己の本質の獲得などはないのである。

つまり、世界と自我の規定（同定）が、同時発生であり表裏一体であるのなら、それは無限の循環である。この循環論法の隘路をルーマンは特有の概念遊びによって、個人（Individuum）すなわち分割不可能なもの（Individuum）が分割可能性（Teilbarkeit）によって定義されている[40]、と表現する。

すなわちこのパラドックス自体が、個人という同一性を表しているということでもあろう。これは「世界」の規定の表裏一体として行われる自己規定は、分割不可能にもかかわらず、個人という「分割された」同一性を求める矛盾した要求である、という指摘である。

とはいえ、われわれは「自己」に付随した「人格」という概念を日常的に使用し、それがあるということ（少なくともその前提）に基づいてコミュニケーションが行われている。このような「人格」は、他から観察される統一体を指し示すためにコミュニケーションにおいて用いられる同一性を表す呼称である、とルーマンは位置付ける[41]。

つまり、慣習的に「人格」として捉えられているものは、社会システムの外に位置する有機体、もしくは精神的な存在というものではなく、あくまでもコミュニケーションにおいて便宜上用いられる自己同一性に過ぎないということである。すでに述べたように、あらゆる同一性というものは回帰によってのみ表すことが可能となる。ルーマンのこの人格概念は、仏教思想の個人存在概念と類似している。しかし、その背景にある思想は必ずしも同じ立脚点にはない。その相違は、ルーマンの「神」概念と、キリスト教的宗教観にも顕れている。キリスト教的には「個人」は不可欠な概念であるが、仏教においてはそれは実在ではない。これについては、第3章でさらに明らかにする。

それでは、ルーマン理論の中で言及されてきた「観察者」が、上述のよ

第1節　区別・観察

うに個人でないとするならば、その観察者とはいかなるものであろうか。このことについて、ルーマンはどのように考えていたのか。

これについては、前章第2節の無根拠性において論じられた「誰が」という視点をルーマンの記述に関連させると、さしあたり、あることが明確となる。「観察者は自身を観察することはできない」、つまり、それ自体が自己としてあるために区別を必要とする自己は自己自身を矛盾せずに観察（区別）することはできない、ということである。換言すると、「自己」と指し示すからには、すでに「自己でないもの」を同時に指し示していることになる。そしてこのように対象化するということはすなわち区別しているということになる。まず、自己とその外側（環境）という区別があることを表している。さらに、その上に、観察対象として対象化（区別）された「自己」と、区別を観察（区別）する「自己」（すなわち観察者）が、区別されなければならず、それは、もはや諸々の区別がなされる以前の「自己」ではない。盲点の無い自己観察は不可能なのである。なお、こうした議論については、ニコラウス・クザーヌスなどの神学に、より厳密な理論が展開されているのだが、それにもかかわらず神学研究の伝統においてこの観察の理論自体が閑却されており、外部観察を自明として聖書に基づく教義（流出説や創造説の装置）の議論が展開されている、とルーマンは批判している[42]。それに対して、ルーマンが議論の要所で言及するニコラウス・クザーヌスの思想は、ルーマン理論及び一般システム理論全般の本質においてきわめて重要な意味を持つ。

それでは、なおも「自己」のようなものとして観察されているものは一体何であろうか。もちろん、それは「当初」観察対象として想定しているような自己ではない。これは以下のように観察者の盲点を考慮すると明らかである。

> 観察者とは、自己言及と他者言及の差異の統一である。それゆえ観察者は、自らを指し示すことはできない。観察者は観察者自身にとって不可視なままである。[43]

63

第2章　ルーマンの理論

　「あるもの（自己）」と「それ以外（他者）」の指し示しは、観察者がその区別を自己の内に持って可能となる。つまり、外側から観察者の純粋な自己自身（そのようなものが可能だとして）を指し示すことはできない。したがって、この自己言及の「自己」は観察者ではあり得ない。では、観察者とは一体「誰」なのだろうか。続く以下の一節にそれについての示唆が現れている。

　　そして、世界も同様に観察不可能である。世界は、観察者にとって、システムと環境との差異の統一としての役割を果たさなくてはならないであろう。両方の側で指示能力を持つことのできるような区別の観察装置の一式は、世界のマークされない空間に取り付けられており、観察者もまたそこから観察しているのである。[44]

　観察者は世界を観察できない。その上で、指し示されていない部分、つまりマークされない空間に取り付けられた、区別の両側の指示が可能な観察装置一式とは一体どのようなことを意味しているのであろうか。それら全ての差異の統一を含意しなければ、この記述は不可能なのである。これについては、後に再び言及する。ここでは、この「すべての差異の統一」の含意が示唆されていることの認識を明確にしておくことが、今後の議論の背景として重要であると考える。

　さて上述の議論から明らかになったように、世界の観察と自己の規定は切り離すことができない。したがって、自己について同定しようとする人間に本質的な要求（欲求）を実行しようとすると、迷うことになる。この心理的に困難な状況をルーマンは以下のように表現している。

　　自己自身に取り組むと、個人はあたかもトリストラム・シャンディのように世界の流れより遅くなり、未完のまま死にゆく運命にあるの

だ。[45]

　逆に世界に関わると個人は自己疎外を起こす。そして、今や自己は自身を統一体と見る多様性と捉えられている、というのである。
　けれども、一見逆説的であるがこの多様性の統一ということが上述のように「個人」が「個人」であろうとするための困難をもたらすのである。自己自身を自己主題化するために、自己は環境である「世界」に対して差異を見出そうとするが、その差異を見出すための観察はどこで行われるのであろうか。さらに、いかなる「差異」を認めるのであろうか。「個」人の脆弱な同一性というものは常に崩壊と挫折の危機にさらされている。
　このような困難にありながらもなお、われわれは「自己」と「世界」の差異を保持しつつ、自己の同一性を求める。この根深い行動様式の背景には、実は「心もとなさ」があるのではないか。自己が多様性の統一性としてしか捉えられなくなると、指摘されたような自己不信状態に陥る。何らかの同一性、もしくはそれを担うものを人間の心理（心的システム）は志向するのである。このことを、身体的存在、名前を持っていること、そして社会的な存在としての様々な属性、身近な他者との関係性、感情的反応、思考、そのいずれにおいていかに束ねようとしても、そもそもこれらの定義がそれぞれの狭義の制約の中にあって、束ねる基準となるものは見つからない。そして、ここで重要なのは一体、誰が「束ねるのか」ということではないであろうか。
　これに関連して、ここで『身体化された心』のバレーラらの以下の興味深い一節を引用したい。

　　しかし、賞賛、愛、名声、権力を私が欲するとすれば、私を褒め、愛し、私のことを知り、私に従う他者が（例え心理上のものであっても）存在しなければならない。自己利益の力は自己志向的であるのと全く同じように、いつでも他者志向的になるものだ。……そういった人々は他者との自己言及的な関係に混迷したやり方で勤しむことによっ

て、分離した自己の感覚を維持しようと格闘しているのである。[46]

　これはつまり、先に述べたルーマンの言述と同様のことを逆の立場の側から述べているのである。バレーラらは自己の感覚を流れに逆らってまで保持しようと苦闘する自我の働きの強い個人について指摘し、ルーマンは、世界に対して及び自己の内側に向けて、つまりノエマとノエシスの働きの中で自己というものをいかに統一させたらよいかわからず混迷に至る個人のあやうさについて言及しているのである。これらのいずれにも共通するのは、同一性の保持の成功は厳しいという見通しであろう。

　したがって、この理論において、たとえ暫定的であっても「自己」を保つためにわれわれにとって可能なのは、多様性について統一することの観察次元を常にできる限り間接的に保つことである、と言えるのではないか。

　もしくは、ルーマンが宗教システムについての記述においてたびたび言及しているように[47]、全く区別しない領域に意識が到達することによって、場合によっては、全く異なる視座が得られるのかもしれないとも考えられるのである。

(2) 意識と心

　それでは、社会システムの外側にある意識とはどのようなものであろうか。そして通常、その意識と関連して人の心として捉えられているものはいかなるメカニズムで働いているのであろうか。

　まず、意識は媒体ではない。それ自身の作動によって構造を持つシステムであると考えられている。作動とはもともと対象を持たずに行われる。他方で今まで述べられた自己言及の「言及（Referenz）」とは、観察の指示作用である。指示ということはすなわち対象を持っている。つまり、自己言及は、観察という作動を遂行するものを指し示す。他者言及は、それによって境界の外となるものを指し示すのである。

　このようにシステム理論の用語によって記述すると理解が難しくなるが、現実として、区別と指示作用が同時に行われているということは容易

第1節　区別・観察

に理解しうるであろう。先に述べたように、区別における垂直と水平の動きである。そして、このような区別と指示を可能にする意識というものが、人間の体験と行為の操作を可能にする、他者言及と自己言及の差異の導入の前提となる、とルーマンは述べている[48]。心的システムとは、通常、人間の「心理・思考」として示されているものであるが、この心的システムは既述のように社会の環境に位置している。このことは以下のような理論構造として現れている。

> 心的システムは、言語と、社会的（sozial）モデルに基づいた想定可能なシーケンス構造によってのみ、自らの複雑性を構築することができる。この意味において、社会（Gesellschaft）は心的システムの環境ではあるが、心的システムの複雑性の条件でもある。[49]

つまり、心的システムというもの、その複合的な成り立ちは、社会（Gesellschaft）と表裏一体に成立しているのである。ここには当然、言語という媒体が必要となる。言語と、そして意味のある行為目的を通して、その都度の「始まり」と「終わり」を持つ「自己」意識のプロセスの構造化が可能となる。その礎となるのが社会である。ちなみに、そのようなことが言及可能であるかはともかくとして、ここでは「意識そのもの」について述べているわけではない[50]。

循環的な表現となるが、それを可能とする必須条件は社会（Gesellschaft）のシステムとしての複雑性、つまり如何様にでもあり得る潜在性である。なぜなら心的システムは社会の外側にあって成立するからである。その意味において、心的システムの複雑性と社会の複雑性は相互に浸透しあっている[51]。双方の複雑性が増大すると、偶発性すなわち如何様にでもあり得る潜在的な可能性も増大し、選択によって双方の条件を充足させることができる可能性も増大するが、同時にその逆のリスクも増大する、という具合である。「したがって、社会化（Sozialisation）という状況のない、自身で現実化する心的システムなどというものはあり得ない[52]」。

第 2 章　ルーマンの理論

もし社会がなければ、個々の心理などというものもないのである。

　さらに、ここで重要な点は、言語が媒体として機能する、ということである。その言語のはたらき、すなわち文節化によって、意識はそれを知覚可能な形式として処理することができる。そして社会システムのコミュニケーションは、もちろん意識の作動があってこそ可能となる。言語という媒体と、意識というシステムは不可欠である。つまり、言語という媒体の秩序によって意識が知覚として稼働することができると言い換えることができる。意識と社会は、このように言語という媒体を通じて連動（カップリングし）、それによって社会のオートポイエーシスが維持される。つまり社会が社会として成り立つのである。

　なお意識と心的システムは同義で使用され、テクストによっては単数・複数、そして定冠詞で記述されている。この分別は総じて具体的な文脈上の必要性からと理解されるが、しかし、「一つの意識」という規定は、単に複数の個別意識のみならず、区別されえない意識、すなわち、ある種の「無制約」な意識を同時に含意できるであろう。またそうした認識がルーマンになかったとも思われない[53]。さらに、後にあらためて述べる「宗教的な死」、つまり西洋的に表現すれば（ルーマンはこのように明確に表現しているわけではないが）「自己」意識が変容する――意識が境界線を超えて戻ってくる――場合についての言及もまた、そのことを裏付けるものといえる（本書、277 頁）。

　また、後述するように、ヴェーダーンタ哲学では、個の意識というものは本来非実在であり、アヴィディヤー（無知）に覆われているためにそのような制約を見ていると錯覚する、ととらえる。これは、意識そのものは本来不分割無制約であって、唯一の意識のみが存在するという思想なのである（本書、第 3 章第 4 節 3 参照）。

　ルーマンの意識概念はそもそもの設定が「区別（観察）を可能にする意識」という出発点に立つので、「唯一の意識」という言表にはならない。少なくともこの経験世界内で行われる記述である社会理論において言及さ

第 1 節　区別・観察

れたとしてもそれはフェイクでしかない。ルーマンが行ってきた、経験的領域で語られる超越論的な主体についての批判に鑑みても、これは自明のことであろう[54]。しかし社会に関わる制約のある意識についての理論を記述していたということは、必然的に無制約の意識（この表現の妥当性には議論の余地があろうが）についてルーマンも考察をしていたはずであると考えられる。これについては、本章第 2 節「神の区別」でさらに詳しく言及する。

　上述のように、ルーマンによって心的システムとして表されるものと、本書で扱う意識という概念で示されるものとは厳密には同一ではない。心的システムは明確に言語や思考の構造に制約されたシステムである。それを個人というものに付随する心、もしくは「主体」という担い手に属する意識と見なすことによって主客の超克し難い二元論に陥ることは、重ねて指摘されてきた。そのためにルーマンは概念の整理を行った。だが暫定的に「心理」や「心」と呼ぶことについて、ここでは特に支障はない。名称とその指し示すもの、それが一体何を表しているのか、という第 3 章における議論でそのことが明らかになるであろう。

　ちなみに、バレーラらの解釈に従うならば、こうした心的システムの働きそのものが止まるのが「三昧」である。上述のように意識と個別の心的システムが同一でないとすれば、「三昧」、すなわち心的システムの働きが止むことは、しばしば誤解されてきたようにそれが意識が無くなること（bewusstlos）を意味する[55]のではないことが理解されよう。ここにおいて、意識は別のあり方になるのである。

　それでは、自己（意識）と対峙する概念としての世界は、ルーマン理論ではどのように記述されているのか、次に論じたい。

69

3　世界

　ルーマンの学徒であったペーター・フクスとの共著 *Reden und Schweigen*（『語ることと沈黙すること』）(1989)[56] は、両者がこの主題の下に数論文ずつ執筆した形式となっている。この中に、ペーター・フクスによる「禅のコミュニケーション」に関する論文も含まれている。フクスの当該論文と、本書でも中心的に扱うルーマンの同年刊行の『社会構造とゼマンティク3』第4章「宗教の分出」における仏教哲学についての言及との関連についての明確な記述はない。しかしフクスのこの領域の研究にルーマンが影響を受けたことは間違いないであろう。ルーマンによる冒頭の同タイトルの論文 „Reden und Schweigen"（「語ることと沈黙すること」）もまた、フクスの禅についての論文の潜在的な影響を感じさせる記述となっている。ここでは、ルーマンのこの冒頭の論文を中心に、主に後期の著作における「世界」についてのコミュニケーションとその記述を論じる。

(1) 世界の観察とパラドックスのコミュニケーション

> コミュニケーションは、世界を伝えることはない（mitteilen）。それは世界を分割するのだ（einteilen）。[57]

　「語ることと沈黙すること」はこの一文から始まる。世界というものの全体像を捉えようとすることはそもそもパラドックスである。なぜなら観察、すなわち区別することによって、すでに世界は分割されているからである。観察者と世界が分離しており、あたかも全く世界に属していない完全なる第三者を想定すること、いわゆる「認知エージェント」のフィクションは、すでに論じたように成立しない。観察者は自身を観察できず、その観察者の観察する世界、それについてのコミュニケーションは、すでにして ein Teilen（ひとつの分割）なのである。したがって、世界はパラ

ドックスとしてのみ姿を表すのである。

> 世界はコミュニケーション不可能なものである。その代わりにコミュニケーション可能なのは、（世界について）観察されたもの、記述されたものである。コミュニケーションにおけるコミュニケーション不可能性を主題化するということは、世界を携えることが可能であるということの指標だと理解することもできる。[58]

つまり、世界についてのコミュニケーションとは、あくまで「世界について観察や記述されたもの」についてのコミュニケーションであり、世界自体（そのようなものが可能であれば）についてのコミュニケーションではない。そのことに自覚的であれば、「世界について」のコミュニケーションを、ひとまず不要な誤解なく進めることができる、ということである。したがって、後年の『社会の社会』（1997）[59] の「意味システムにとって世界は巨大メカニズムではない[60]」という記述の意味もより明らかとなろう。つまり、世界を、自体存在する解明可能な意味連関の巨大メカニズムのように考えるのは幻想だということになる。そして、続く「むしろ世界とは、不意をつく出来事の計り知れない潜在的可能性であり、バーチャルな情報である[61]」とは、世界についてのコミュニケーションの言わば無限の分割性を表していると言える。

この記述に関して、古代インド哲学や仏教哲学における現象世界のとらえ方と比較すると興味深いであろう（本書、第3章第3節参照）。世界は自体存在ではなく仮象として現れてくるが、あくまでもリアルなものである。だからこそ、予測不能な潜在的可能性そのものであり、イデアとして解明可能なものではない。

これについての論理学的（二値論理学 Zweiwertige Logik）[62] な基礎づけは不可能である。そもそも、論理（学）で全てが基礎づけ、分析できるという認識はポストモダニズム以降も漠然としながらもあまねく浸透していることは第1章で言及した。しかし、古典的な論理学には限界がある。

第 2 章　ルーマンの理論

ルーマンはこの二値論理学の限界を要所に指摘しており、それに代わる多次元（polykontextual）の論理学が現代理論には有用であると述べている。この伝統的論理学批判は、ナーガールジュナのプラサンガについての議論とも密接に関わっていることをここで確認しておきたい。

さらに、論理学とはそもそもがパラドックスとトートロジーとして自身を規定するものである、とルーマンは述べる[63]。論理学はパラドックスとトートロジーによって成立しており、それこそが論理学そのものの存在意義であるということである。また論理学そのものは、自身のパラドックスとトートロジーをその外側から観察することはできない、つまり常に内側からしか自己の境界（論理学とそれ以外）を見られない。したがって自己を形式として把握することはできないのである。

要するに、論理学のパラドックス、トートロジーを論理学で解明しようとしても、それはまさに、パラドックスとトートロジーの別様の表現に終わるだけである。論理学はパラドックスとトートロジーの説明となる「完全な概念（vollständiger Begriff）」を獲得することはできない。よって論理学を観察しようとする観察者にとって論理学をそこで使用することはできない。

コミュニケーションについての以下のトートロジーの表現は、コミュニケーションの本質を表している。

「コミュニケーションは言うことを言い、言わないことは言わない[64]」。

このトートロジーで含意されているのは、「言わないこと」を「言わない」ことによって、「言われないこと」というもの（また同時に「言わない」ということ自体）を示している、ということである。

問題は、このような論理によって、「言わないこと」つまり、その記述というコミュニケーションの外側にパラドックスとして顕在化するものは何なのか、ということである。つまり行動の二値コード化である、「書く／書かない」の選択において、書かない選択を積極的にしたがゆえの、書かれざる部分の示すものの輪郭についてのわれわれの認識の触発であるとも言えよう。

第 1 節　区別・観察

　さらに、パラドックスは短いながらも時間と関連付け無くしては把握不可能である。何事も時間の概念を除外してはコミュニケーション不可能である。しかし、その自明性にも否定的契機がある。「時間が介在しない」というモメントである（これに関しては、第3章第3節に言及する、空と時間の議論に関連している）。ちなみに時間に限らず、すべての概念の裏側である否定的契機に気づかないことによって、または気づかないようにさせるために、レトリックによって隠蔽していることをルーマンは常に指摘している。これはレトリックによるパラドックスの覆い隠しなのである。
　したがって世界の観察を試みると、それは「差異の統一のパラドックス」として立ち現れ、その後パラドックスは分解される[65]。つまり、観察によってまずパラドックスとして分けられ、さらにその統一がなされ、進行のうちにふたたび分解されてゆくという繰り返しである。しかし、これらはあくまで観察されたものであり、世界そのものではない。パラドックスは時間の中で進行し、再統一されたものは同時にはない[66]。さらに、こうした「観察されたもの」についてのコミュニケーションの他に、もう一つの可能性がある。

> そのほかの可能性とはつまり、もはや自身をコミュニケーションとして理解されることを望んでもいないような——そしてそれでもなお常にそのように理解されており、またそのようにしか理解不能な——沈黙である。[67]

　このような沈黙に話が至ると、そもそも沈黙と語ることの区別から選ぶという選択肢以前に、そうした分別など無意味な域に至る。その域においては、問題そのものが存在しないし、「沈黙を破って」語り始めることなどないことになる。このような沈黙はのちの議論に関連する（特に第4章）。しかし、われわれが話す時、もしくは何かが話されることが前提となる場において、話すこととの差異、すなわち反対側である「沈黙するこ

第 2 章　ルーマンの理論

と」の概念を含めずに、われわれは「話す」ことはできない。つまり、「話す」ことによって、その選択性はそれ以外の選択肢（＝沈黙）を必ず副産しているのである。

　ルーマンとフクスは『語ることと沈黙すること』の前書きにおいて、同書が「社会理論に資するものとして書かれている[68]」としている。したがって、社会に関するコミュニケーションまたは非コミュニケーションの記述なのである。

　このような認識に基づいて、社会のコミュニケーションにおける＜語ることと沈黙すること＞はどのように観察されるのか、ということがこの「語ることと沈黙すること」という論文のテーマであり、上述のようにその沈黙は超越的なものではないことが確認されていることが重要である。これについては、本章第2節「神の区別」の2「内在と超越」において明らかにするが、超越について語ることは常に拙速に終わるのである。

　つまり、ここでのテーマは意識（心的システム）がコミュニケーションに関与している場合の「沈黙」である。もちろん、そもそもコミュニケーションに関わっていない意識という想定も可能であるが、それは「接続性を欠いた沈黙[69]」であり、この場合はあくまで二次的な意味である。要するに、意識がコミュニケーションに関与しているときに限って、社会において沈黙が可能なのである。

　さて、情報の伝達及び選択を可能とするのは言語であるということがすでに理解された。意識が知覚処理するものが言語によって分節化され、その情報伝達によって、つまり言語というメディアの形式の媒介による意識の協働と共に、社会システムがコミュニケーション・システムとして稼働する。

　しかし、ここにおいて、一体誰が何に対して語り、誰が何に対して沈黙しているのか、そもそも世界の観察はどうなったのか、というシンプルな疑問が突きつけられるであろう。

　　この点においてシステム理論を用いるのは助けになるかもしれない。

第1節　区別・観察

　　ディスクルスの概念よりもシステム概念の方がシステムと環境の止揚不可能な同時性を強調しているからである（逆に言えばこのように表現できよう。システムと環境の差異こそが同時性の名の下に解釈できるものを定義しているのである）。[70]

なぜなら差異があってこそ「同時性」が可能となるからである。異なるものが二つ以上なければ、「同時性」を表すことは不可能だからだ。そしてルーマンのシステム理論の核心もまさにここにある。差異を認めなければ、何ひとつ始まることはない（「無名天地之始」[71]）。システム概念は、区別を用いるためにはさしあたり有用で汎用性が高いのではないか、というルーマンの理論提示である。

(2) 時間

　これまでの議論からも明らかなように、同時性や同一性、そしてコミュニケーションはもとより、すべての営為において時間は不可欠な要素である。当然、観察者が区別するときには既に時間の概念が含意されている。

　　世界を分け入って進みゆくために、これらの区別を用いる観察者は自身をその環境下においてシステムとして見なさざるを得ない（そしてそれは、その過程において必須なことでもある）。[72]

世界を分け入って進むとは、すでに述べたように、区別のない一つの状態から、観察者が観察を始めたその瞬間、世界を区別という形で分割してゆくことである。自己同一性の保持は、やむことのない区別によって可能となる。これを説明するためにルーマンが援用するスペンサー＝ブラウンの概念である再参入（re-entry）とは、回帰的な過程で続行（補正・更新）してゆくような、自己観察の作動を意味している[73]。つまり、常にその区別の形式に立ち戻って（再帰して）、自己の内部にそのスキームを写しとってさらにその区別という線を引き続けるのである。われわれの日常の

75

第2章 ルーマンの理論

自己自身の絶え間ない確認も含め、あらゆる動きのために時間の概念が常に含意される。観察する（区別する）ことは、時間とともに進行することに他ならない。

われわれが自明のものとするこの時間の不可逆性という前提については、ルーマンの記述の各所でたびたび確認されている。それは不可逆的ではない時間についての消極的でありながらパラドキシカルな言及でもある。すべての区別同様、この区別もまた相対的なものである。あらゆるコミュニケーションは時間の変化の規定に依存している。既述のように、ルーマンは時間を意味の三次元のひとつ（前／後の区別）とするが、これは同時に時間の観察の規定でもある。

後の『近代の観察』(1992) でルーマンは、「透明性の非生産性[74]」という文脈で、現代社会の「非知（Nichtwissen）」のコミュニケーションの理論的視座をまとめている。これを逆に表現すれば、「不透明性の生産性」ということになるであろう。つまり、知られていないということは生産的であり、コミュニケーションは「非知」、すなわち「知らない」ということから起こる。全てが既知であるなら、そもそもコミュニケーションは起こるであろうか。

この知（Wissen）は、経験世界における現実的な理論知識、情報と解釈することも可能だが、非知の生産性は必ずしもその意味に限ったことではない。どのような次元であれ、「知らない」ということ、すなわち「知らない」ことを認識することが、「知」に向かおうとする動機となるからである。日常経験世界においては、われわれは未来に向かって絶えず行動する。その行動の原動力は「知らない」ということである。コミュニケーションもまた、未知に向かって行われる。だからこそ、コミュニケーションは「未だ知られないこと」による「期待（その反作用として不安）」に覆われている。この非知は時間と密接に関係しているのである。

たとえば政治的決定の過程もまた、時間概念によって初めて可能となる。決定という行為は、過去と未来の時間が相違して（divergieren）いなければ不可能である。裏を返せば、決定が、本来切り離されることのな

第1節　区別・観察

い、自らは境界を引くことのない時間の観察（区別）を可能とするのである[75]。未来が未知であるということは、決定というプロセスにとって不可欠な要素である。「知られていない」状態は時間によって作り出される。原因・決定・結果という想定は、不可逆な時間の観察を図式化し、その受容を容易にする。

　この記述は、先の非知の生産性と同様のことを表している。つまり決定がなされるためには、未来が必要であり、未だ見ることのできない時間軸に置かれた「決定の結果」が帰結として求められる。原因が結果を求め、また、結果が原因を求めるのである。

　前後がなければ、そこにおいては伝えられるべき情報はなく、これから知られるべき事柄もない。それに対して「これから知られるべきこと」があるという想定によって、選択行動は一次直線的な時間に乗って（形成され）動き出す、ということでもある。これがこの世界における「生産性」と呼べるものであり、それは「非知」により促進されると解釈されうるのである。

　ヴェーダーンタ哲学についてのルーマンの造詣がどの程度であったかは定かではない。おそらく、次節に論じるようにごく限定的であったと推測される。しかし、この時間と非知の生産性という議論は、ヴェーダーンタ哲学の時間（カーラ）と無知（アヴィディヤー）の論理に極めて近い。これについては第3章第4節に詳述する。

　以下は、上述の時間の理解の上で必要な、かつ特に本書のテーマに関係するルーマンの用語説明である。既に述べたように、全ての用語が連関する循環的な記述のルーマン理論の部分的説明は容易ではない。ここでは特に以下の二点を取り上げた。理解のための補足のみならず、本書の議論の本質に関わる事柄を敷衍した。

<偶発性について＞

　あらためて偶発性（Kontingenz）の概念についてさらに付言しておきた

い。

　既述のように、選択するという行動は、それ以外の選択肢があるということを意味する。選択とは、そのほかの選択肢についての潜在的な指し示しでもあり、それぞれのシステムの選択の相互依存とすると、その潜在的な可能性は無数である。

　ルーマンの「偶発性」の本書のテーゼに関わる重要な点は、その選択は「他の選択肢でもあり得た」ということである。選択は必然ではなく、その他の選択肢の可能性もまた含意されている。ある言表に対してその否定形が含意されていることと同様に、そしてまた、それ以外の言表が含意されているということと同様に、である。これは、「不確定要素に依存する」という意味ともなるが、この「依存性」の意味、そして「不確定要素」とは何なのか、ということを念頭に置いておく必要があろう。

　この Kontingenz には、神学的な意味もあることを、ルーマンは先述の講義録において非常にわかりやすく明確に述べている。この背景を捨象して、言葉だけがシステム理論固有の特殊概念であるかのように一人歩きすると、もはやそこには伝統的な含意は失われる。ルーマンがここで、英語の contingent on（依存する・付随する）の慣習的な使い方のほうが、この概念のより神学的な意味を表している[76]、と付言していることに注目すべきであろう。ラテン語の contingentia、そして contingere が神学的に意味するのは、世界の創造、道行きのすべては神に依存しているということである。そして、不確定（contingent）であるということは、すでに述べたように、時間の概念なくしては考えられない。

＜境界線について＞

　ルーマンはそれぞれのシステムに関する各著作（例えば政治、経済、法、教育、宗教などについての著作）の中に、主要な抽象的な概念装置について、各々の具体的なシステムと関連させて組み込んだ記述をしている。もちろん常に基礎からすべてを説明しているわけではないが、抽象的でありながらもそれぞれのシステムに固有のメディア（政治なら権力、法なら

第1節　区別・観察

正義、学問なら真理というように）やコードを用いつつ、システム理論そのものの輪郭が浮かび上がるような記述に努めている。

　これは、ルーマン自身の読者に対する配慮として、社会のそれぞれのシステム、例えば法についての社会学的観察であれば、『社会の法』、芸術関連について関心のある人ならば『社会の芸術』というように、各システムに関する著作を読めば事足りるようにと考えていたためであるという[77]。

　すでにたびたび引用・言及したが、ルーマンは、オートポイエーシス理論の他に、サイバネティクスの二次観察の理論を提唱したハインツ・フォン・フェルスターの理論とともに数学者スペンサー＝ブラウンの形式の概念[78]を自身のシステム理論の核の一つとしている。各著作でルーマンはスペンサー＝ブラウンの「区別を設けよ（draw a distinction）」を繰り返し引用して、観察すなわち「区別」と「境界線を引く」ということの説明を試みている。

　　「区別を設けよ」というのがマークされない状態（unmarked state）の中で設定されるジョージ・スペンサー＝ブラウンの形式の計算の最初の命令である。[79]

　このマークされていない状態というのは、区別のない状態である。世界はもし観察されなければ、全くの「マークされていない状態」ということになる。しかし、これは観察されない世界自体などというものがあるのを想定しているわけではもちろんない。もはやわれわれは区別と観察の中にすでに投げ込まれている状況であり、それが「いつからなのか」という問いは、意識の始原を問うのと同様にここでは不可能なのである。

　さらに、形式の概念もまた、スペンサー＝ブラウンの理論を援用する上で重要である。形式とは、作動によって、すなわちあらゆる規定、指し示し、認識や行為がなされることによって、確立されるものである。つまり、すべての営為が形式を作り出すということであり、当然ながら、何の営為もなければ形式というものもまた成立しない。ルーマンは、これを原

第 2 章　ルーマンの理論

罪が世界の亀裂を生じさせ時間をはじめとした差異の始まりとなったことにたとえている[80]。これは、単なるメタファーではなく後述の宗教理論の議論に本質的に関連している（本書、第 4 章第 2 節「神の対概念」）。キリスト教教義の世界観をこの理論で表現すれば、そもそもの境界線を引いたのは原罪であるということになる。

そして、これまで説明したこれらの概念を用いて、世界の観察について記述すると、以下のようになる。

> 世界は——常にすべての観察の前に《マークされていない状態》（unmarked state）としてあるようなもの——観察者（それ以外の誰が問題にするというのか？）にとって時間化可能なパラドックスなのである。[81]

観察者は常に境界線を引いており、コードの二つの値（「是／否」）は同時に現れる。そして、その境界線を引くということは時間によってのみ可能になる。さらには、そのパラドックスの差異の統一もまた、自明のことながら時間によってのみ可能となる。境界線を引く、つまり常に止むことなくパラドックスの亀裂とその統一が行われる。したがって、パラドックス、コードの二項対立は時間によって生ずる。時間によってパラドックス、換言すれば如何様にでもあり得た差異が立ち現れるのである。ルーマンがたびたび記述しているように、すべての作動——認知（観察）、記述、コミュニケーション等——同様、言語もまた時間によって可能となる。集約させれば、この現象世界は時間によって成立するということである。

(3) 世界と沈黙すること

以下の一文は、ルーマン理論の核を理解する上で重要である。

> システムと環境のいかなる差異の統一も世界（die Welt）であって、決してシステムではない。[82]

これはシステムと環境の差異というこれまでの議論から理解が容易であろう。つまり、システムが自己自身の同一性を示すために常に境界線を引いていることによって、その外側である環境が可能になるからである。世界は常にそれ自体として観察されることはなく、区別されることによってあらわれる。ならば、その区別が再統一されることによって世界は世界となる。この区別は絶え間なくなされており、環境もまたそれぞれの「システム（自己言及）」形成、すなわち区別の度にそのつど出来上がる。

『語ることと沈黙すること』の著作にルーマンが寄せている論文は、これまで言及した表題作のほかに二つある。その中の一つである「秘密、時間そして永遠」(„Geheimnis, Zeit und Ewigkeit")において、沈黙について以下のように述べられている。

> あらゆる特定の情報について以下のことが当てはまる。沈黙せる者は依然として語ることができる。それに対して、語ってしまった者は、それについてもはや沈黙することはできない。[83]

これはすなわち、沈黙の潜在性の未知数であることを示している。そしてコミュニケーションということに関係づければ、いつものようにコード化が可能であり、語ることと沈黙をコミュニケーションの最終コードと捉えると、語ることはこのコードにおいてポジティブな値、沈黙することはネガティブな値ということになる。[84]

このポジティブは、まさに型押し・刻印するという意味で捉えられよ

第 2 章　ルーマンの理論

う。そして沈黙は常にその陰影であり、型押しされたもの以外なのである。

したがって、このように言うこともできるのである。「すべての語りは沈黙の繰り返しである[85]」。

ここで、この「語り」と「沈黙」の二項と社会との関連を考察すると、ルーマンの「社会」という概念の性質がより深く理解される。

> そのシステムにおいて言われないことは、いつでもなお他のシステムにおいて他の動機と他の言葉、概念、比喩で以てコミュニケートされうる。しかし、社会（Gesellschaft）においてはそうではない。その環境は沈黙する。[86]

ルーマン理論においては、各々の社会システムは社会（Gesellschaft）の中にある。具体的には、政治システムのコミュニケーションで語られないことは、他のシステム、例えば芸術システムにおいて語ることが可能である場合がある。しかし、それら個々の社会システムすべてを可能ならしめる「社会」そのものの外側では、もはやそれは不可能なのである。換言すれば上の記述が行われるためには、社会の外側の規定が必要となる。

すでに述べたように、心的システムは社会の外側にある。繰り返しとなるが、この認識はルーマン理論を理解する上でも、本書においても重要なことの一つである。ルーマンによれば、社会は徹頭徹尾コミュニケーションにより成り立っており、このような社会のコミュニケーションの二項対立としての「語ること／沈黙すること」は、あくまでも社会の中の沈黙である。そして上述の「環境の沈黙」、つまり社会の外側の沈黙は、社会の中の沈黙とは異なっているのである。社会の外側の沈黙については、社会の中でそれそのものとして扱うことはできない。

さらに以下の記述の解釈によって、このことにおけるルーマンの意図がより明らかになるであろう。

第1節　区別・観察

そしてこのような≪沈黙≫という特徴づけも、コミュニケーションのものであり、コミュニケーションに関わるものなのである。なぜなら、現実において≪沈黙≫は社会の外側で実際に遂行される作動ではなく、環境に投影する社会の投影画像に過ぎないか、または、社会が見ることができる鏡に過ぎない。そこに映されているのは、言われないことは言われないということである。[87]

社会の中のこの「沈黙」は、語ることを前提としており、それ自体コミュニケーションを前提とする、ということである。「言われないことは言われない」ということが意味するのは、何かを「言った」もしくは「語った」瞬間に、「言っていない」「語っていない」ことがパラドキシカルに示されているということである。したがって、ルーマンにならって社会がコミュニケーションによって成り立っているシステムとするなら、この沈黙は、社会の内側のもの、社会に属するものとなるであろう。

このような意味において、ルーマンは「語ることと沈黙すること」は社会理論に属する問題である、とするのである。つまり、社会がそれ自身の世界（ihre Welt）を可能としているのであり、社会で起こることの全て、さらには社会が社会として現象化することもまた、その世界によって実現するものなのである。そしてその現象は常に包摂と排除として現れる。それが現象化するということは、同時にあたかもそれが別様に可能であるかのような意味次元をも形成するということである。これは、社会に対して客体としての世界などというものがあるのではなく、社会の作動こそが、その世界という概念を可能にするということを意味している。それにもかかわらず、というよりむしろそれだからこそ、『社会の科学』における以下のような世界についての記述に繋がるのであろう。

世界そのものは差異のない概念の相関物（als Korrelat eines differenzlosen Begriffs）として観察不可能なままである。[88]

第2章　ルーマンの理論

　この言説を『知覚の現象学』のメルロ＝ポンティの以下の記述と比較すると、類似点と相違点によって、ルーマン理論の特徴が明確に位置付けられよう。

　　世界とは私が思惟しているものではなくて私が生きているものであって、私は世界へと開かれ世界と疑いようもなく交流しているけれども、私は世界を所有しているわけではなく、世界はいつまでも汲み尽くし得ないものなのだ。[89]
　　われわれこそがこの諸関係の結び目だからである。[90]

　身体存在としての「私」が世界と分かたれたものでないことを、メルロ＝ポンティはこのように表現する。ルーマンの場合、フッサールのノエシスとノエマのシステム理論的置換である自己言及と他者言及という設定によって、われわれの観察しているものが「世界の全体像（の一部）」などというものではありえないことを表そうとする[91]。

　観察は常に、包摂と排除の、自己言及と他者言及の、パラドックスの分岐と統一の繰り返しなのである。

　したがってこの営為は常に経験的であり、換言すると、内在的なのである。全てのコミュニケーションは内在のものである。そうなると、超越的な沈黙については語るべきではない。なぜならこの主題化で論じられることは、経験の境界を越えることに関するものではない、つまり社会の外側のことではないからである。すなわち、ここでの「われわれ」は経験可能なことしか扱いえないということである。この点は重要であり、のちの宗教システムに関するコード「内在と超越」の差異についてのコミュニケーションを理解するための土台となろう。宗教システムのコミュニケーションの特殊性と困難さはまさにここにあるのである。

　「語ることと沈黙すること」の記述の背後には、ルーマンがニコラウス・クザーヌスの神学に求めるものが潜在している。また、すでに述べた

第 1 節　区別・観察

ように、フクスの仏教的コミュニケーションについての論文の影響なども複合的に考察すると、この著作は、後のルーマンの宗教理論の展開に密接に関わっていると考えられる。そして、意味についての言及においてすでに示唆した通り、意味の構成を扱うことのできるシステムは社会においては宗教である、というのがルーマンの見解であった。これらの記述・考察は全て、次の第 2 節「神の区別」の考察において連関してゆくであろう。

4　科学システム

第 1 章で論じたバレーラらの議論との明確な接続という意味で、ルーマンの科学（学問）システムの理論に言及する必要がある。ルーマンの科学理論（Wissenschaftstheorie）とは一体どのようなものであろうか。第 1 章で言及したバレーラらの科学万能主義批判を社会システム理論的に換言すると以下になる。つまりルーマンによれば科学（学問）もまた、社会の中の一つのシステムである、またはそれに過ぎない。したがって科学（学問）が社会そのものを社会の外側から観察することは不可能である[92]。

しかし、観察についての定式化は科学システムによってのみ可能となるのである。これについて次に論じることにする。

(1) 科学システムという観察形式
(a) Wissenschaft の規定

ドイツ語の Wissenschaft は、日本語では学問と科学の両方の訳語が当てられる。例えば、『社会の科学』はルーマン理論の Wissenschaftstheorie = science philosophy（科学哲学）と見なすことができるが、英語や日本語のこれらの訳語では狭義の科学理論として捉えられてしまうこともあろう。実際のところ、学問と科学の意味の分類自体も以下に論じる本質的な問題を含んでいる。この概念はさしあたって両方の意味、さらにその融合である、より上位の意味を以て使用するのが適当ではないであろうか。したがって本書では両方を用い、使い分けることもあるが、常に上記の意味

第2章　ルーマンの理論

が含意されている。

さて、ドイツの Wissenschaften（諸学問）の分類においては、特有の事情がある。学問分類としての、「精神科学（Geisteswissenschaften）」と「自然科学（Naturwissenscahften）」という特徴的な区別である[93]。ルーマンの指摘によれば、これもまた、「専門分野の分出」の実質とは関係がない。つまり、内容・本質の区別の問題ではないのでこの区別は恣意的なものである。この恣意的な区別の成立を、ルーマンは「ロマン主義的な自然科学批判」や「神学や法学といった専門分野のための反省論」などの個別の状況と概念の歴史的背景から説明する。

これらの区別がなぜ恣意的なのかは、以下のような認識論的・本質的な問いを投げかければ、わかりやすい。そもそも、自然と精神という区分が一体何に基づくのか、われわれはその区別を何によって行っているのか。しかし、これらの「恣意的」な区別は明確な答えを持っていない。このことをルーマンはこのように指摘している。「なぜならこの区別は、自らの基底にある統一体についての問いを立てられず、いわんやそれにこたえられなかったからである[94]」。

それではシステム理論的に考えた場合、学問とはいかなるシステムであるのか。そのような種類の観察（学問的な観察）はいかに可能であろうか。

この観察についての定式化が可能となるのは、学問システムにおいてのみである、というのがその答えであり、また出発点でもある。そもそも、社会システム理論自体が、この観察の定式化に基づいて記述されているということである。そうした意味で社会システム理論もまた、社会についての理論の社会の中の記述であり、社会の中で「科学（学問）」システムとされているものの内側の理論の記述である。しかし、何かを「学問」的に観察しようとするならば、もちろんその学問のシステムの概念装置によって行われなければならない。

なお、本書で取り上げているルーマン理論の宗教システムの観察もまた、この学問システムの理論に基づいている。宗教システムの記述をする

にあたっては、学問システムに固有の概念や構造との連関は不可欠である。なぜなら、この理論では観察についての定式化は必ず学問理論のコードにおいて行われるからである。

　仮に精神科学、社会科学、自然科学などの分類が恣意的なものであるならば、科学（学問）というものの定義の見直しも求められるし、また、そうした区別の全ての論拠も俎上に載せられる。そうなると、精神科学や経験科学と言われる分野も、自然科学と言われる分野もそれぞれの特殊な領域があるかのようにみなして交流を回避することはもはや不可能となろう。

　自然科学の側から考えた場合、既述のように共同体において感じられたパターンが解釈され意味としてその共同体の中でコード化されるのであれば、人間の認知の生物学的な研究を度外視して社会や人間を語ることはもはや不可能である。同様の問題意識に基づき、社会科学が自然科学に対してあまりにも素朴な態度を取り続けることはできないということは、ルーマンも指摘するところである。

　バレーラらの指摘は、自然科学者があまりにも、意識や自己、心、日常に生きることに対して洞察のないアプローチをすることによって、結局生命が一体何なのかについては全く捉えることができていないという、（自然）科学に対する批判であった。ルーマンについては、視点を逆にして社会科学の側に対して向けた批判なのである。

　たとえば、われわれが依然として漠然と持つ、事物が存在するという慣習的物質観がある。それはあまりにも当然のこととして日常的に持つ感覚である。同時に、われわれは一般常識的な現代物理学や原子・素粒子レベルの理論をある程度は受容しつつ、日常生活に支障のない程度にそれを別の引き出しにしまって、自己や他者の心理や社会の事象などについて論じている。われわれ自身のことをその「真の自己」は言うに及ばず、生命体としての実質についても閑却したままに、である。

　このような曖昧さに関して、社会科学理論においても整理が必要であることをルーマンは各所に述べているのである。

　現代物理学は、確固たる客体などというものの存在に基づいた認知など

第2章　ルーマンの理論

はすでにありえないことを示している。還元可能な究極の単位などというものはすでに不可能である。その認識を踏まえて、学問（科学）システムはどのように機能してゆくのであろうか。これについてルーマンは固有の複雑性の概念と関連させて、『社会の科学』に以下のように述べている。

> さらに正真正銘の単純なもの（das Einfache）という概念は、物理学の分解能力が進歩するので、放棄しなければならない。それとともに、単純なものと複雑なものの存在論的な区別も反故になる。そのかわりになるのが、まだあらゆる要素がほかのあらゆる要素とあらゆる時点で結合できる規模と、もはやそういうことが成り立たない規模という、複雑性に内在する区別である。[95]

換言すればこれ以上還元不可能な最小単位というものは、さしあたり到達不可能であるということである。ならば、その最小単位の要素を最も単純なものと想定し、その対峙概念として「複雑」なものを説明することはできない。

すでに述べた「要素とその連関」というシステムについてのアリストテレス以来の定義がある。この定義は条件付きでそのまま使用可能である。ただ、究極の還元単位が不可能であることの認識がここでは重要なのである。この要素結合というものは、一つ一つの究極の単位の連結を表すのではなく、あくまでもその結びつきの区別でしか観察できないことを示しているに過ぎない。つまり、ある暫定的な要素とその結びつき、という視座で、相対的に複雑なものとそうでないものについて「区別」して説明するしかない。

したがって、一面的な「単純／複雑」の対比ではもはや状態を把握することはできないであろう。なぜなら、システムは様々に異なる背景によって複雑であると言うことができるからである。あくまで「相対的に複雑」なのである。

(b) 複雑性

「相対的に複雑」な複雑性について扱うこと、すなわち理論として定式化するのは学問システムのテーマである。

複雑性の概念が、もし「最小還元単位」である諸要素の連関のバリエーションを表しているのであれば、以下のような事態に直面するであろう、とフォン・フェルスターの試算の例を引いてルーマンは述べている。それによれば、トリビアルでないマシーンの4つのインプットとアウトプットにおいては、実に10万種類以上もの変換可能性があるという[96]。つまり、膨大な複雑性のインプットとアウトプットの全ての指し示しなどは不可能であり、それは外部のシステムにとっても、どれほどの時間を考慮に入れても計算不可能と言える。

上述のように、諸要素の量とその諸連関が膨大で複雑であるような解釈に基づいて複雑性をとらえ、計算・解析しようとする従来の手法を社会科学に導入しようとしても困難に陥る。そこでシステム理論では、作動的閉鎖性と言い換える。これによって可能となるのは、要素と連関という複雑性の基礎とされてきた二つの対峙概念の再規定である。つまり、要素と連関は不可分なのである。第1章に論じたように、この考え方は仏教思想の「縁起」と根本において同じである。

科学システムを例にして、これを以下のように説明できよう。科学はほかのシステム同様、決まった構造を持つシステムである。つまり、ある状態からある状態に移る時に、システムが崩壊しないように、環境との差異を保っていられるためには、その状態での移行ということ自体を可能とする構造が必要とされる。そうでなければ何のシステムもなく、誰も何も区別することはできない。しかし、もちろんそれは初めに構造ありきの存在論的アプローチではない。還元可能な最小単位というものが今日不可能ならば、複雑性は、観察者が要素と連関という区分から複雑性についてテーマとして扱う場合にのみ現れるということも可能である（もちろん存在論的な意味においてではない）。つまり、それを観察するものにおいてのみ、

そうした複雑性は出現するのである。

　この「複雑性の出現」について、ルーマンは科学システムではその「重要な諸装置は複雑性の構築の可能性をより高め、結果としてそれを促進するように装備されている[97]」と表現する。

　つまり、学問システムというものは、その複雑性の構築を理論化し、それをより確固としたものにすることによって縮減し、さらに複雑なものが増殖してゆく、ということである。

　したがって、この複雑性を維持しなければ、科学（学問）システムは維持されない。「真／非真（wahr/unwahr）」として選択される様々な観察において作動することによって、複雑性が規定されてゆくのである。

　けれども重要なのは、それは到達可能な想定された「真理」に行き着くことはない、ということである。この想定自体がもはやあり得ないことが、少なくともその枠組み内の意そのものにおいて既に判明しているとするならば、差異・区別の始まる前、もしくは全ての区別について把握すること、それについて区別することができるのは、少なくとも科学システムではない、という帰結は妥当であろう。バレーラら同様、とはいえニヒリズムに陥ってはならない、とルーマンも述べる[98]。なぜなら、既述のようにニヒリズムは、存在論的な区別を既に想定しており、その非存在の側を指し示しているのに過ぎないからである。存在について云々することがなければ、「非存在」にも意味はない。したがってニヒリズムは存在論に対する固執の裏返しに過ぎないことは、バレーラらも西谷も等しく指摘する通りである。

(c) **偶然（Zufall）**

　複雑性を扱い、複雑性を出現させ、それを構築してゆく観察形式としての学問システムには、ルーマンによれば以下の問題点がある。つまり学問システムには観察を行うに適した外部観察者が存在しないのである。この問題は厳密には全てのシステムにおいて同様であるが、こと学問ということに関しては、特別な意味のある問題となる。

第1節　区別・観察

　適切な外部観察者がいないということはつまり、あらゆる上述のような複雑性の区別・比較を学問システム内部で行わざるをえない、ということである。さらにはこのような言述をする社会学的な学問システムの観察者もまた、学問システム内部の観察者である。あらゆる自己観察の試みには盲点がある。したがって、学問（科学）はこのような状態に陥るのである。「知識と知るに値するものの距離が絶えず大きくなり、科学はそこに到達すれば静止するような知識目標をもはや見いだせない[99]」。

　科学が厳然たる真理に到達するなどということを掲げること自体すでに不可能であるということを理解するにあたっての一つの適切な例は、偶然（Zufall）概念についての「ある特定の構造を持ったシステムにとって偶然のように現れるものは、因果的に発生したものだということは全くあり得ることである[100]」という指摘であろう。

　たとえ、ひとつのシステムにとって、偶然として扱われるものであっても、その偶然は、少なくともそのシステムの外側において何らかの「因果関係」によって起こっていることが観察される可能性がある。ただ、そのシステム内のオートポイエーシスの連関において生じたことではないというだけである。つまり、偶然とは、「相互依存の中断（Interdependenzunterbrechungen）[101]」なのである。それは、一つの観察の次元において事象の位置付けの確定が行われることを意味する。そして、必然的にこの「中断」は、環境とシステムの差異が認められる場合にしかありえない。ある一定の構造を持つシステムとその反対側（外部）である環境（意識は重要である）との対置においてのみ、偶然ということが成立する。そしてシステムにおいてはこの「偶然」がシステム自体の構造の誘導ともなる[102]。そういった意味では、「偶然」は刺激でもある。そして、逆にこの刺激は精緻な構造を持つシステムにこそ訪れる。

　科学というシステムもまた死角を持ち、それは科学が科学である限りにおいて回避することはできない。それは逆にシステムとしての科学の構造変化に対する刺激ともなるのであるが、どちらにせよ、科学がいずれは全てを解明する可能性などというものは、ここにおいて潰える。

第 2 章　ルーマンの理論

上述の考察の基礎となるのはルーマンのいわゆる「論理学のゲーデル惨事（Gödel-Katastrophe）[103]」「ゲーデルショック[104]」と呼ぶものであるが、これについて次の（2）「基礎づけ可能性」に論じる。

(2) 基礎づけ可能性

スペンサー＝ブラウンの形式の法則やマトゥラーナ／バレーラのオートポイエーシス理論の他に、ルーマンが度々言及するのが、ゲーデルの不完全性定理の理論である。無矛盾性が外部の保証すなわち証明に依存するということを、ゲーデルへの言及で後期著作において繰り返し確認する。

ルーマンは、『社会の科学』で、「科学的」真理追求の営為においては、先述の「真理」の論理的基盤が必ず確固としてあるはずである、という根強い見解があると指摘する。このような見解には、「科学的基盤の危機」などの概念で指摘されるものも含めて、必ず他の問題解決があるはずであるという含意がある[105]。そして、それを「基礎づけ可能性」への執着として、そういった見解の人は知識の秩序についてヒエラルキー的な思考をしているのであろう、としている[106]。

ヒエラルキー的な思考が「正しい」か否かに関わらず、ただ、その知識のヒエラルキーが何に基づいているのか、という問いによって、自ずとその理論が依拠する概念史が浮き彫りになる。いずれにしても、いかなるヒエラルキーの主張も可能だが、その「基礎」の証明は無限遡及となる。それに対して科学システムはどのように対応するのか、ルーマンはこのように描写する。「基礎づけされるものの基礎を見出さなければならない、という目的観念に、冗長性（Redundanz）と多様性の区別がとってかわる[107]」。

つまり、「基礎づけ不可能性」がもはや否定しえない現在において、学問システムが追求しうるのは、認知されたものについての記述と、学問システムを作動させ続けるための「冗長性」である、というのである。

通常、冗長性とは、データ処理や技術的なシステムにおいて使用される

第 1 節　区別・観察

リスク回避のための予備装置の設定をさす。これが、(学問) システムにおいて使用される場合、情報の欠損・過失に対する二重三重の保険のようなものであり、また情報過剰でもある[108]。つまり、機能停止しないためのトートロジーの刻印であると言える。このように理解すると、一見批判的であり、もしそこに微細な皮肉が込められていたとしても、価値判断は必ずしも必要ではない。そのような営為によってこのシステムが作動しているということを認識する必要があるだけである。ルーマンもまた、このように述べている。基準を満たすほど十分に展開された冗長性はオートポイエーティック・システムの「必須条件」なのである[109]、と。

これに対し、多様性は環境との相互作用によって、つまり社会のコミュニケーションにおいてシステム自体が産出するものである。このように冗長性と多様性を区別することによって、科学システムの同一性に特有の「論証」が可能となる。つまり、この区別が科学システムに必要な複雑性の担保なのである。これらの区別は全て相互に循環しており、この循環は、科学システムの作動に必須の「出版」も含め、そもそも言語 (区別) が可能とする営為なのである。

また、科学の方法論は時間概念の面からもその作動を保証する。つまり「世界の静止や研究と同じ速さで動くことに依存しない[110]」固有時間を科学システムに設定するのである。これらは冗長性とともに科学が科学としてあるために備えられた条件なのである。つまり科学による「真理の追求」はその枠組み内で行われているということである。

さて、以下に、第 1 章のバレーラらの議論・問題提起に関わる議論もしくは同様の問題意識についての、ルーマンの科学理論における視座についていくつか述べたい。

(a) 観察の記述

『社会の科学』でルーマンは、作動自体が観察可能なことについて構成主義と独我論の単純な二分に偏らない観察の可能性を指摘し、その一節の

脚註において、バレーラらの掲げた「独我論と表象論の間の中道」という視点と同様の問題認識を持っていたことを示している[111]。

　前章で扱ったように、西洋的な客体・主体の区別は、客体を実在的に扱う一方で主体についての概念が非実在的に扱われることが許容されてきた。しかし、現代物理学と認知科学は、認知主体と対峙する実在という形式がもはや成立しないことを示している。それでも、認知が行われていること、観察が行われていることの全てを否定しても何も始まらない、もしくは「否定する」という行為の否定の無限遡及しか待っていない。この観察を内在の領域の現象として現実（real）とするのならば、主客の両方が現実でなければならない。その時に、主客の代わりにシステムと環境の差異を用いることができよう、というのがルーマン社会システム理論の端緒である。

　先の「ゲーデルショック」によって、学問の記述の内部での基礎づけの参照先は曖昧なものとなってしまった。その状況において、このような提案がなされる。「認知科学」としての社会学を出発点とし、学問システムの観察によって世界の中で観察されうるものについてのコミュニケーションを選択し、それを実行することはどうであろうか、と。

> 目下の最良の可能性は、超領域的な研究領域に出発点を求め、それによってほかの可能性を排除することなく、その中から一つの分野を選択することであるかもしれない。われわれは、社会学を選んだのである。[112]

　ルーマンは認知科学が複数形であることを指摘した上で、その一つとしての社会学を自覚的に選んでいることを明示している。これは社会学者としての営為を遂行することの態度表明であり、もし、学問が自らの基盤を求めて隘路に陥っているとするなら、それに対しての一人のWissenschaftlerとしてのルーマンの答えでもある。

　こうした決意にも似た表明は、前出の「語ることと沈黙すること」にも

記されている。

　おそらく、ヴィトゲンシュタインの「語りえぬものについては沈黙せねばならない」を念頭において、「では超越的なものについて語るべきか？そんなことは全くない！[113]」と言明した上で、われわれが扱えるのは経験の範囲内のことであると述べるのである。

　その社会を記述するうえでの認識論においてルーマンは経験的・自然主義的というレベルに留まることを提案する。この意味において、システムは「現実」なのである。観察者ができるのは、あくまで観察されたものについての言及であり、観察されるものは観察者の内部にその由来を持つ。観察者にできるのは、観察し、区別したことを記述することである。そしてそれは、オートロジカル、つまりその記述の遂行自体が観察する自己自身を記述することに他ならないような方法なのである[114]。

　単純化すれば、学問（科学）とは、ある同一性についての観察であり、記述である。そして同一性とは、回帰によってのみ可能となる。同一性が生み出されるためには、時間と空間が必要であるが、それはその都度異なっているにもかかわらず、ルーマンの表現を借りれば、「空間的または時間的な局在といった差異の省略[115]」が行われている。その省略はいずれの同一性にとっても不可欠である。なぜならそうした相違を認めていたら、何ひとつ同一なものなどあり得ない。そしてもう一つ必要なのは、その固有値が再帰的に産み出されること、すなわちすでに同一性を認められたものを前提にした同一性の繰り返しである。同時にそれは、これと同様な同一性の認定に関わる科学自身の観察が、科学的営為の内部で行われるということでもあり、自己自身を対象にして行われるオートロジカルな記述である。したがってもちろん「絶対的」な外部規定者などではない。

(b) 科学の「説得性」

　バレーラらは、現代の「科学が今日において従来にないほどに権威の声と化している」状況に対して批判と警鐘を込めて、『身体化された心』を著した。他方、ルーマンは、微細なニュアンスではあるが同様のことを

第 2 章　ルーマンの理論

「説得性の枠組はもはや今日では科学に依存しないでは考えられない[116]」という独特の婉曲表現で逆説的に述べている。

こうした説得性＝もっともらしさについては、今日以下のような状況が観察される。ある時これまで絶大な支持を得ていた論理が説得性を失い、新しい説得力が取って代わる。その内容は絶えず変更される。ある種の領域については説明不可能であり、その基盤自体も明確にされていないにもかかわらず、その説得性で全てが説明できるかのような共通認識に覆われる。そうした科学の「基礎づけ」の恣意性について、ルーマンは以下のような諧謔的な表現を用いて鋭く真をついている。

> 科学は、このようにいわば自らの手で、社会的なコミュニケーションの可能性の中に自身を根付かせることができる。不可視のもの（放射線、ウィルス、遺伝子コード、巨大な時間的・空間的次元とその相対性など）を、実存的に疑いの余地のないものとして確立し、そしてそのほかの不可視のもの（天使、悪魔、神秘的な力、そして知的存在など）から、そうした資格を剥奪するような方法によって。[117]

日常的に見聞する、「科学的」と言えばある特定の不可視のものの否定を意味するような、慣習的なコミュニケーションもまたこのようなことの一例であろう。また、「権威の声」としての科学がありうるのかという点に関して、以下の一文はより直截的に応答している。

> オートロジーをもちいて自己反省を行うようになった科学はいまや、みずからもまた、観察対象を観察過程の中で観察形式（区別）に依存しながら構成する、一個の観察するシステムにすぎないことを知っている（あるいは知りうる）。[118]

ここで、3「世界」で論じた、言語によって世界に境界線を引いてゆくことについて学問との関連で考察してみると、以下のような背景に気づく。

第 1 節　区別・観察

　言語はトートロジーの繰り返しによって無限に続く性質を持っている。そして、ひとたび言語によって切り込みがなされると、その亀裂から、顕在化していない無数・無限の言語化の印象が刻印されるのである。ルーマンの概念での Unwahrscheinlichkeit（あり得そうもないこと＝不確かなもの）も、こうしたことをも含意しているのではないであろうか。つまり言語こそがその蓋然性を創っているのである。

　このような視座からも、先に言及した学問の分類の恣意性の指摘が理解されよう。つまりもはや科学（Wissenschaft）を自然科学（Naturwissenschaft）と同義にすることはできないということであり、精神科学（Geisteswissenschaft）と経験科学という区別もまた、陳腐化するであろう、ということである[119]。ルーマンによれば、これらの概念も、「精神」というものがどこか別の領域（例えば超越）にあり、「事実（Wirklichkeit）」という厳然としたものが何処かにあるような想定に基づいた分別なのである（しかし、たとえ陳腐化したところで、また別の似たような分類を見つけてくるだろうという独特の皮肉な付言を忘れていない）。

　これは旧ヨーロッパ的学問（Wissenschaft）、すなわちいずれ知り尽くすことができるであろうということを自明の前提としたヒエラルキー的な知の体系の道筋についての批判であろうと思われる。別の言い方をすれば厳密学としての学問の伝統、たとえそれらが、相対主義や脱構築の洗礼を受けた後であっても根底に持つ、知と理性を持って真理の追求を自認する、その意識と方法に対する疑義である。

　こうした西洋学問的態度、（科）学によって「解決」可能である、という意識は、社会の「現実」問題に対しても本質的に同様に設定されている。ルーマンはこのような意識を『近代の観察』でマイヤーの概念「Könnens-Bewusstsein（技能意識）[120]」を借りて表現する。そして、このような意識は、20 世紀当時にあって、もはや雲散しつつある。つまり、そのような意識が、「自己の在りそうになさを認識し始めるのではないか[121]」と予見するのである。

第2章　ルーマンの理論

そもそも問いが起こらなければ、答えもない。われわれは、すでにある真理の構造を見つけるために知識と知能を複雑化＝進化させているという自然科学の仮定に経験的には疑問を呈することができずにいるまま、いんやそれを捨象することなど考えもせず、「科学の権威」を受け入れた日常生活の中にある。それにもかかわらず、その「日常生活」の頼みの綱である（自然）科学は、その「われわれ」のアイデンティティ自体が、「科学」に必要のないものであると見切ってしまっているかのようである。

ひょっとしたら、その「アイデンティティ」の扱いが科学の範疇を超えているという点にただ、われわれではなく、「科学」が自覚的になっただけなのかもしれない、とは言えないであろうか。

＜第１節及び、科学システムについての記述のまとめ＞

本節の終わりにあたって、以下の『社会の科学』の終章の最終節の記述について考察したい。その内容からこの著作の記述の核心、そして本書に必要な示唆が得られると考える。

ルーマンは、ここで明らかにしている。もはや科学は全き真理などというものに到達するための唯一の正当な手段ではない。だが、それが即、そのような結論の衝撃から反動としてのニヒリズムに陥ったり、ある種の宗教風の曖昧模糊とした不可視なものに逃避することを意味するのではない。科学はわれわれがなさずにはいられない、区別という営為についての可能な限りの明晰な記述のシステムとして機能しうるであろう、と。しかし、そこにおいては「世界の中の世界、社会の中の社会という拘束的で権威となるような表象[122]」などというものはもはや許容されない。『社会の科学』はそのことについての反省的記述であった。

「対象」と言われるものが、それ自体であるという視座は成立しない。統一体としての世界との関わりは否定され得ないが、それは、世界が「対象の総体（universitas rerum）」であり、それ自体にいずれ到達する、または知ることができる、というようなことを意味しない。そのような客体の

表象を科学的認識とするような思考は、バレーラらの議論の文脈においても論じた通り認知科学的にも成立しなかった。

つまり「すべての事実（Tatsachen）は、学問のシステムの中の言述であり、そこにとどまる[123]」のである。そうして学問のシステムの統一の生産・再生産が可能になる。この考えに基づけば、学問システムは、何らかの外側の真理への架橋の装置ではなく、「真／非真」を区別して、それ自身がそのコードを有用とし——換言すればその問いこそがシステムを成り立たせるような——つまりはそうした同一性を保とうとする営為の連続なのである、と言えよう。

上記すべての議論についてこのようにも言えるのではないか。観察者も観察されるものも観察そのものも、現象として現実＝リアルでありながら絶対ではない。しかし、それでも観察していることそのものを「現実＝リアルである」とすることから出発するのは、「空」の縁起をみとめることでもある。これについては次章に論じる。

第2章 ルーマンの理論

第2節　神の区別

　本書では、ルーマンの宗教理論はルーマン理論そのものの根幹を担うものとして一貫して考察する。本節ではそのルーマンの宗教理論について論じる。

1　宗教システム

(1) ルーマンのアプローチ

　未完に終わった最晩年の『社会の宗教』は、20世紀前半までの宗教社会学の主なアプローチの論点整理と問題点の指摘から始まる。狭義の定義（信仰・道徳的なもの）による宗教を社会学的な客観的「事実（Tatsachen）」として社会学的に「客観」分析する宗教社会学の手法は、少なくとも20世紀半ば以降に宗教（および認識論）が見せた新たな展開・様相には適さない。それでも宗教という社会的な「形式」は確かにあるが、その認識においても、「客観性の共有」と考えられているものは、実は各々の主観性に基づいた「客観性の主張」の表現形態に過ぎないことを、念頭に置かねばならない。そして、宗教についてのこのような問いが次々と基盤を求めて彷徨う状態、それらの脆弱性の原因は超越についての規定・認識の欠落と言える。それではこの「超越」の概念が社会システム理論の文脈でどのように規定されるのかを明確にする必要がある。宗教を社会の中の一つのシステムと見る場合、当然そこには固有のコードがある。ルーマンによればそれは「内在と超越」という区別である。超越とはその区別——しかしそれは通常の区別とは本質的に異なっている——の一方の側を表しているのである。

　そもそも客観的「社会的事実」なるものの想定のみならず、宗教を「客観的に」、つまり非宗教的に記述しようとすること自体が矛盾しているで

第 2 節　神の区別

あろう。このことは、宗教の以下のような性質に基づいているとルーマンは考える。

> 宗教とは何であり、いかにして宗教的なものを非宗教的なものから区別できるのかを述べることができるだろうと誰かが考えたとしても、次の瞬間には他の誰かが現れ、この判断基準、（その基準では存在する神への言及など）を否定し、そしてまさにそれゆえにこそ宗教的な性質を主張することができるのである。
> 誰かが宗教とみなすものを他の誰かが否定するならば、それが宗教でなくて何であろうか。[124]

つまり「宗教的なもの」を定義することはまさに、それ自体がすでに宗教的なコミュニケーションなのである。そして、宗教は他のシステムとは異なり、意味というパラドックスによって自身をいかなるものであるかということを示すことが可能であり、自身に形式を与えることができるような事柄に属しているのではないか、という見通しを立てている[125]。この見通しにしたがって『社会の宗教』は執筆されている。

これを理解する上で、ヨーロッパ社会における宗教の分出（Ausdifferenzierung）を踏まえておく必要がある。このような考察はこれまでの宗教社会学でもなされており、ルーマンは特にウェーバーの問題意識の動機や洞察の一定の方向性については評価しつつも、その固有の概念についてはゼマンティクの問題として、その洞察の起点のみ継承するとしている[126]。

そもそも社会における宗教の機能ということを考察する必然性が生じるのは、社会と宗教という二つの概念の指し示すところが分離してからである。『社会構造とゼマンティク3』の「宗教の分出」では、古代エジプトやギリシアのコスモロジーや神々と人間社会の区別などの例を用いてこれについて考察されているが、主眼となっているのはやはりキリスト教的な聖俗の区別と道徳図式によって規定された宗教と社会相互の、もしくは

社会の宗教的な規定なのである[127]。

　道徳（善悪の区別）と宗教を分離させるための理論的記述は『社会の宗教』をはじめ、そのほかの著作でも繰り返し行われている。上述の聖俗の区別と善悪のコードは、キリスト教的コスモロジー、つまり唯一神の創造と原罪によって成立した人間社会を二つの交差する区別で互いに支え合うものであると言える。ルーマンの見立てでは、宗教システムが内部観察可能になり（13世紀以降）、形式的に修正され（16 – 17世紀）、明確に道徳の根拠づけが自然と理性に変換され（18世紀）、それ以来道徳は説得力を失った[128]。それでもなお、宗教と道徳のコードの分離についての記述にルーマンがこれほど注力した背景を洞察する必要があろう。

　ルーマン理論に基づいて、機能分化した現代の社会において宗教のシステムはいかなる形式を担うのかということを西洋人が考察する場合、キリスト教のゼマンティクから離別するには根深い困難がつきまとう。しかし、近年、その相対化は当時よりも多少容易になってきたかもしれない。さらにわが国の視点からはまた異なった観察が可能であろう（もっともこの場合、困難は全く異なる点にある）。

　観察の理論を用いて現代における宗教を扱う場合も、やはり形式という観点から出発する。すると他の機能システムとの相違が浮き彫りになる。逆に言えば、宗教システムとして分出するためには、もちろん他のシステム例えば政治や経済、法などとは異なる、宗教についての観察が求められているのである。それは従来の「世俗化」概念の再定義化ともなる。宗教というものがどのように宗教以外のものと区別され、かつ、その方法が他の観察者にも有効であり、単純素朴な信仰態度ではないような理論的尺度はいかにして可能か、ということをルーマンはその宗教のシステム理論に求めていた。さらに先に述べたように、意味のパラドックスそのものによって自己自身に形式を与えることができるのは宗教システムのみであり、それこそが宗教システムの本質を表している、と考えていた。これはルーマン・システム理論という観点からも、きわめて特別な意味を持って

第2節　神の区別

おり、システムの中でもある意味で最も根源的なものと言えるであろう。そして、内在と超越という区別がこの本質に関連する。これに関しては次の（2）「宗教システムにおける意味」に詳しく論じる。

さらに、従来の「主体／客体」や「観察者／対象」などの意識についてのある特定の形式（主体／客体を前提とした人間理解に基づいた人間主義）では宗教を捉えることができない本質的な理由が示される。なぜなら宗教はそれらの形式の差異の両側に位置しているからである[129]。ルーマンは、宗教はこの区別の両側にあるとする。これがいかなることであるかは、観察者の盲点についての考察から説明が可能であろう。

「この盲点はいわば、その観察者のアプリオリなものである[130]」。

すなわち、盲点を持つというということが、観察者という属性を規定しているのである。その観察者が、「神」でない限りは。ルーマンにとって「神」という観察者は、内在と超越のすべてを観察可能な概念である。つまり、「神」は差異の両側に位置しており、こうした意識の形式の統一については宗教システムで扱うことのできる領域である、というのがルーマンの視座である。

心的システムは、神経生理学的な操作の外化とそれによって人間の体験と行為というものを可能にする他者言及と自己言及という差異を導入するような意識の働きによって成り立つ[131]。しかし、超越と内在をコードとする宗教はその差異の統一についていかに記述できるのだろうか。

この問題に関して再び、前章の『身体化された心』の議論について考えてみるとその理由はより明らかになる。つまり、「自己（心）が存在せずとも認知は可能」であるとした認知主義の実証結果と、認知主体と認知対象が分離不可能にあることこそが認知行為であると実証したエナクティブ・アプローチの検証結果、その両方について照らし合わせても、「自己意識」というものを単体でありうるかのように考えることは、もはや不可能である。ならば、従来の個人や主体概念を根本的な主題として宗教について記述することもまた不可能となろう。これに関して、ルーマンは社会

第2章　ルーマンの理論

学的な視点からバレーラらと同じ結論にたどり着く。ルーマンがどの程度『身体化された心』のバレーラらの見解を受容していたかは不明であるが、深く読解していたのではないかということを示すいくつかの記述がある。また、この著作に繋がるバレーラの論文もいくつか参照文献として挙げている[132]。後に言及する『社会の宗教』におけるルーマンの西谷の思想について解釈や、「空」に関する理解もまた、同書の論述の影響を相当受けていたと考えることはできる。

　しかし、少なくとも一つ決定的なバレーラらとの相違があるため、ここに述べておきたい。西谷による空の根拠性の解釈についてである。バレーラらは、西谷は無根拠性を二つに分けたとする。すなわち相対的無根拠性（虚無）および空の無根拠性である[133]。後者は、ルーマンの言う「基礎づけ可能性」の崩壊ということと同様の意味の無根拠性と考えられる。

　だが、第1章でも言及したが後者に関してはバレーラらの西谷解釈は厳密には正しいとは言えない。空は無自性であるから無根拠とは言えない。ナーガールジュナの空とは、八不であるところの空をさらに超えた概念の無根拠・無制約（自性）を論証するための、空である。これについては次章のヤスパースと中村の考察で詳述する。

　ちなみに西谷は「虚無は本質的に過渡的な性格を持っている[134]」と言う。これはつまり、虚無とは存在を前提とした否定概念だからなのであり、虚無を突き詰めてゆくと最終的には再び何らかの存在に行きつかざるを得ない。このことに関してのルーマンの西谷解釈にはより深い理解が読み取れるのである（本書、129-133頁、及び第4章第2節参照）。『社会の宗教』が完成していたら、バレーラらの『身体化された心』に関する肯定的言及・引用、及び批判的指摘も記載されていたのではないかと推察する。

　さて、宗教のコードである超越と内在が「意味」という根源的なものを扱っているとし、宗教システムはその意味で特異であるとする一方で、ルーマンは神学的な概念を短絡的に社会学化することは「双方の側で避けるべき[135]」であると注意を促している。

　これに関しては、キリスト教神学の特異性ということも加味して解釈す

第 2 節　神の区別

る必要がある。ルーマンの宗教理論アプローチの重要な要素の一つは、善悪のコードに基づく道徳システムと宗教システムとの混同を整理し、分離させることである。これは、キリスト教会的原罪意識がヨーロッパ社会に深く根ざしていることを反映しているであろう。ルーマンの記述においても、キリスト教会に対する皮肉や、やや個人的印象とも言える疑問が各所に浸出している。本書のテーゼに関連して洞察すれば、こうした歴史的背景が多大に影響していることが理解されれば、なぜ仏教、つまり「無神論でありながら多神教の側面も持つ」ような宗教[136]がヨーロッパで部分的にも受け入れられるのかということも、より明確に理解されると考える。ルーマンが仏教哲学に寄せた関心もまた例外ではないであろう。さらに区別の理論としての社会システム理論と、区別がない「空」ということの興味深い接続について、ルーマンが理論的な架橋の記述を考えていたと考える根拠がいくつかある。これについては、本節の 3「仏教哲学への関心」においてあらためて論じる。

　ルーマンの宗教理論のアプローチについての締め括りにあたって、上述のような宗教システム理論以前に、区別と観察の理論である社会システム理論そのものの最も根源的な部分が、実は、この世界とその創造、そして「神」という概念に深く関係していることに言及しておきたい。つまり以下のようなことである。

　　区別しようとする用意がなければ、何も起こらない。[137]
　　明らかに、創造とは以下の命令に他ならない。区別をつけよ。[138]

　ルーマンは自身の理論に多大な影響を与えている二つの理論を結びつけている。スペンサー＝ブラウンの境界線を引けという区別・指し示しの形式の理論と、ニコラウス・クザーヌスの「神は何も区別する必要がない」という区別と否定の神学理論との連関である。
　一般システム理論を確立したひとりであるフォン・ベルタランフィは、

第2章　ルーマンの理論

今日のシステム概念の土台としてライプニッツなどとともにニコラウス・クザーヌスの部分と全体、区別と統一の理論を最も重要なものの一つと見なしている[139]。そしてルーマンはクザーヌスを哲学的に重要な局面で常に引用している。さらに何よりルーマンの区別と差異の統一の理論の本質が、クザーヌスによる区別の必要のない「神」の概念に依拠している。これらの関連性を、仏教哲学との関連と共に、本節において明らかにしてゆきたい。

(2) 宗教システムにおける意味

コミュニケーションにおいて、意味は本質的なメディアである。

意味の生産と再生産は、まさに現実世界の中で起きている。それは、その外側の超越的な領域のことではない。つまり、メディアとしての意味は、この現実世界の中において蓄積され固定化されうる。これをルーマンは、この現実世界＝リアリティという概念自体が、そうした「レトリックの構築物[140]」となってゆく、というように表現している。

例えば既に幾度か言及したプリーストの「レトリックの影響」という指摘について考えてみると、プリーストの言述ではまだ、「レトリックに影響されない本質的な意味」の潜在的な想定を含意させているようにも読み取れる。しかし上記のルーマンの表現は、このように構築されたリアリティの中にあってメディアとしての意味においては、意味そのものの意味は、そもそも問われないということを指している。つまりは、誰も「意味の意味」を知り得ない、ということなのである。

ルーマンは、ここでゴシック式教会の建物の外光の入れ方を引き合いに出して媒体としての意味を喩えている。「壊れた」、つまりステンドグラスなどによって切り刻まれたように断片化された、区別可能な光のみを入れることによって、「媒体である光」を可視化させるというその方法に擬えるのである。これによって、意味を観察ならびに記述可能なものとするということが、まさに宗教が必要としている事柄の象徴ではないであろうかと言わんとする。これはルーマンの記述によく見られる教会に対する諧謔

的比喩でありながらも、「意味」というものの核心に触れる洞察でもある。光はそれを反映させるものが無い限り、区別不可能である。意味もまた然りであろう。

結局、意味というのは、何かがただ単に排除されている、もしくは排除される可能性があることを示しているに過ぎない。換言すると、ある示された「意味」という区別に該当しない、つまりその境界線の反対側の「何か」がある、ということである。

「意味は、光が観察不能なのと同様に観察されえない[141]」。

なぜなら、もしくはそれゆえにこそ意味は媒体なのである。観察とは区別可能な形式を前提とする。それ以外のモメントは考慮外に置かれるようなメディアの形式によって。

したがって、意味が観察されえないということと、宗教のシステムとの関連性は考察の始まりとなりうる。それでは宗教システムのメディアはなぜ「意味」なのであろうか。

そこで、宗教システムにとって意味のない事柄とは何か、という考察が可能であるが、それは、また「意味のない」として区別されたことも、再び統一されねばならないことを念頭に置かねばならない。そして、媒体と形式の区別を定式化することによって「意味の意味」についての問いがより明確となる、とルーマンは述べる[142]。意味は媒体であるので、観察不可能、つまり区別不可能なのである。

> 宗教の意味形式として扱われており、そして進化に直面してもいる諸問題の出発点は、この観察不可能性の領域の中に、すなわち観察と世界とが観察の前提として区別されえない領域（つまりマークされない状態）の中にあるのではないか、とわれわれは推測するのである。[143]

この一文から推察されるのはルーマン理論にとって宗教システムが、観察ということそのもの（ならびに世界）の根源に関わるシステムであると捉えられていたのではないか、ということである。

第2章　ルーマンの理論

　このシステム、すなわち宗教のコミュニケーションに関与しない、その区別を受容しない個別の意識というものについて考えてみると、それは超越という概念を持たない（その区別そのものを知らない）場合か、超越概念を知っていたとしてもそのコードのコミュニケーションではなく、内在の中の区別を扱う諸システム（経済、政治、法、学問（科学）、教育、芸術、そのほか）に対してしか意識を向けない場合などであろう。もっとも、先に論じたような沈黙、社会の中でのそれ（超越）についての「沈黙」はまた別に考えられるべきである。それでも意味の意味について問い続ける個別の意識というものはありふれてはいない。

　ルーマンの世界観はきわめて「伝統的な高度宗教」的であったと思われる。そもそもの出発点は、区別であるから、これまでの議論から当然「区別されない」ということも表裏として受容されている。ならば、区別のない状態（もはや状態と呼ぶこともふさわしいかどうか疑義のあるところではあるが）、「全体の中の全体」（das Ganze im Ganzen）ではない何か、についての何らかの「より高い不透明性（höhere Intransparenz）[144]」のことを思惟せずにはいられないはずである。たとえ、その思惟が、ただ限界をなぞることにしかならないことであったとしても、である。

(3) 宗教のコミュニケーション

　『社会の宗教』には以下のような一文がある。

　　すべてのコミュニケーションが宗教的コミュニケーションであるような社会の状態はこれまで一度も存在し得なかった。[145]

　もし仮に今われわれが宗教的コミュニケーションと考えているもののみが、ある社会のコミュニケーションのすべてであったとしたら、宗教という名の下に区別されるものは無く、したがって区別が無いために、「それが宗教である」と指し示すことも不可能である。つまり、宗教のコミュニケーションという名付け（Bezeichnung）自体が、すでに非宗教的コミュ

ニケーションを含意し、区別の次元に立たされる。なぜなら観察者が区別をつけるからである。そして、この非宗教的なコミュニケーションとは、客観的に宗教的でないなどということを指すのではなく、「宗教」的なコミュニケーションではない、というだけである。言うなれば「存在している神」とされるものに対する否定もまた——例えば「無神論」という言葉がそれ自体で雄弁に物語るように——宗教的な内容の区別なのである。このように考えると、既に引用した一文の意味も明らかとなろう。

「もし、誰かが宗教と考えるものを他の誰かが否定するとしたら、それは宗教でなくて何であろうか[146]」。

さらに、これをシステム理論的に換言するとすなわち、「自己主題化というものは、締め出したものを含みおくことによってのみ、つまり否定的な相関物の助けを借りてのみ可能である[147]」からである。

当然ながら主題化することによって、その主題が扱うことのない部分である、主題化という線引きの反対側を指し示すことになる。たとえば、「これが宗教である、そしてこれは宗教ではない、したがってわれわれは宗教ではないコミュニケーションをしている」と言明した時点で、それは宗教をめぐるコミュニケーションにほかならない、というパラドックスなのである。

上述のような宗教のコミュニケーションをヨーロッパにおいて展開すれば、神学、すなわちキリスト教神学の背景を念頭に置いていること、つまり歴史的背景も含めキリスト教的な思惟が土台となることは否定し得ない。しかし、現代、特に20世紀後半以降のキリスト教以外の世界宗教の欧米文化に対する影響などに鑑みると、先述の宗教社会学的な視座では限界があることは、それらの社会学の内部においても感取されていたはずである。その時の社会学の対応についてルーマンは、「社会学的観察者の典型的な反応は、宗教という概念の要件を弱める[148]」というものであったと観察する。

第2章　ルーマンの理論

　しかし、もちろんこのような対応は本質的なものとはなり得ないであろう。キリスト教の観点における「世俗化」を前提とした古典的な宗教社会学では、客体としての宗教を表象せねばならない。しかし現代の宗教のあり方の拡大によって、宗教という概念規定の本質的な要件などは存在しないのではないかという疑問に突き当たるはずである、とルーマンは指摘する。宗教社会学的探求が挫折したのはその点なのだ、と。

　しかし、それでもルーマンはあくまで自らのシステム理論において、社会の中のシステムの一つとしての宗教のシステムについての理論を確立しようと試みる。そのためには、宗教として観察されうるシステムに関しては、単に主観主義的な「これは宗教である」と個々に任じるような同定ではなく、宗教的な観察が理論的に行われなければならない、ということを目指していた。したがって、全てのシステムと同様、宗教的なものはシステム自身の自己観察の回帰的な産出によって規定されるものと考えていた[149]。

　これはすなわち、宗教的な定義において観察（区別）する場合、その観察がさらに観察される場合にもまた、それが宗教的に観察（区別）されなければならない、ということである。もちろんこうした観察の社会学的な定式化は学問システムの援用によって可能となるが、それは学問システムのコードを用いて「何が宗教か」ということの真偽を規定することではない。なぜなら、ルーマンによれば宗教システムはすでに「内在／超越」というコードによって自らを規定しており、他のシステムのコードによってそのシステムの作動に介入することはできないからである。

　ルーマンは『社会の宗教』において、機能分化したシステムとしての宗教システムの社会の中における再生産の蓋然性が保証されるには、どのような要件が不可欠であるかというような、あくまでシステム理論的な宗教の理論の可能性を極限まで精緻にすることを探求していた。つまり観察方法において学問システムを用いること、すなわち理論内部における真／非真のコードで展開する意味づけが不可欠であった、ということなのであ

第2節　神の区別

る。宗教の社会学的観察における学問システムとの連関についてはここではここまでに留めておく。この文脈におけるルーマンの指摘の中で、本書のテーゼにとって重要な論点は以下である。

（1）　上述の議論から、結果として、キリスト教神学的な議論のみが宗教システムの反省形式として成り立つのではなく、あらゆる他の宗教の中の一つの反省形式に過ぎないことに気づかねばならない。
（2）　他のあらゆる宗教文化との比較という方法によって見えてくることは、その相違および同一性である。これについてルーマンは「比較される対象がより異質なものであるほどに、むしろ同一の部分が目立ってくる[150]」と表現している。これは、ユーロセントリズムに基づいた宗教の学問的議論では、もはや現代人の区別が実態にそぐわないものとなっていることについてのシステム理論的な指摘であるとも言えるかもしれない。

もし、（1）、（2）が当てはまるならば、宗教全般、つまりキリスト教以外の世界宗教の類似点、それらが特に西洋で看過されていることを、いかにして文化的歴史的な偏見や不純物の残滓を取り除いてよりニュートラルに観察することができるのであろうか。もしくは、このような表現も可能であろう。つまり、分断された類似、もしくは、本来同一のものに対する片方の区別のみからの視点（すなわち西洋的視点）から、いかにして次元をあげた観察が可能となるのか。これまでの引用から読み取れるように、ルーマンは西洋的思考にのみ偏らないようにすべきであるということを示唆し、そこに批判的含意を感じさせる表現をしているのである。

こうした含意のある記述は所々に見られる。例えば、「近代社会における宗教（または諸宗教）（Religion*en*）の意義[151]」と複数形の部分を強調している。ここからも、そうした意図が伝わるであろう。

さらに、それに続く以下の部分は本書のテーマに関わる、きわめて重要

かつ示唆的な記述である。

> 潜在的な構造と機能の想定が以下のことを排除することは全く無い。つまり、あるほかのもの、《より高次の何か》とでも言っておこうか、そうした、意味を与えるような見通せないもの、の存在があるということを。[152]

この言述を含む一節でルーマンは、諸宗教の比較によって、すなわち文化比較が導入されることによって、どのような結果になるにしろ、それが宗教そのものの弱まりに必然的につながると考えることは拙速であるし、またその逆も断言することはできない、だが、どちらにしてもこの問題で文化の考察は不可避である、と示している。これは西洋人としての西洋の読者に対するルーマンの強調であろう。そして、もはやキリスト教のみを当然のように宗教的なものとして対象にすることはできないことを幾度も確認している。その上で、上述のような「何か」の存在について述べているのである。

この、「より高次の、意味を与えるような見通せないもの」とは一体何を指すのか、あえて羊皮紙に包むような表現を用いた意図についての考察については、第4章に言及する。ここで付言しておくべきことは、それは、文化的不純物を取り除いた後に姿を表す「事物の《本質》[153]」などということを指しているのではないということである。

このような見通しに基づいて、ルーマンは後期の宗教理論において、仏教哲学に対して多大な関心を寄せている。これについては、本節の3「仏教哲学への関心」に詳しく論じる。

2　内在と超越

ルーマンは、宗教システムのコードを「内在と超越（Immanenz/

Transzendenz)」であると設定して『社会の宗教』を執筆している。この区別は根源的であり、さしあたりその外側を想定することは不可能である。以下にその論理的背景を論じる。

(1) 内在と超越を扱うこと

　超越という概念は、全ての議論の背景に存在する。宗教のコミュニケーションに限らず、哲学はもとより社会学においても、経験科学の理論においても、一次的戦略として捨象しようと、または自説の主張がまず先にありきで、それ（超越）を扱わないことについて、ただ「同調（Eingestimmtsein）[154]」を読み手に求めるだけの目的であろうと、どのようにしたところで、「超越」の問題を免れることはできないであろう。なぜなら、経験的事象についての分析は、超越的領域の存在を前提にしてしか可能でないからである。区別の前提なしには、「経験的事象」という「限定」もあり得ない。

　このことに関連して、ルーマンは現象学的社会学の手法に対して以下のような批判を加えている。フッサールは意識分析を自己言及（ノエシス）と他者言及（ノエマ）の統一としての超越論的背景において行おうとしたにもかかわらず、現象学的社会学は、その試みを捨象したまま、経験的な諸事象にのみ形骸化した「現象学的」方法論を適用している、と[155]。これは、上述のような超越と内在の区別の意識がない、もしくは曖昧であるというコンテクストに基づくものである。

　超越に目を向ける、もしくは度外視するという区別自体、換言すればそもそも内在と超越の区別を受容するか否かがまず問われる。そしてこのコードの区別に則らない場合、システム理論ではこの「棄却値」、つまり排除された第三項を他の機能システムのコードが受容する形で分出している。これはどのようなことかと言えば、他のシステム（宗教システムももちろんそうだが、「内在」で作動する社会システム）のコードがそこで機能するということである。例えば、宗教のコードによるコミュニケーションの仕方が、真か非真かを決定できるのは学問（科学）システムのみである

し、合法か違法かを振り分けられるのは法システムのみである（さらに、宗教関連のコミュニケーションが採算に見合うかを決められるのは経済システムの所轄であると、ルーマンは皮肉を付け加えている）[156]。

この観点から、それぞれのシステムはそれぞれのコードの二値で機能的には全く等価に、すなわちどの機能システムが他のシステムの優位に立つかということではなく、それぞれの意味に基づいて作動して（＝回って）いるということが理解される。その意味では宗教システムもまた、一つの機能システムに過ぎない。それにもかかわらず、またはそうであっても全く何の問題もなく、宗教は根源的な区別に関わるものでありうるのではないであろうか。

ルーマンが繰り返し引用するスペンサー＝ブラウンの『形式の法則』の巻頭には、老子の「無名天地之始」が漢文のまま掲載されている[157]。社会（学）的な観察に限らず、区別からすべては出発するのであれば、「無名天地之始」、つまりマークされる以前の名も無き状態、すなわち名が無い＝白紙でなければならない。もし、社会（学）的な観察が区別から出発するのであれば、すなわち、マークされない空間であるすべてを包含するものを想定するなら（たとえ内在の側においてでも）、それは区別が埋め込まれているものでなければならないのである。

これに関連する含意のある表現として、「語ることと沈黙すること」にこのような記述がある。

> 書く人は誰もが、「紙」を描いており、そしてそれを白紙として描くのである。社会を描く人は、社会が除外し、沈黙を強いられたものを暗黙のうちに描いているのである。[158]

記述することは、否定を含む。であるとするなら、記述することによってすでに記述しないもの、記述できないものをも暗黙のうちに描いていると言うことができる。この「白紙」や紙の比喩は、ルーマンが度々用いるものであるが、この比喩で以て「超越」に対して、観察や区別をする内在

第 2 節　神の区別

の側の営為を表すことができる。ルーマンにとって社会的コミュニケーションとはこの白紙の上の記述、つまり白紙そのものの指し示し、である。例えば『近代の観察』にも以下のような記述がある。

> 記号はまずもって、また結局のところ自己を指し示されえない何かから区別しなければならない。空（Leere）から、マークされない空間から、紙の余白から、音声を知覚する際に常に前提とされる静寂からである。これは、記号は指し示すものと指し示されるものの区別以外の何物でもないからだとしても、むしろそれだからこそ成り立つのである。[159]

このことが示しているのは、記号、言語がそれの指し示す現実を現実ならしめる、ということである。言語とは相対化であり、そのような内在の装置で相対するものの統一を指し示そうとする、すなわち超越と呼ぶものについて記述しようとする試みは、常に障壁にぶつかるのである。それを自覚したままに内在についての記述をしようとすることが、すなわち「社会の中の社会学的記述」であったと言えるであろう。では、宗教システム、その「内在／超越」についてのコミュニケーションはいかなるものになるのであろうか。

(2) 宗教システムのコード「内在／超越」

『社会の宗教』では内在と超越を宗教システムのコードとして、一貫して記述が進められている[160]。このコードのポジティブ、つまり接続可能な側の値は「内在」であり、その反対側であるネガティブの値は「超越」である（ここに価値判断は無い）。そして先に述べたように、他の機能システムにとっては内在と超越の区別は意味を持たず、またすべての他の機能システムの扱う事柄は「内在」するものについてのコミュニケーションである。宗教のコードは超越を扱うが、「内在／超越」のコードによる区別の再参入によって行われる内在におけるコミュニケーションである。

第 2 章　ルーマンの理論

　すでに言及したが、宗教システムの理論において道徳のコード（善／悪）と宗教のコード（内在／超越）を明確に分離する必要があることがルーマンの宗教理論のテーゼでもあった。そのために明らかにすべき問題点として、ルーマンは、以下のような論理的隘路を指し示す。

　道徳のコードは善と悪の基準に対する規定がそこに含まれていないがゆえに安定性を欠く。したがって、必然的に超越的なものにその基準を求めることになる。自らが善である神は、善悪の基準を人に与え、それに従って振る舞うようにさせるはずであると考えるのである。しかし、キリスト教的な罪と懺悔の図式はそれと明らかに相反する。これについてルーマンは以下のような表現をする。つまり、すべて完璧に創造されているはずの世界において「罪」を常に悔いなければならないということ（つまり、道徳的欠陥がそこにあるということ）、そして「それを喜ぶ神」を前面に押し出す告解制度という「倒錯的[161]」矛盾はいかに説明されうるのか。なにゆえに、すべてを見通しているはずの神が人々が罪を犯すことを見通せないのか。それが「悪」ならば、なぜそれを許容しながらも懺悔を求めるのか。このように道徳のコードと宗教のコードが混在することによって現出する問題を挙げてゆくと、これがなぜ機能不全に陥るのかが理解されるということである。こうした道徳のコードが介在した宗教教義的不寛容性に対する宗教内部の言及の他に、ルーマンは宗教外部から観察した現実問題の洞察も行っている。道徳と宗教を一致させることによって、道徳のコードの社会構造の影響、すなわち尊敬と軽蔑と結びつくことによる摩擦を宗教が被り、結局はそれが紛争に結びつく。それは「善なる神」の名の下に行われる残虐行為であり、そしてそれは既に現実の問題である、とルーマンはめずらしく明確に警告的な言及をしている[162]。

　善と悪の道徳的判断を基準には宗教システムは機能し得ない。したがって、超越と最高善を混同することも誤謬となる。それでは、真理と誤謬というコードではどうであろうか。現代では、前節ですでに論じた科学システムの機能的分出がこのコードに基づいて作動している。かつての設定、

第2節　神の区別

つまり真理を基準としてそれ以外を排除することによって(すなわち宗教においては「神の本意」にかなうことによって)世界を真に知ろうとする試みは、結局その真理の規定そのものが常に誤謬を免れない人間によっては到達不可能である。したがって、それを時間の問題、未来にいずれ解決されるものとすることで当面理論を取り繕うこととなる。つまり、「真／偽」を立証するためにはいずれにせよ上位(外部)の規定を必要とするということから視線を逸らし、将来的な到達点であるとして時間的な次元に押し入れることによって解決(隠蔽)されてきた。この時間次元による隠蔽は道徳のコードにおいても行われていた(最後の審判)。

それでは、「内在／超越」という二値において問いを進めてゆく場合、その特異性とは何であろうか。「内在／超越」を外側から観察することは、論理上、この区別による「超越」の外側、つまり「超越という区別を超越した」もしくは自己自身を同時に観察することができる超越者、すなわち遍在者にしか可能ではない。

既に理解されたように、世界はそれを観察しようとする観察者の目の前に全容を現すことはできない。世界と外側という区別の境界線を引くこと、すなわち世界の外側を観察者は観察することはできない。この場合、境界線の外側と内側、つまり差異の統一を、そして同時に自己自身をも観察できるのは全てを包含する絶対的な存在のみである[163]。そもそも、超越とは字義通り、超越であり、あらゆる区別も時間の利用も制約も超越している。であるとするならば、「世界」はどこにあるのであろうか。

このように考えれば、超越を聖なるものと同じように考えることの決定的な誤りがここで理解されよう。したがってキリスト教的な「聖／俗」の区別もまた、宗教の区別としては妥当ではない。聖俗の区別は、仏教やヒンドゥー教に比して、明らかにキリスト教に強く刻印されている特徴である。この区別をルーマンは、「ひとつのパラドックスの現れの形式[164]」にすぎないとして相対化する。

このように、超越は善悪や聖俗のような内在的な区別では指し示すこと

第2章　ルーマンの理論

ができないことが明らかとなる。超越は、あらゆる区別および区別するものを超えたところにある。つまり、超越という概念そのものが、内在においての区別の根拠となりながら、区別それ自体を超えているのである。このことをルーマンは、さまざまな表現によってあらゆる箇所で重ねて記述する。例えば、超越と内在の区別を内在において（あくまでその中で）制度化し先鋭化することによって設置されるようなこの世の「聖なるもの」について言及したのち、超越そのものについては以下のように規定するのである。

> 区別と、区別ではないものとの区別それ自体は、ニコラウス・クザーヌスが記したように、超越には関係がない（fremd）。[165]

そして、この部分の註に、そのクザーヌスの記述から以下の引用をしている。

> 神は異なる一切のものに先立っている（ante omnia quae differunt）。[166]

さらにこのようにも付言する。「しかし区別することに依存した人間の把握力の不十分さが反省されよう。そうすると結局、教会がいかなるものであるかをも知ることになる[167]」と。

これはつまりキリスト教会という「こちら側」、すなわち内在の側にある「組織」というものについての皮肉となっている。いずれにしても、いかなる宗教組織もそれ自身が任じているほどには「超越」とは関係がないのかもしれないという、キリスト教に日常関わりがあるからこそのルーマンの言及である。

これについてキリスト教をより客観的に眺めることができる部外者として中立的に言及するならば、それが掲げる教義や哲学が如何なるものであろうとも組織とはそもそもが区別であり、それは当然内在に位置するものであるから自明のことである、とも言えるのではないであろうか。

第 2 節　神の区別

　上述のような理解に基づいて、ここで、本章第 1 節 2（2）で考察した「意識」というものの本質について再び視点を向けてみたい。すると以下のような宗教システムの理論の問題との連関が現れてくる。
　すでに言及したように、ルーマンによれば、社会のコミュニケーションに関わらない意識は社会の外側で沈黙する。しかし、内在の経験世界の中では意識はあくまでリアリティにおいて作動する。意識は神経生理学的に作動し、それを外部化するのである。意識が内在においてそのような作動をするということは、この世界では、主体—客体図式に（例えそれが「客観的に基礎付け不可能」であったとしても）拘束されている。そして、「拘束されている」ということによって常に「拘束されていない意識」をもまた指し示しているのである。だからこそ、以下のように言うことができる。

　　しかし、とりわけ宗教にとっての問題は、宗教が主体／客体−区別の意味を問うこともでき、また最終的には問わなくてはならないということにある。[168]

　この意味するところは、すなわち、その意識の拘束そのものを解くのは——単に概念の置換のみならず——、内在と超越の区別の可能性にしかない、ということではないであろうか。

3　仏教哲学への関心

　ルーマンが仏教思想に関心を示していたことは、すでに言及してきた。ここでは、キリスト教の唯一神についての既存の定義にまつわるルーマンの疑義的記述と、「無神論」であり同時に「多神教」も許容する宗教であるとルーマンがみなしていた仏教哲学への関心を、特に『社会の宗教』と「宗教の分出」の記述を中心に解釈してゆく。

第 2 章　ルーマンの理論

(1)　ルーマンの神概念

「神」についてのいかなる記述、そしてその読解も、多かれ少なかれ常に存在論的な論争や特定の宗教教義的な影響を受けることは否定できない。

ルーマンは、「神の区別（Die Unterscheidung Gottes）」[169]冒頭において、この論文は神の存在や本質についての議論ではなく、「神」についてのコミュニケーションに関する分析に制限している、と特に確認している。概してルーマンのいずれの著作、記述においても、いかにしてこのような規範・教条にまつわる議論に関わらないでいるか、つまり離れて観察できるか、ということに注力した跡が見られる。しかし、こと「神」という概念についてのコミュニケーションに関してはこの明言が特に必要であったことは、ヨーロッパにおいてはキリスト教的唯一神の潜在意識下の影響を（可能な限り）受けずに客観化した議論ということが容易ではないという事情を大きく反映している。

これは、少なくともルーマンの「神の区別」における論述は、「神の存在証明」をめぐる様々な議論の歴史や今日的分析に関わるものではないことを明示するものであろう。これらの歴史もまた、きわめて西洋的な思惟の表れと言える。例えばウパニシャッド哲学では、そもそも証明という試みをしない。ある意味で証明という概念自体が無明の証左であると言えるのである。

ルーマンの考え方では、神の存在証明というものは、神に対して世界の一般的な偶発性を否定するものである[170]。しかし、これもまた神から見れば世界が偶発的なものであるからだ、と付言しているが、この偶発性は先に述べた本来のラテン語の語義に理解すべきである。いずれにしても今日ではこのような議論は循環的なものであり、少なくともこの種の議論には関連させないことを明確にしている。

ここで、主著の一つである『社会システム』（1984）における、以下の「神」についての言及を引用したい。

第2節　神の区別

ある神（ein Gott）、つまりすべてを経験しており、コミュニケーション可能な、しかし、社会（Gesellschaft）には属していないような神、こうした唯一の例外的な存在は、社会システム自体の再帰可能な全体性の正確なコピーであり、世界を宗教的に経験可能にするような複製品なのである。[171]

　ここには、仮の「神」、あくまで機能的な存在が記述されていることに留意せねばならない。まず、社会（Gesellschaft）とはコミュニケーションのシステムであり、あらゆる社会的なものの全て、すなわちコミュニケーションを含んでいる。これを逆に言えば、社会に属するのは社会に関係のあるもの全てであり、さらに換言すれば、全てのコミュニケーションとそれ以外という境界線の内側なのであると言えよう。その外側に位置するものについてはコミュニケーションが不可能であることは、既に「語ることと沈黙すること」の解釈で明らかになった。したがって、『社会システム』の上述の引用における「神」は、あくまで社会が自己を再生産するようなコミュニケーション・システムであるとする場合に、「社会」を包括するものとして社会の内部で語られる場合のことを指しているのである。

　それでは、社会の中で「神」と呼ばれているものはいかなるものを想定しているのであろうか。上記の引用のように、ルーマンはそれを統一体として、全てを包含し、かつ、それについてコミュニケーション可能な存在としており、それは全てを経験し、それ自体全てであるようなものとして考えられている、と見なす。この「神」とは、しかし、コミュニケーション可能と不可能の領域の両方を見ることができるはずであり、言うなれば社会とその外側の差異の統一であるはずである。けれども、それが社会の中で「神」という名称にしろ、他のいかなる呼称にしろ、いずれにしてもコミュニケーションの中において語られているということは、本来意味していたものを指し示しているわけではなく（それは不可能である）、仮のもの、つまりあくまでもレプリカなのである、と言っているのである。

　もちろん、この一文の解釈は読み手によってきわめて多義的なものとな

るであろう。いずれにせよ、この論旨に従えば「神」は宗教的なコミュニケーションにおいて鍵概念であるのみならず、全ての社会的コミュニケーションにおいて、ある核を成す概念なのである、と言えるのではないであろうか。

そして、この社会の再帰的再生産に伴って生産されるレプリカは、超越と内在の区別において想定される「神」と本質的に異なっている。なぜなら前者は「コミュニケーション可能（kommunikativ erreichbar）」だからである。後述するように、全てを見通し超越と内在の差異の両側に位置する「神」は、内在の側においては本来語ることが不可能なのである[172]。もし、それについて語ること、つまりコミュニケーションが可能であるならば、それは「全体性の内部で語られる全体性」に過ぎないであろう。

こうした理解の上で再び上述の『社会システム』の引用の後の記述を見てみたい。

> このようにして、社会は自己自身と矛盾し、それによって自己言及が無意味なものではなく、また、同一性ではなくて差異から全てが始まるということを確実なものとできるのである。[173]

矛盾しなければ、自己言及は機能し得ない。自己言及は他者言及との違いがあってのみ可能であり、さらに、その他者言及との統一体という想定がなければ、そもそも相違など起こらないからである。

そして、存在証明や道徳観念と結びついた神概念の隘路に対して、ニコラウス・クザーヌスの神学哲学、つまり区別を区別すること（das Unterscheiden der Unterscheidungen）及び、すべての差異に先行する神という概念が、これに代わる「哲学的に印象深い解決[174]」を提供するとルーマンは言う。そして、内在と超越の統一を神と呼んで差し支えないであろうとする。もっともこのような視点は、従来の神学教義的伝統の発想にはない。ここで重要な点は、この統一が何らかの人格的存在の提示ではなく、それに続いて述べられているように、「あらゆる区別されたものの区

別されていない状態（Ununterschiedenheit des Unterschiedenen）」という意味だということであろう。さらに、このような視座は実は「驚くべきことに」、あらゆる区別をぼかして区別のない状態に至ろうとする「東洋の瞑想技法」の目的に収斂するのである、とする[175]。そして、実はこれが、ニコラウス・クザーヌスの否定神学のまさに主眼であったのだ、とルーマンは自らの解釈を明示するのである。

このように、クザーヌスの否定神学と、そのほかの伝統的教義学的キリスト教神学の根本的な相違をルーマンは要所に示唆している。そしてクザーヌスの否定神学の思想と、仏教思想の空へ至る思想が収斂する、と見通しているのである。

ここで先のクザーヌスの一文を再び引用したい。
「神は全ての差異に先立っている（ante omnia quae differunt）[176]」。
すなわち全ての区別に先立つ神、全ての区別を見渡し、自己自身をも観察することができるような神、そのような「神」についていかなることが記述できるのか、内在と超越の区別は、その「神」にいかなる意味を与えるのか、逆に言えば、その「神」があらゆる意味の区別の始まりの根源であるとするならば――もしくは、あらゆる区別の根源に対して「神」という呼称を用いるならば、と言い換えてもよいが――、それはいかなるものなのか、そういったことについての考察をルーマンは念頭に置いていたと思われる。

それでは、このような「神」の概念と、神概念を掲げない仏教哲学の理論に対する関心は、どのようにつながってゆくのであろうか。

(2) ルーマンの仏教観とキリスト教的コスモロジー
(a) 仏教についての記述
ルーマンの仏教についての記述は、主に「宗教の分出」と、『社会の宗教』において見られる。いずれにも表だって重点的な記述はないが、きわめて重要な局面で短くも深い印象を残す表現や一文が入れ込まれている。

第 2 章　ルーマンの理論

まず、「宗教の分出」において、主にキリスト教のゼマンティクにおける道徳システムと宗教システムの分離を明確に論じたのちに、結末のほど近くでルーマンはこのような見通しを述べている。

「このような考察によって、神学的な反省にも、神に関連付けられたゼマンティクにも依拠する必要はなくなる[177]」。

ここで言及されている「神」は「神と呼ばれるもの全般」ではなく、キリスト教的唯一神を指している。なぜなら、それがエキュメニズム的な出発点となるかもしれない、とするからである。

このエキュメニズムという価値観は、異宗教間の対話を意味するとしても、旧来の「世俗化」同様、キリスト教からの視点である。それでも、視座の転換としてはひとつの示唆となるであろう。ルーマンは様々な分析・解釈及び批判によって、キリスト教神学的解釈論にのみ基づいた「神」概念、そして宗教観から離れようと試みていた。その一つの提案であったと推察できる。そして以下のように仏教思想にその考察をつなげてゆく。

> これらの考察によって、≪区別せよ≫という指示に対しての問いを、≪誰が≫の問い立てとせず、例えば瞑想技法によって、いまだ区別の存在しない、あるいはもはや区別の存在しない≪マークされていない空間≫への接近を試みるような宗教が存在することに対する理解の突破口となるであろう、エキュメニズム的な出発点を得ることができるかもしれない。[178]

この記述は、ルーマンによる仏教思想とその経験的実践の一つである瞑想および瞑想の目的についての言及として注目される。

そしてまた、『社会の宗教』では、宗教の教義学（キリスト教聖典に関わるものを指す）の体系の統一のために不寛容なまでの厳密な要求が続いたという歴史的な経緯が論じられているが、その脚註においてルーマンは、神を掲げない宗教ながらも多様な神々や地域ごとの大衆化を許容する仏教

がその対極にあるとした上で、以下のような重要な考察を示すのである。

> これはおそらく、仏教思想におけるシステムの自己記述があらゆる区別が無であることを強調しており、そこに統一を求め、そしてまさにそれゆえに区別によって生きることができるからだ、ということに理由があるのであろう。[179]

ここにおいて、区別の理論であるシステム理論と、区別の無いところ＝空の概念が結びつけられる。ルーマンが「（東洋の）瞑想技法」と述べるときににいかなるものを具体的に想定していたのかは明らかではない。だが、いずれにしても空概念を一定の深さで理解した上で、区別の消去の実践としての「東洋的瞑想技法」に可能性を見出そうとしていることは理解される。これは、システム理論としての宗教の理論に限定されたことではなく、区別と観察のルーマン理論の根幹にも関わることである、と本書では推察する。さらに、差異理論としての宗教システムの超越と内在の差異の消滅の可能性でもあると言えるのではないであろうか。

ルーマンが仏教思想にこのような関心を寄せるに至った背景はどのようなものであろうか。自らもプロテスタントであり、ヨーロッパのキリスト教的伝統の中を生きたルーマンが、キリスト教会及びその一部の例外を除いた教義的神学議論に閉塞感を抱いていたことは、諸処の記述から読み取ることができる。それらの背景からルーマンは、現代社会がそれ自身に適した宗教をまだ見つけていないことによる実験的な様相が種々雑多な事態となって現出している、と考えていた。例えば、伝統的宗教批判という意味での無神論や、教義の現代化、テクスト原理主義、ニューエイジのサプリメントや幻覚剤や各種の神経生理的な意識変容を促進する祭式、または瞑想やヨガなど心理学的自己分析セラピーの一環としての非キリスト教的な伝統への傾倒などがあげられるであろう。こうした事態を、ルーマンは「一種の清算」としての「世俗化」であるとし、これらの必然的な地なら

しののちに、その時代に適合した宗教が発展可能となるのであろう、と述べている[180]。これはルーマンにはめずらしく個人的な希望的観測の含みを感じられる記述である。

それでもなお、未だに問われるのは「神」というものである。「神」があるとすることが、すなわち、内在において起こることの全てを見通し、全てを意図し、忘却なく、そして全てを救す「神」の存在が必要とされているのだろうか、ということである。もしくは、ルーマンの表現によれば「非神的（nichttheistisch）な愛の宗教」といったものに、その未来があるのであろうか。ルーマンは、宗教というものは、いずれにしても超越的なものとして内在的なものと区別される場合にのみ認識されうるのだから、そのどちらであってもよく、そして、そのどちらであっても伝統の破壊となりうる[181]、と考えているのである。

一連の記述から感じられるのは、ルーマンがいわゆる「旧ヨーロッパ的」キリスト教会のような宗教組織にまつわる意味の歴史がもはや時代にそぐわないことについて明確にしようとした意図だけではない。伝統の残滓と呼ぶにはあまりに根強い影響の中で、信仰を持つひとりのヨーロッパ人の内的葛藤の跡であり、死期を知りつつ自身にとって最も根源的な問題であった宗教の理論的記述を、手持ちのすべてを注ぎ込み表そうとする切望である。

ルーマンは、仏教の空の概念においては、主体（少なくともヨーロッパ的な）は無くなることを理解していた。それならば、キリスト教的原罪意識に基づいたヨーロッパ的個人観のみならず、個人と呼ばれるものそのものが全くの無に帰するということに何らかの展望を見出していたのか、といえばそれほど単純な理解・議論ではない。

ルーマンは、宗教における「個人的な体験」を否定するものではないことを各所に述べている。例えば、以下の『社会の宗教』における一節がそうである。まず、いつものように経験的な個人の人間像をそのまま社会学的観察に当てはめることの批判を宗教の観察についても行っている。そし

第 2 節　神の区別

て、カントが論証において超越論的と経験的を区別したように、宗教に関する問いの経験的人間学議論はしない（不毛である）と言う。しかしさらに以下のように付言するのである。

「これはもちろん、深遠な宗教的結びつき、経験、動機付けが事実としてあることを否定するものではない[182]」。

とはいえ、その個別具体的な個人の例について、宗教研究が経験論的に論じることに意味を見出さないとし、あくまで、それについての社会的なコミュニケーションとしてそのテーマが観察されるのであれば、それは対象となりうるであろう、としている。これに関しては、たとえば、「誰か」の経験した「悟り」の境地についての個別具体的な例を論じることは、宗教についてのコミュニケーションの一般理論とはならないということであろう。

だが、ルーマンが「東洋の瞑想技法によって区別を無くす」という表現を使用する時に、そこにはもはや「観察者」、そして区別は存在しないことになる（これについては第 3 章第 1・2 節の「空」の理論において明らかにする）。その領域ではもちろんこれまで述べてきたようなコミュニケーションは成立しない。「空」という概念で表される状態についてのコミュニケーションが、あくまで模写として可能なだけであろう。

この境地・領域に関しては、「個人的な経験」として指し示すことしか不可能な、ある種の意識体験に場所をゆずるしかないのかもしれない。だが、その帰結に至るまでの過程については、十分に理論的な裏付けが可能である。それは、ルーマンが多大な影響を受けていたニコラウス・クザーヌスの否定神学が目的としていたことそのものからも考察することができる。つまり、指し示すことのできないもの、境地を、あらゆる指し示すことのできるもの（言述）の否定によって示したということなのである。クザーヌスの否定神学は、ルーマンが批判する神の存在論的な問い立てののちに神そのものの全てを無に帰するとするような否定神学の類ではない[183]（本書、第 4 章第 1 節参照）。

第 2 章　ルーマンの理論

　いずれにせよ、何らかの「宗教的経験」があることをルーマンは理解した上で、決して軽んじていなかったことは、幾つかの記述からも明確である。

　例えば、『社会の宗教』の「世界宗教」についての記述がある。あらゆる地域特性や民族、文化などの社会構造的メルクマールを捨象した信仰、ただ信仰のみが重要であるような、「世界（諸）宗教（Weltreligionen）」が現代の宗教の進化において最も重要であるとルーマンは考えていたが、そうした信仰はまさに「個人的な信仰経験」に依存するのである。そうした宗教についての以下の表現にルーマンのその理解が現れている。

> 信仰そのものが信じるに値するものなのかどうかは、信仰経験自体が与える結果なのである。もしこれがあまりにトートロジー的であり、あまりに任意かつあまりに個人に依存しているように響くならば、そういった経験は神の特別な恩寵のひとつであるということが指摘されるであろう。[184]

さらにはこうも付言している。

> あるいは仏教が説くように、現象の世界の基礎、また同様に個人的信仰の基礎は≪空≫であるというところから出発してもよい。その空へとあらゆる区別が埋め込まれるのである。そして、この空は、それを目指す誰もが、常に反省において接近することが可能である。[185]

　これらはまた、個人の信仰体験という観点からも、ルーマンが仏教思想および瞑想「技法」にある種の特別な関心を寄せていたことを示す記述である。つまり、非一元的な「普遍宗教」の可能性の一つとして、仏教に何らかの未来像を見ていたのだと考えられるのである。

　そして、この一連の記述の後に、「世界宗教」をこのように位置付けている。「それはいわば世界社会を先取りし、同時に非宗教的な源泉から生

じうる正当化の可能性を（それとともにもっともらしさをも！）断ち切ったのである[186]」。

　この記述をどのように解釈するかは、まさに読み手の視座に大きく依存するであろう。ここでの「非宗教的な源泉」や「もっともらしさ」という言葉の選択は、もはや本来の信仰とは関係のない強固な組織的権力や教条、あるいは現代の説得性を一手に担うある種の「科学信仰」を示唆しているのかもしれない。いずれの解釈も、これまでのルーマンについての本論の議論に鑑みて不可能ではない。

(b) 西谷の思想に対する理解

　すでに述べたルーマン理論の人間観、心的システムや身体システムなどのカップリングという視座は、実は仏教における個人観と近似している。もちろん、そのシステム理論的な視座は仏教思想を参照して形成されたものではない（少なくともエビデンスはない）。全く別の分野において形成された理論が、仏教思想とそのように親和することを確認すること自体に意義が見出されるのではないであろうか。そのようなことも踏まえた上で、ここで『社会の宗教』に対して西谷啓治の仏教哲学、特に自我に関する考察が与えた影響について考察したい。

　ルーマンはしばしば、重要かつ根本となる論点をあえて註に挿入して、ベールで覆うように示唆的に展開する。西谷啓治の『宗教とは何か』（1984年に独訳）の重要な論点についての言及も主に註においてなされているが、その記述の微細な力点の置き方を見逃すべきではないであろう。例えば以下の一連の箇所にそれは表れている。

　『社会の宗教』第1章においてルーマンはまず、宗教における人格概念は概して人間定義の方法論の切り貼りのようなものであり、論理的に破綻する、と通常通り素朴な「人格概念」批判を展開する。これらは自説の展開のための説得材料にすぎず、宗教をこのような人間観に基づく人間主義によって解釈することは行き詰るはずだというものである。

　その中に「社会学も踏襲してきた伝統的宗教概念は一貫して人間という

第2章　ルーマンの理論

人格的な存在への言及に固執している[187]」という一文があるが、この脚註においてルーマンは、「これに関しては西谷啓治『宗教とは何か』のみを参照[188]」と記しているのである（傍点は筆者）。

また、以下のような根幹となる論点についても、その脚註に西谷をあげている。同じく第1章でルーマンはその理論の主な主張のひとつである、旧来の主体概念から観察者という概念への置換の必要性を論じている。その概念転換のためにまず、「内在と超越」という区別の観点から観察者が意味形成することができるのは内在、つまり経験世界の中においてのみであることを明らかにしている。結果として、それでは観察者はどこに位置しているのかという問題が生ずることをあらためて提示した上で、自己言及の「自己」を観察者とすることの誤謬を再確認する。そして「このように想定していたからこそ、主観哲学は失望することになったのであり、ここでそれを繰り返す必要はない[189]」とし、その脚註において以下のように記しているのである。

> デカルトの懐疑 ―それは思惟する《自我》の自己確定（Selbstbestätigung）の方向で、つまり自己指示（Selbstbezeichnung）によって解消されうる― と、西谷における仏教の《大疑》との区別を見よ。[190]

さらに、仏教が「否定することの可能性を拡大し、存在の根拠をその中に含ませる」ものの、規定されないものから区別された否定不可能な世界を、したがって「無」ではない世界をどのように捉えることができるのか、という重要な問題提起の脚註に西谷を参照のこと、とするのである[191]。

自己の問題は、その規定の仕方において宗教のコミュニケーションの視座の根幹をなすと考えられる。そこで、西谷の『宗教とは何か』における、自己に対する「デカルトの懐疑」と「大疑」との比較を考察してみた

第 2 節　神の区別

い。西谷は、デカルトの懐疑の限界を以下のように指摘する。

> デカルトは、我考う故に我ありのその自明性のゆえにそのうちにそれ以上の問題を認めなかった。そのことは換言すれば、彼が「我考う」をその「我考う」自身の立場で考えるということで満足した、ということである。[192]

　これはすなわち、もし、「我思う」もしくは「考える」ということが自明ならば、その自明性の成立が確かであることを支えるような根源性が必要となってくるはずである、ということである。そしてその根源性の実証を、意識以前の生命とか、あるいは物質、「神」というようなものに求めることはもちろん不可能であると西谷は看破している[193]。

　なぜなら「知るものがそれによって知られるものから発生する」などということは考えられないからである。この場合、「知るもの」は「我」であり、「それ（我）によって知られるもの」とは、それに先立つ根源性となる。それに先立つ根源性を知るためには、知るもの（我）は根源性に先立たねばならない。

　いま一度、別の表現を用いれば、「我思うゆえに我あり」の自己意識は、本来は、「我思う」の場に固定された何らかのものの担い手としての自己にとどまることのないものである。この自己意識は、西谷の表現に従えば、「一層根源的な存在の場を開く」というものであるはずである。そこで、宗教において必然的にあらわれる「懐疑」の意味が問われることとなる。

　しかし、デカルト的自我とは「我思う」の「二重化」を土台としていると、西谷は批判する。

> そこでは主体性は自己自らのうちに閉じた自己として成立してくる。それは自己自身から抜け出られないような仕方で自己自身に縛られている、ということである。[194]

第 2 章　ルーマンの理論

　つまり、この最初の我の懐疑の帰結（デカルト的自我）は、未だ「我」にとらわれている状態であり、その状態に対する懐疑を西谷は「大きな懐疑＝大疑」と呼ぶのである。
　そして、この自己自身の自縄自縛と表現しうる状態から、「二重化」を破って「自己意識」の場を超えて初めて自由となる、ということを説くのが仏教の教えであるとも言えよう。これについて西谷は「大疑はデカルト的自我の破綻にほかならない[195]」と言う。
　しかし、このデカルト的自我の破綻の行き着く先は、西谷も指摘するように、決してサルトルの言うような「無」ではない。サルトルの無とは「自己内在的な無」であり、これは仏教において退けられる「断見の空」にあたる。なぜなら「無」とは、あくまでも有を前提としており、その意味においてはパラドキシカルにしか成立しないからなのである。これについては次の第 3 章に詳しく論じる。

　さて、このようなルーマンの仏教哲学への深い関心と、区別の無くなるところの空に対する理論的なアプローチは、空の解釈の西洋理論的展開という点で様々な可能性を含んでいたと言える。例えば、空の哲学によるあらゆる区別の否定ということは、逆に言えばあらゆる区別の前提のもとに可能となる。すなわち、差異の統一としての「空」である。したがって、すべてを否定することは、そのすべてとともに表裏として立ち現れる相互依存と共に生きることに他ならない。
　このことから、ルーマンが仏教思想の論法に言及する場合、特にナーガールジュナの帰謬法をその代表的な論理学としていたことが推察できるのではないかと考える。その知識がどこまで具体的なものであったかはともかく、本質的にはそのような思惟方法を想定していたのではないであろうか。さらに、帰謬法の論理を用いることによって、スペンサー＝ブラウンの「マークされない空間」を異なった視座で記述することも可能となるような、あらたな理論的地平の可能性を見出していたのではないか、考え

第 2 節　神の区別

ることも不可能ではない。

　ルーマンが仏教について並々ならぬ関心を示していたことを裏付ける諸記述から類推されるのは、仮に『社会の宗教』が完全形で上梓されていたとしたら、もしくは、考察が深まる時間が与えられていたならば、空理論をシステム理論によって独自の記述で展開させることができたかもしれないということである。この推測は、『社会の宗教』の「…宗教的な神秘主義と秘技への関心を吸引力として今ようやく世界中に広まりつつある長い伝統を備えた形式にしろ…[196]」のような幾つかの記述からも刺激される。

　この「長い伝統を備えた形式」とは仏教思想を指していると考えてよいであろう。また、以下の記述も、従来なされているような神学議論、すなわちキリスト教神学の学問的議論に限らず、現代の西洋に輸入されている仏教の瞑想文化を理論的に把握しようとするルーマンの視座の表れとして興味深い。

　　しかし、もしかすると宗教的な宇宙論、神学、あるいは瞑想実践
　　（Meditationspraktiken）のための背景前提は、社会学の側から提案さ
　　れる一般形式の学説から利益を受けるかもしれない。[197]

　つまり、「単なる神秘主義」のようなキリスト教以外の宗教に対する偏見を、このような形で西洋思想的な抽象理論、さらに社会の理論の対象として論じることは双方に資することになる、とルーマンもまた考えていたのではないだろうか。

(c)　キリスト教的コスモロジー批判

　さて、ここで、ルーマンに仏教思想へ関心を抱かせる動機となったとも考えられる、キリスト教的宇宙論＝コスモロジー[198]の論理的瑕疵についてのルーマンの指摘について論じたい。

　宗教をシステムとして普遍的に論じるための様々な準備段階の一つとして、キリスト教的な原罪意識に基づく世界観宇宙観すなわちコスモロジー

133

についてその概念規定の誤謬の批判が、「宗教の分出」及び『社会の宗教』において緻密になされている。

　このキリスト教的コスモロジーには時間概念が重要な要素となる。度々言及される「不可逆的な時間」であるが、これも既に論じたように「不可逆的ではない時間」についてのパラドキシカルな言及である。この時間概念と同時に人間の認知システムの限界についても考慮しておく必要があろう。認知とはシステム作動の際の追加的メカニズムに過ぎない。つまり、システムの作動によって認知が可能となる。そのため、既述のように、システムがはたらいている時点でその外側も同時にすでに「ある」。したがって自らの環境（外側）にどのように自分が適応しているかを認知することはできない[199]。世界がシステムの自己再生産を許容するという前提において、それらはすべて「進行する時間」を随伴して行われるのである。

　これらの「経験」的制約については、超越はその語義の本意において無制約であるために、あてはまらない。このような前提に立つと、経験世界にある、すなわちあくまでも内在の側にある「人間」が、境界の向こう側である超越ひいては「神」について自らの「認知」によって把握することはできない。それにもかかわらず、そのような限界を持つ「人間」が、原罪意識によって常に罪を抱えたまま常に罪を犯し告解と贖罪によって許しを乞うことが求められる。その営為は延々と神の最後の審判の日まで、直線的な時間軸、まさに不可逆的な時間軸に沿って続いていく。その到達点はいつになるともしれず、常に不可逆的な時間次元に押し込めることによって隠蔽されるのである。これらの筋立てを可能とする時間次元の不可逆性はあくまでも内在におけるものである。本来、真に超越するもの、すなわち内在と超越の差異を見通すことができるはずの神ならば、全てのパラドックスの統一であり、「可逆」・「非直線」の時間という区別すら包摂しているはずであろう。だが、上述のようなコスモロジーの「神」はしかし、内在の側の人間によって内在的に、そして恣意的に表象されたある種の「超越」の像なのである。

　このようなキリスト教（教義）的創造神に対する批判から、ルーマンは

第 2 節　神の区別

仏教を神々の許容や教義の解釈を含めた多様化や地域化に寛大なものとして、評価し興味を示す。

　区別を埋める、区別を無にする、区別をしなくなる技法、そのようなものを掲げながら同時に、多様な区別と共存することができる仏教思想に、システム理論の視座としての差異の統一の可能性を見出していたのである。特に現代の高度に複雑な差異の産出とその統一、あらゆる区別を無と見るからこその多種多様な区別そのものの許容、というパラドックスとその統一である。そのように考えれば、「宗教の分出」の中の以下の一文も多様に解釈できよう。

　「統一性は今や差異の統一性なのであり、結果として、パラドキシカルな統一（paradoxe Einheit）なのである[200]」。

　とはいえ、ルーマンが仏教の空観をどこまで深く理解していたかを推し測るには、空についての「区別を埋める」・「区別を無にする」という記述のみではまだ論拠が十分とは言えない。未完のままに残された記述からの類推ではあるが、ルーマンの仏教理解が帰謬法と無（空）、そしてそれと両立する多神教・多種多様な伝承というところまでにとどまっており、伝統的な思惟つまり論理的に緻密な構成を持った仏教哲学そのものにまでは十分に至っていなかったのではないかという指摘も可能である。これについては第 4 章第 2 節にさらに考察する。

　一例を挙げれば、偶発性の定式（Kontingenzformel）[201]として「神」を設定するよりも、構成主義的な出発点から仏教に接点を見出す方が簡単かもしれない、と述べている[202]。興味深い比較ではあるが、このような視点が妥当かどうかについては第 3 章以下の議論からより明らかになるであろう。なお、この部分の註に簡単に『身体化された心』の独訳[203]を参照文献としてあげていることを付言しておきたい。こうしたことからも、また、『社会の宗教』が完全な形で残されたわけではない経緯からも[204]、たとえ十分に検証可能なだけの記述が残されていなくとも、ルーマンがバレーラらの『身体化された心』を比較的綿密に参照しており、それが『社

会の宗教』の内容に少なからぬ影響を与えていたということはほぼ確実であろう。ルーマンが、唯一神に言及しない高度宗教としての仏教に見ていたものは、おそらく、キリスト教的一神教、つまりそれ以外のものを許容しない絶対神と、無神論でありながら多神教的文化を持つものという決定的な違いだったのではないであろうか。

このような仏教解釈が厳密に妥当なのかどうかはここでは問題としない。留意すべきは、唯一絶対であり創造主でありながら人間の罪を罰する畏怖すべき対象という、伝統的なキリスト教教義において一般的に解釈されている超越者について、ルーマンが理論的にも心理（感情）的にも根拠を持つ大いなる疑義を抱いていたということであろう。

(3) ブラフマンについての言及

博学なルーマンは様々な分野の多種多様な、ごくマイナーな文献にまで目を通し、それらについてのメモや考察を有名なカードボックスに整理し膨大な量を所蔵していた。

そのようなルーマンの多岐にわたる参照・引用の中で、インド哲学、特にヴェーダーンタ思想の核である「ブラフマン」についての言及は、例えば以下の著作に見られる。まず、これまで扱ってきた『宗教の分出』、そして、一見意外に思われるかもしれないが、『社会の科学』である。

まず、『宗教の分出』においては以下のような文脈においてブラフマンについて言及している。

ここでは、内在と超越という区別において、内在に焦点を当てれば必然的に超越という意味をその反対側に含意することができるというコードの機能によって、何らかの「本質的なもの」や、存在の議論による規定に依存せずに宗教的な観察が可能となると論じている（ちなみに、ルーマン理論における様々なコード化の中で、この「内在／超越」の区別は、そのほかの部分システムに比してもっとも歴史的なゼマンティクの負荷軽減に貢献するものであるとルーマンは考えていたのではないかと推察される）。

第 2 節　神の区別

　さらにルーマンによればこのようなコード化は実は「出エジプト」からすでに始まっていたのであり、度重なる再コスモロジー化や再モラル化によって常に解釈されなおされるという経緯を経ている。その上で「全体性の中の全体性という表象概念（Repräsentation des Ganzen im Ganzen）[205]」そのもの、宗教、特にユダヤ・キリスト教においてそれの表すような世界や創造そのものの全体性はもはや必要とされなくなる、と述べている。これに関連する聖典の形骸化についての脚註において、19世紀末までのヒンドゥー教の発展と中世ヨーロッパの比較の文献を挙げたうえで、インドにはそうした表象概念「ブラフマン」があるので、このような比較にはコード化の観点で問題がある（したがって、単純比較はできない）、と記している[206]。ルーマンがこの文脈でブラフマンに言及しているということは、インド哲学のこの概念を「世界全体の始原であり表象概念」として、特定の解釈で以て念頭に置いていたということである。

　そして『社会の科学』では統一体として世界を見ることが不可能であることを論じるにあたって、以下の様に言及する。

> さしあたって、伝統的な高度文化のコスモロジーの形式における世界の諸表象（Weltvorstellungen）を想定することから出発する。これは、全きものの中の全きもの（das Ganze im Ganzen）ということの記述を必要とする。そして、こうしたことは意味の付与として現れ、ほとんど例外なく宗教的に理解されるものである。例えばインドの諸宗教では、《ブラフマン》がまさにこのことを示す概念に当たる。[207]

　つまり、ここではブラフマン概念が宇宙論の至上概念として、完全性の中で完全性を表象する概念、すなわち世界の中で世界を表象するものとして示されている。この解釈が果たしてヴェーダーンタ哲学のブラフマン概念に沿うものであるかについては第4章第4節に詳しく論じる。少なくもこの段階でルーマンは、ブラフマンに代表される至上概念は、相対的な世界において定義された絶対性であり、二重化された世界観であって、到

達は永久に不可能な「彼方」の超越性として捉えていることは明らかである。

ルーマンは同書において、「基礎づけ」や「代表（表象）(Repräsentation)」、または「真理」をつかさどる知識的特権としての科学の位置付けのような「包括的全体を表象する権威様式[208]」のあり得なさについて度々言及している。西洋的コスモロジー解釈によるブラフマンを、まさにそうした旧概念の代表と考えていたのであろう。そしてシステム理論の視座によってこのような絶対概念によるコスモロジー的世界観から離別することができるとしている。

つまり、絶対的統一体などというものは観察もされ得なければ、また唯一無二の権威的な真実の姿などとして把握されることなどもない。すべての観察は区別を必要とし、それは常に分割なのである。そうであるならば、どうやって、区別せずにはいられない観察者が、全き統一体などを観察できようか。それが可能なのは、全ての区別の両側にあることができるものだけである。したがって、それは科学（学問）システムの領域ではない、ということになる。

この、表象され得ない全きものの概念についての言及、これがまず宗教（特に「ヘブライ・キリスト教」）において起こったことは、非常に重要であり、それを「評価しても評価しすぎることはない[209]」とルーマンは言う。これは、いかなる意味であろうか。少なくとも、この概念を科学（学問）の領域で扱うことは不可能である。すなわち、科学システムが扱う「真理」とは、完全性としての絶対的な真理性ではないことを論じるためにここで引き合いに出されているのである。ユダヤ・キリスト教における世界に姿をあらわさない「神」、このような包括者とも言える全きものの概念は「超越」である（いうまでもなくその対概念は「内在」である）。『社会の科学』で繰り返し論証されたように、科学システム固有のコードのポジティブ値であるところの真理は、もはや非真理との差異においてのみ観察しうる差異概念であって、そこに超越性の概念を持ち込むことはできない。つまり、宗教における「真理」と科学における「真理」の相違であ

第2節　神の区別

る。それはすなわち科学システムと宗教システムの機能的分離ということになる。それが（ユダヤ）キリスト教において生じたことは、西洋近代の機能分化した社会の様相と、そこに至る歴史的過程を象徴するものであるとも言える、ということではないであろうか。

したがって、ルーマンは超越という「真理」を宗教システムの中で行われる範疇のコミュニケーションであると考えていた。宗教システムのコードの一方の値が超越であるということが意味するのは、「全きもの（das Ganze）」について語ること自体が内在においてでしか可能でないということである。だが、内在の側において超越を論じることは常に以下のような様相を呈するのである。

> 近代世界において、区別は、世界の統一体であれ、絶対精神の統一体に過ぎないのであれ、統一体を見る中で超越されるような、いわば最終の一つ手前の装置ではない。むしろ統一体を指示しようとするあらゆる試みは新しい区別を必要とし、最終目標を再び不可視にする。[210]

ならば、宗教のコミュニケーションとは、絶対的統一体の把握、すなわち超越に到達することなどを目指すものではない。

それは、社会の中で宗教というシステムがそもそも区別されてある・分出しているということによって、そのシステムの側からもう一つの側の環境（社会の中での）について観察・記述するということなのである。「つまり、何らかの類の世界客体が問題になるのではない[211]」。

この「世界客体」については、ブラフマンのような表象概念が可能とする「世界」を想定した表現であると考えることは、これまでの文脈から可能である。もっとも、ルーマンのブラフマン解釈の詳細について、これ以上の客観的な考察を行うに十分な質量の記述がなされているとは言えない。しかし、もしルーマンがこのような世界客体における全きものとしてのブラフマン概念を想定していたとするなら、ヴェーダーンタ哲学の思想

第2章　ルーマンの理論

の解釈としては妥当ではない。ルーマンの批判の対象となっている「存在論に基づいたコスモロジー[212]」、それを代表するものとしての全体性概念と、ヴェーダーンタ思想のブラフマンとその展開としての現象世界とは、本質的に異なっているのである。

　さらに、以上の理解と対比させるために、ルーマンの「神」概念について再び考察しておくことは重要である。上述のような批判の対象となっている全体性の中の全体性としての唯一神、コスモロジーの根源としての「創造者」、もしくは到達不能な超越の彼方にある「神」とは異なる、差異の統一を見渡すものとしての神、これが、ルーマンが記述しようと試みた概念であることはすでに述べた。『社会の科学』においても、このような、あらゆる時において同時に世界を見渡す存在としての神について言及している[213]。システムの観察は常にアクチュアルなものであり、それは常に産出とともに瞬時に消失している、としながら、それらの瞬時のすべての時制を把握可能な観察者がいることの可能性を排除しているわけではない、としているのである。この表現は重要であろう。

　そして、神というものが、存在と非存在、区別されてあることと非区別であることのすべての彼岸として考えられているということに鑑みて、「セカンド・オーダーのサイバネティクスが先駆的研究を扱いたいのなら、認識論よりもむしろ神学にそれを探すべきであろう[214]」と言う。

　つまり、区別され得ないものを観察することができるのは「神」だけであり、それについて研究したいのならば、神学にその示唆があるであろうというのである。ここで示されているのは、やはりニコラウス・クザーヌスの神学である。

　これまで述べてきたような「差異の統一」としての神について、ルーマンは当初から明確な表現で主張していたわけではない。おそらくあらゆるキリスト教的、神学的、社会学的な批判を想定していたのであろう、「宗教の分出」において、その常できわめて婉曲に表現している。これまでの学問神学、その議論の複雑さがきわめられたはずの神学が、「初めて真に

第2節　神の区別

混乱をきたすかもしれないが」、と慎重かつ諧謔的な前置きをしたうえで、以下のように述べるのである。

> 内在と超越の統一の位置を、≪神≫と結びつけることはナンセンス（unsinnig）ではあるまい。[215]

ラールマンス／フェアシュラーヘンは、ルーマンの宗教理論が、神学的な自己観察あるいは自己記述、特にキリスト教の自己記述に明らかに偏っているという批判をしている[216]。ある意味でその通りと言えるこの指摘を全く妥当とするかは、読解の視点に大きく依存する。もちろん、ルーマンの歴史的意味論の概念整理の部分については、古いヨーロッパ的視座の解体のために必要な布石であり、当然キリスト教組織（一部を除き神学）に深く根ざした概念を扱わざるを得ない。そのため一見、キリスト教に特有の概念への注力が目立つ。

しかし、その仕事においてさえも、ニコラウス・クザーヌスを頻繁に引用しつつ、他の高度宗教にも共通する普遍性にまで蒸留するという意味できわめて意図的な試みがなされていた。さもなければ、「宗教の分出」の最も重要な結論部分に「エキュメニズム的な視点」としての仏教思想、特に「区別を埋め込む」瞑想の持つ意味の可能性などについて言及することはなかったであろう。そして、最晩年の『社会の宗教』においてさらにその部分が敷衍されていたことは、すでに言及した通りである。

また、先に論じた道徳と宗教のコードの分別のテーマに関連しても、内在と超越の統一という視座が確かめられる。ルーマンは『社会の科学』において、悪しきものの発生とは、ある統一体の内部においてその統一体を観察するものの可能性の問いに還元可能だとする[217]。つまり「悪」とは内部の観察者に過ぎない、というわけである。こうして、世界内部の世界の観察者および創造の批判者（観察者）の象徴としての悪魔、というようにキリスト教の教義的なテーゼを表現することができる。それに代えて、科学（学問）においてはセカンド・オーダー（あるいはそれ以上）の観察者

第2章　ルーマンの理論

の問題が浮上する。それでもなお相変わらず、観察によって傷つけられる（verletzt）世界という問題は解消していない、とルーマンは考えていた。この verletzten は亀裂・欠損を作るという意味も持つ概念であるが、いずれにしても、これによっての区別は免れないということであり、傷つけないまま・完全なものを完全なままに観察・記述する、すなわち「知る」ことはできない、ということなのである。

　繰り返し確認されているように、外部の立脚点はあり得ない。コミュニケーションにおいては社会から、ましてや世界から出てゆくことなどはできない。出てゆくことができないということは、世界は「知る」という行為の客体にはなり得ないということである。つまり、「知られる」ことはできない。そして、この「知られることがない」というのは、ブラフマンの思想でも同様であり、ブラフマンはまた、善悪も超越しているのである（本書、第3章第4節参照）。

　ここで、さらに上述のルーマンの神概念との関わりにおいて、第4章で扱うブラフマンについて付言しておきたい。インド哲学においてはすべての表象はブラフマンに集約されている。つまりブラフマンでないものはない。その観点に立てば、世界を外から見ることのできるかのような内在からの視座による＜あたかも手の届かない超越＞である表象概念とは、全く異なっている。

　バレーラらによって紹介された大乗仏教や中観派ナーガールジュナの思想も、ルーマンが参照した仏教思想も、歴史的には古代インド思想を起源に持ち、そのヴェーダの形而上学であるウパニシャッド哲学、ヴェーダーンタ思想との関わりを持っている。

　バレーラらとルーマンの理論の背景を踏まえて、次の第3章にナーガールジュナの哲学とヴェーダーンタ思想について論じることにする。

第2節　神の区別

註
1　最も重点を置くのは晩年の思索である。
2　以下にルーマンの問題認識が現れている。
「哲学的に素朴な態度の社会科学は、分析哲学から接触をよりいっそう避けられた。」
Die Wissenschaft der Gesellschaft, S. 7.（略号 WG）。
3　それらの経緯概要については以下参照。
Horster（2005）S. 191 f; Stichweh（2011）, pp.287-309.
4　馬場（2001）、i 頁参照。
5　Luhmann/Strauch（1989）（VHF）.「システム／環境」の概念はパーソンズが導入した。Cf. Parsons（1951）.
6　Ebd.
7　*Einführung in die Systemtheorie.*（略号 ES）。
8　Vgl. ebd., S. 67.
9　Laermans/Verschraegen（2001）, p.12.
10　ES, S. 74
11　*Soziale Systeme: Grundriß einer allgemeinen Theorie.*（略号 SY）。
12　Ebd., S. 30 ff.
13　Vgl. WG, S. 65.
14　これは、自身の構造を持つ操作的なシステムがはたらいていることを指す（WG, S. 64 ff.）。
15　ES, S. 74.
16　Ebd., S. 77.
17　WG, S. 311.
18　「むしろ逆で」あり、不確実性は二つに増える。Vgl. Horster（2005）S. 76; WG, S. 103.
19　これによって操作的に閉じていながら同時に開放されたシステムが作動する。Vgl. SY, S. 602 f. また、oscillation はスペンサー＝ブラウンの概念の援用である。
20　Luhmann（1991）DVD, 25M24S-. Vgl. GG, S. 638.
21　ES, S. 112.
22　Vgl. ebd., S. 113.
23　WG, S. 28. Fn. 29.（337 頁）。
24　Vgl. ebd., S. 30; Cusanus（2001）, S. 3-8.
25　Vgl. ES, S. 115.
26　*Die Religion der Gesellschaft,* S. 202.（228 頁）。（略号 Rel）。
27　この場合、一つ一つの社会システム（部分システム）に対する包括的な Gesellschaft を指す（「全体社会」という訳語がある）。ルーマン理論に馴染みのない読者に対して平易となるようにと考え、Gesellschaft と sozial の訳について、その都度文脈上の必要に応じてドイツ語を付加した。
28　しかし、言語は、すでに言及した「シンボル的に一般化されたコミュニケーション

第 2 章　ルーマンの理論

　　　メディア」ではない。
29　Vgl. Rel, S. 16.
30　SY, S. 112 ff. など。
31　Vgl. Husserl (1922), S.77.
32　Vgl. Rel, S. 17.
33　Vgl. ebd., S. 38.
34　GG, S. 49.
35　Vgl. SY, S. 67 f.
36　Vgl. ES, S. 256.
37　Ebd.
38　Vgl. *Gesellschaftsstruktur und Semantik: Studien zur Wissenssoziologie der modernen Gesellschaft. Band 3*, S. 213 ff.（略号 GS 3）。
39　Vgl. ebd., S. 214.
40　Vgl. ebd., S. 223.
41　Vgl. SA 6, S. 137-146.
42　Vgl. WG, S. 506.
43　Rel, S. 28-29.（26 頁）。
44　Ebd., S. 29.（26 頁）。
45　GS 3, S. 214. トリストラム・シャンディの喩えはたびたび言及される。
46　EM pp.224-245.（346 頁）。
47　本書、第 2 章第 2 節 3、及び第 4 章第 2 節参照。
48　Vgl. Rel, S. 13.
49　GS 3, S. 163.
50　そのように考えれば das Bewusstsein と ein Bewusstsein の分別もまた、きわめて言語的なものであろう。これについては、マトゥラーナ／バレーラによる意識と言語の関連性を参照すれば、より理解が容易となろう。Cf. Maturana/Varela (1998).
51　相互浸透（Interpenetration）。Vgl. SY, S. 286 ff.
52　GS 3, S. 163.
53　例えば、認識論において意識に特権的な地位を提供するという伝統には、一体「誰の意識なのか」という避けようのないはずの問いが避けられている、というような記述にその問題意識が現れている（vgl. SA 6, S. 99）。しかし、例によって明確な表現は回避されている。
54　ひとまず経験的領域においては、超越的な意識というものは不必要であり、意識とは心的システムの操作様態と考えるべきである、としている。Vgl. SY, S. 357.
55　「悟り」の解釈として、この境地は意識のない状態（bewusstlos）であるために差異の観察が不可能なのである、とするフクスの解釈（RS, S. 56）は、たとえ初学者に対しての便宜上の要約表現であったとしても、仏教本来の意味はもとより、バレーラの説明に鑑みても本質的な誤りとなる。しかしこのような誤解は枚挙にいと

まがないであろう。

56 Luhmann/Fuchs (1989). 未邦訳。(略号 RS)。
57 RS, S. 7.
58 Ebd., S. 9.
59 *Die Gesellschaft der Gesellschaft*. (略号 GG)。
60 GG, S. 46. (36 頁)。
61 Ebd. (同頁)。
62 古典的形式論理学。ゴットハルト・ギュンターの Polykontextualität との対置。
63 Vgl. RS, S. 8. トートロジーはパラドックス、すなわち差異によって成り立つことについては、WG, S. 491 ff.
64 RS, S. 9. „Sie sagt, was sie sagt. Sie sagt nicht, was sie nicht sagt."
65 Ebd.
66 デリダの差延（différance）概念に重なる。スペンサー＝ブラウンの再参入の概念との類似の指摘は WG, S. 190.
67 RS, S. 9.
68 Ebd., S. II.
69 Ebd., S. 17.
70 Ebd., S. 13.
71 本書、114 頁参照。
72 RS, S. 13.
73 註 66 参照。
74 *Beobachtungen der Moderne*, S. 212. (略号 BM)。
75 Vgl. PG, S. 145 ff.
76 Vgl. ES, S. 317.
77 Vgl. Horster (2005), S. 43-44.
78 Spencer-Brown (1972).『形式の法則』。
79 WG, S. 374. (438 頁参照)。
80 Vgl. GG, S. 62.
81 WG, S. 93.
82 RS, S. 14.
83 Ebd., S. 105.
84 Ebd.
85 Ebd., S. 15.
86 Ebd., S. 16.
87 Ebd.
88 WG, S. 316. (290 頁参照)。ちなみに、このメルロ＝ポンティの世界観に関してルーマンは、「身体存在」という「主体の翻訳」で対応しているものの、本質は変わらないと指摘している (BM, S. 216-217)。この批判の妥当性には議論の余地があろう。
89 Maurice Merleau-Ponty (1945), p.xi. (17 頁)。

第 2 章　ルーマンの理論

90　Ibid., p.xvi.（24 頁）。
91　ルーマンは「区別」の説明の際にデリダの差延概念に度々言及する。これに関しても時間概念が不可欠であることの説明に引用している。Vgl. GG, S. 598.
92　Vgl. WG, S. 621.
93　科学 science と人文学 humanities というアングロサクソン的区別と、広義のドイツ的な学問 Wissenschaft の区別といった差異にも言及している。Vgl. ebd., S. 482.
94　Ebd., S. 462.（517 頁）。
95　Ebd., S. 367-368.（432 頁）。
96　Vgl. ebd., S. 277, Fn. 8; von Foerster (1985), S. 27-68（44 ff.）。
97　WG, S. 365.
98　Vgl. ebd., S. 718-719.
99　Ebd., S. 371.（435 頁参照）。
100　Ebd., S. 564. さらに、偶然を観察する場合「どのシステムにとっての偶然なのか」を意識しておく必要がある。
101　Ebd.
102　たとえば SY, S. 165 f., S. 170 f. さらに「二重の偶発性（dopplete Kontingenz）」については ebd., S. 154.
103　WG, S. 462.
104　Ebd., S. 472.
105　Vgl. ebd., S. 435.「危機」という概念がそれ自体を表している。これに関してはファンダメンタリズムに対する批判の中にもこのような含意が見られる。
106　Ebd.（494 頁）。
107　Ebd., S. 436.（494 頁）。
108　Vgl. ebd., S. 436 ff.
109　Vgl. ebd., S. 207.
110　Ebd., S. 428.（487 頁）。
111　Vgl. ebd., S. 517, Fn. 79. Cf. Varela (1984).
112　WG, S. 461.（515 頁）。
113　RS, S. 18.
114　Vgl. WG, S. 9 f.
115　Ebd., S. 311.（286 頁）。
116　Ebd., S. 670.
117　Ebd., S. 671.（706 頁参照）。
118　Ebd., S. 646.（682 頁）。
119　Vgl. ebd., S. 330.
120　BM, S. 211. Vgl. Meier (1980), S. 435 ff.
121　BM, S. 211.
122　WG, S. 719.
123　Ebd., S. 315.

第 2 節　神の区別

124　Rel, S. 14.
125　Vgl. ebd., S. 15.
126　Vgl. GS 3, S. 259 ff.; Rel, Kapitel 2.「合理化」や「理念型」はあくまでゼマンティクの問題で、そこには立ち入らないということである。
127　宗教が道徳と結びつけられるようになったのは、宗教が社会の中で分出してからという意味で、比較的後期である、としている。これは聖俗の区別と関連している。Vgl. GS 3, S. 276.
128　Vgl. ebd., S. 288 ff., S. 320.　スコラ哲学、宗教改革、カント哲学、フランス革命を指しているものと思われる。
129　Vgl. Rel., S. 13.
130　RS, S. 10.
131　Vgl. Rel, S. 13; SY S. 593 ff., S. 617 ff.
132　既出の Varela（1984）など。
133　Cf. EM pp.241-242.
134　西谷、155 頁。
135　GS 3, S. 354.
136　この解釈が厳密に妥当するかどうかはともかくとして、ルーマンはそのように理解していた、もしくはそのように表現することに意味を込めていたと推察される。Vgl. Rel, S. 350, Fn. 35.　本書、132-133 頁参照。
137　ES, S. 73.
138　Ebd.
139　Cf. von Bertalanffy (1968), p.11, 248. フォン・ベルタランフィにはニコラウス・クザーヌスについての単著もあるように、その影響は多大である。
140　Rel, S. 28. 換言して "conformity to orthodox practice of writing, and reading" というリチャード・ハーヴェイ・ブラウンの表現を引用している。Fn. 33.
141　Ebd., S. 16.
142　Vgl. ebd. S. 15.
143　Ebd., S. 31.
144　本来、聖書の語義をルーマンはこのように不透明性（Intransparenz）という表現であらわしている。本書、112 頁参照。
145　Ebd., S. 187.（211 頁）。
146　Ebd., S. 14.（10 頁）。
147　Ebd., S. 15.（10 頁）。
148　Vgl. Ebd., S. 307-308.
149　Vgl. ebd., S. 309.
150　Ebd., S. 313.
151　Ebd., S. 314.
152　Ebd. „...noch eine andere, sagen wir: ≫höhere≪, sinngebende Art von Intransparenz gibt," この「高次の何か」とは聖書の語義である。

第 2 章 ルーマンの理論

153 これは「文化現象学的な分析の結果」、他の宗教や文化との比較から必ず到達する普遍的な „Wesen der Sache" のことを示している。Ebd., S. 313.
154 Ebd., S. 12.
155 Vgl. ebd.
156 Vgl. SA 4, S. 249.
157 『老子道徳経』からのこの引用が序文と本文の間に漢文で一頁を使用して挿入されている。Cf. Spencer-Brown (1972).
158 RS, S. 19.
159 BM S. 214-215.（162 頁参照）。
160 この区別は、後期に特に明言されるようになった。
161 Rel, S. 176.
162 Vgl. ebd., S. 181f.
163 これをルーマンは「神」と呼んでいる。
164 Rel, S. 12.
165 Ebd., S. 91.
166 Ebd., Fn. 53. Cusanus (1964). S. 56
167 Ebd.（421 頁）。
168 Ebd., S. 39.（39 頁）。
169 *Soziologische Aufklärung 4*, S. 236. 未邦訳。（略号 SA 4）。
170 Vgl. Rel, S. 155. また、「神」を「証明」しようとすることは、そもそもその証明しようとするものに対する矛盾である、と述べる。Vgl. ebd., S. 163.
171 SY, S. 556.
172 「語ることについて不可能」であることについては語ることができる。
173 Ebd.
174 Vgl. GS 3, S. 296.
175 Vgl. ebd., S. 339.
176 Cusanus (1964), S. 56.
177 GS 3, S. 356-357.（318 頁）。
178 Ebd., S. 357.
179 Rel, S. 350.（467 頁）。
180 Vgl. ebd., S. 307.
181 Vgl. ebd.
182 Ebd., S. 139.（160 頁参照）。
183 GG, S. 897. 原文には „zu den gefährlichen Konsequenzen einer negativen Theologie..." とある。したがって否定神学そのもののことを指しているのではない。
184 Rel, S. 276.
185 Ebd.（313 頁）。
186 Ebd.（314 頁）。
187 Ebd., S. 12.

188 Ebd.
189 Ebd., S. 28.（26 頁）。
190 Ebd., S. 28-29, Fn. 34.
191 Vgl. ebd., S. 37, Fn. 44.
192 西谷、19 頁参照。
193 同書、20 頁。
194 同書、38 頁。
195 同書、39 頁。
196 Rel, S. 341-342.（387 頁）。
197 Ebd., S. 355-356.（402 頁）。
198 この定義はカントの神の存在証明批判の分類によるものではない。キリスト教的コスモロジーはあえて言うならばそれらのすべての複合であり、さらに道徳的な要請としての機能的な「神」もまた含意されていることが読み取れる。
199 Vgl. Rel, S. 44.
200 GS 3, S. 262.（225 頁）。
201 「偶発性の定式としての神」については本書、第 4 章第 2 節参照。
202 Vgl. Rel, S. 151.
203 *Der Mittlere Weg der Erkenntnis: Die Beziehung von Ich und Welt in der Kognitivwissenschaft* (1992).
204 後述のルーマンのカードボックスに関して、最晩年の『社会の宗教』については直接その草稿にアイディアのメモや文献を書き入れていたと述べている（Horster (2005), S. 46)。自らの死期を自覚していたことにもよるものであろう。
205 GS 3, S. 322.
206 Vgl. ebd., Fn. 110.
207 WG, S. 209-210.
208 Ebd., S. 628.
209 Ebd., S. 210.
210 Ebd., S. 718.（752 頁参照）。
211 Rel, S. 282.
212 Ebd., S. 315.
213 WG, S. 104. Fn. 52.
214 Ebd., S. 88, Fn. 31.（74 頁、348 頁）。
215 GS 3, S. 339.
216 Cf. Laermans/Verschraegen (2001), p.18.
217 Vgl. WG, S. 118-121. 特に悪魔と観察者の比較参照（S. 121)。

第 3 章

ナーガールジュナの哲学

第3章　ナーガールジュナの哲学

　ナーガールジュナ Nāgārjuna 龍樹（ca 150-250）は後に大乗仏教の中観派 Mādhyamika を形成することとなった、「空 -śūnyatā-（emptiness, Leerheit）」の哲学を説いた求道者であり仏教思想家である。仏教の祖であるブッダ自身に次ぐ重要な仏教哲学者とされている。その論証法は帰謬法（reductio ad absurdum）である。本章では、西洋哲学の立場からヤスパースの「ナーガールジュナ」を、そして東洋思想の立場から中村元の『龍樹』を取り上げて論じる。

第1節　ヤスパース「ナーガールジュナ」

1　西洋における中観派哲学の受容

　「空」概念は、西洋思想的には「虚無」と、未だに安易にひとくくりにされることが多く、西洋の東洋思想研究者であってもそうした見解をとることは珍しくない[1]。そもそも仏教においても、部派仏教諸派と大乗仏教の間で法の実有性の是非や空の在り方について長きにわたって論戦がなされた歴史がある。空＝虚無という明らかな謬見以外にも、仏教思想の中でも空の理論的な根拠をめぐっては多様な解釈がある。その中で、中観派は空の思想を哲学的・論理的に位置付けたと考えられているが、古代インドでも、中観派を虚無主義として批判的に捉える見解も一般にあった。したがって、「空」そのものの定義のみならず、中観派哲学についても、東洋での評価において必ずしも確定的なものがあるわけではない。ナーガールジュナその人の来歴や著作とされるものについての諸説もまた然りである。

　本節では特に、ヤスパースの「ナーガールジュナ」の記述を中心に、西洋思想における「空」理解の受容を検証し、次節の中村元の『中論』解釈につなげてゆく。

　ナーガールジュナの哲学と中観派全般の扱いは、20世紀半ばまでは、「諸

第1節　ヤスパース「ナーガールジュナ」

学者は混迷に陥り種々の批評を下して[2]」おり、理論や思想として扱うに値するか否か、という論議までなされているような状況であった。それでも、どうにかして西洋的思惟の範疇に収めようとした試みの結果、いくつかの評価・定義がなされている。大別すると、虚無主義（Nihilism）、否定主義（Negativism）、相対主義（Relativism）、唯名論者（Nominalist）などに分けられる[3]。これらを一瞥するだけでも、ナーガールジュナの帰謬法という特殊な論法の、既存の西洋論理学によっては簡単には定義できない謎めいた深遠さの一端を垣間見ることができる。

　中村元は、そうした西洋の研究者の中では中観派を「相対主義」としたロシアのスチェルバツキーについて、『中論』の解釈比較において幾度か言及している。本節で取り上げるヤスパースの解釈についての中村の言及は、ナーガールジュナ哲学を実存主義思想から取り上げたものという紹介程度の簡単なものである[4]。

　ヤスパースは、オルデンベルク、ハックマン、そしてスチェルバツキーやシャイエルによる般若経典や龍樹の著作についての、主にチベット語・中国語からの翻訳・注釈書に基づいて、「ナーガールジュナ」（邦訳『仏陀と龍樹』）を執筆した[5]。この「ナーガールジュナ」は、*Die großen Philosophen*『偉大な哲学者たち　第1巻』(1957)[6]の「根源からの思惟の形而上学者たち」と題された章の一部にあたる。この著作は西洋および東洋の（宗教）思想家・哲学者の思想を独自の視点で選び、それぞれまとめ上げて紹介したものである。そのため歴史的概略や紹介的な性質の記述も含まれている。しかし、本節で論じてゆくように、このヤスパースによるナーガールジュナ論は伝統的な西洋哲学的思考に照らしても手堅い解釈であり、だからこそ、その西洋的思考の限界点にも自覚的であることが見て取れる。その内容には、原文にして20ページに満たない量に対して、圧倒的に凌駕する質を見いだすことができる。

第3章　ナーガールジュナの哲学

2　帰謬法の西洋哲学からの解説

　ヤスパースはまず、「法（dharma）」という仏教特有の概念を、仏教思想における世界の諸秩序として説明する。しかしながら、この「法」が多義的な概念であって、どのようにしても一義的になってしまう翻訳言語では捉えきれないと述べていることは留意すべきであろう。そして、比較としてSeinの概念を引き合いに出していることにも意図が感じられる。

　　ダルマ（dharma）を翻訳しようとしても上手くはいかない。なぜならその意味するところは余りに広範だからである。ダルマとは、われわれ西洋における≪Sein≫のように多様な意味を持つ。[7]

　この「法」を実体とみなすのが、法有の立場をとる部派仏教諸派、特に説一切有部である。法を有るもの（法有）、つまり実在と見なすことによって、われわれは迷妄にとらわれ、その全てに執着することになる。あらゆる「法」にまつわる言述を否定し去ることによってそれらを打破する、それがナーガールジュナの論法である。それは、相手の言表の瑕疵を突いてその論旨を排斥する帰謬法（プラサンガ）である。
　「この思惟の手段（Mittel）はインド論理学が発展させた≪弁証法≫である」。[8]
　西洋の弁証法として括られる範疇のなかに、プラサンガ（帰謬法）が含まれるのかどうかは、あくまでも定義の問題であろう。しかし、本来、西洋哲学で弁証法と言われる論法は、古代インド哲学のウパニシャッドにおいて確立・展開されていた。そのインド思想と古代ギリシアとの思想交流については、中村の諸著に詳しい[9]。分析哲学者であり東西哲学比較研究者でもある既述のグレアム・プリーストなどはナーガールジュナの帰謬法をDialetheism（真矛盾主義）の範疇に入れている。真矛盾主義とは、真・偽が同時に成立する論法であり、無矛盾法に対立するものである[10]。帰謬法に関しては、次節の中村元の『龍樹』の解釈において詳しく論じること

第1節　ヤスパース「ナーガールジュナ」

にする。

　さて、相手の言表の誤謬を指摘して排斥してゆくという論法の根底には、以下の認識がある。あらゆる言表は標識・しるし（Zeichen）を用いて言いあらわされる。そして、その標識によって表される対象もまた同時に含意されなければならない。しかし、その「語る」という行為自体が迷妄の始まりである、ということなのである。

　語る際には、われわれは、その語られるものが、われわれの用いるしるしや名称に合致するものと考えている。つまり、それぞれの標識や名称の違い＝区別が行われて初めて語ることが可能となるのである。

　　たとえば発生と消滅の区別をかなえるためには、まず、名称の区別が
　　《達成》されねばならない。だが、名称をつけたり、区別をしたりすると、われわれは欺瞞にとらわれてしまう。[11]

伝統西洋的思考で考えれば、区別をすることがなぜ「欺瞞」になるのか理解に苦しむかもしれない。このことは以下のように説明される。

　名称と、名称の対象とは同一であると言うこともできないし、異なっていると言うこともできない。つまり、標識である言葉と対象が同一のものであるならば、例えば「火」という言葉が言われたときに、その言葉も燃えなければならない。しかし、そのようなことはない。したがって、それらは同一ではない。だが、対象無くして言葉という「しるし」はありえない。他方で、名称の無い対象を認知することは不可能である。このように考えれば、言葉と対象は異なるものとは言えない。したがって、この二つは同じとも、異なっているとも言えないのである。

　つまりは、言葉をもって語るかぎり、それは実体を持たず、また、名称が対象物の反映ならば、名称は虚構ということになる。虚構によって表象され、区別されるものは、真に存在するものとは言えないということなのである。そして、この解説に続く以下のヤスパースの認識が重要である。

第 3 章　ナーガールジュナの哲学

しるしにおける変容は仮象のものであり、完全なる認識（Erkenntnisvollkommenheit）からはおよそ程遠いものなのである。[12]

これは概念をいかに多様に変化させたとしても、そうした変化自体が仮に姿を変えただけのことであり、本質的な何かの認識の把握には至らない、ということなのであろう。

ナーガールジュナの哲学は帰謬法を駆使して、最終的には、事物の自性性、すなわち自体的な存在（Ansichsein）の否定に至る。なぜなら自体的に存在するものは、原因と条件から生起したものではないが、この世界に存在するあらゆるものは原因と条件からなっているからである[13]。したがって、この世界に存在するものは自体的に存在するものではない。

こうした帰結に至るまでのナーガールジュナの変幻自在な弁論術の駆使を、ヤスパースは以下のように明快に要約する。

そのつど、あるひとつのテーゼが提出されては否定され、あたらしい命題に場所をゆずるが、これもまた否定されるといった仕方になっている。[14]

すなわち、「ありとあらゆる言表が端的に否定されうるし、また、否定されなければならないことが方法的に意識されている[15]」。

このことは中観派の掲げる「空」にまで当てはまる。したがってなにひとつとして普遍的な言表などというものはない。さらには、この帰結にも執着しない。つまり、プラサンガ自体が否定される可能性もあること自体を許容し、いかなる方法論にも拘泥しないということは、この方法論もまた、到達したのちに不要となる手段に過ぎないのである。

ヤスパースは、このナーガールジュナの方法論・思惟を、プラトンの『パルメニデス』の弁証法およびヴィトゲンシュタインの記号論理学と比較し、その類似を指摘している。これに関しては、次の「3　思惟と非思

惟」においてまた言及する。

　さて、帰謬法がすべての言述の矛盾をつき、排斥してゆくその営為の裏には言語表現の持つ、以下の性質がある。
　「どの言表自体にもすでに背理がひそんでいる[16]」。
　この教説に従って語れば、語るたびに常に矛盾を犯すことになる。つまり、矛盾をあえて犯すということ、それ自体が方法論的に意識されるとヤスパースは指摘する[17]。これは、仏教の教師という性質上、常にその教えが矛盾であること自体が教えとなる、という実践的な意味を含意しているのだと解釈することもできよう。この場合の矛盾は教師が一つの講話の中で語ったことが、すでにその内部で矛盾を孕むのみならず、一つの命題の後に述べられた命題がすでにパラドックスであるようなものである。これは、二値論理学的な思考に慣れたものにとっては混乱をきたす教えであるかもしれない。その混乱こそが、この学説に含意されている意図の最初の段階であると言ってもよいであろう。われわれがとらわれている二項対立の次元以上の観察の次元があることを示唆しているとも言える。
　上述のようにあらゆる言表が端的に否定されうるということは、言語および命題の性質に鑑みると、あるものを指し示すと、必ず逆説的な命題をもって終わることになる、ということでもある。

> なぜなら、ここにおいては、あらゆる論理の崩壊は、思考の展開のうちに具体的・積極的（positiv）に提示される洞察に至るための準備ではなく、どこか他のところから満たされる沈黙に至る準備だからである。すべての理由づけはここにおいておのずと止む。[18]

「どこか他のところから満たされる沈黙」とは、思惟の展開によって達せられる「非思惟」の領域に達することであるとヤスパースは言う。つまりそこに達するためのひとつの方法論としての思惟、それが帰謬法なのである。

第3章　ナーガールジュナの哲学

　ヤスパースは、この帰謬法の方法論によって、対立物のいずれかに決する二者択一的思考を断じ、むしろ一切の区別を再び止揚しようとしていると言う[19]。

　ここでは、「再び」という一語を見逃すべきではないであろう。ヤスパースはこの語に、本来、区別のなかった状態についての示唆を込めていると考えられる。あらゆる言表の排斥の後に、思惟が安住するところの「到達すべき点（Ruhepunkt）[20]」などという限界点があるのではなく、そもそも思惟自体がそこで挫折するのである。

　では、方法論として持ち出された、必ず否定されるもの、つまり、打ち捨てられる命運にあるすべての思惟と「考えられたもの（das Gedachte）」にはどのような意味があるのであろうか。

3　思惟と非思惟

　ここで、思惟をきわめるとはどのような営為であり、その後に到達する非思惟の領域とはいかなることか、考察してみたい。

　そのためにまず、「空観はニヒリズムにあらず」ということをあらためて述べておく必要がある。これに関しては、本書で扱っているすべての論者が明言するところでもある。そして、言語の範疇を超える「本来的なもの」について、どのように言語が捉え尽くせないのかということ、それを可能な限り論証し尽くすその方法が、かえって他のものを指示するような逆説的な命題を持って終わるのが常である、ということをすでに確認した。

　しかし、その「本来的なもの」の感得には以下の、こちらもある種の逆説的な道のりが必要とされるのである。すなわち、まず、初歩の段階として聴聞とそして学びが求められる。その過程では、思惟によって「人間の全て（der ganze Mensch）」を捉えようという試みにおいて格闘することが要求される。そして、まさにその過程を経てこそ、求めるものが今なお得られていないことを認識するのである。

第1節　ヤスパース「ナーガールジュナ」

思惟してゆくことでは何ひとつ確定させることはなく、雲散し、混乱し、そして目眩に陥るのである。[21]

このようにヤスパースが強調するように、経験が記述を超えるものであることは、バレーラ、西谷、中村そして限定的ではあってもルーマンにおいても、同様に言及されていることである。これについて、再び先の一節を引用したい。

> なぜなら、ここにおいては、あらゆる論理の崩壊は、思考の展開のうちに具体的・積極的（positiv）に提示される洞察に至るための準備ではなく、どこか他のところから満たされる沈黙に至る準備だからである。すべての理由づけはここにおいておのずと止む。

この「どこか他のところ」とは、包括者（das Umgreifende）を指すと考えてさしつかえないであろう[22]。ヤスパースが一貫して、ナーガールジュナの帰謬法の果てにあるものが虚無ではないと見通していたのは、この包括者概念が根底にあるためだと思われる。

> このような思惟の前提は、何らかのテーゼではなく、思惟の構築物や比喩によって伝えられる包括者なのである。[23]

ヤスパースの「包括者」概念については、内在と超越の差異の統一であるルーマンの神概念との興味深い比較が可能であり、また、ブラフマン概念との親和性も見られる（本章第4節2（3）至高のブラフマンと区別の統一参照）。

ふたたび思惟についてのヤスパースの言及に戻る。

> 思惟は常に転覆を繰り返すことになる。全ての言述にはそれ自体の内にすでに背理（das Widersinnige）を内包している。言述は必然的に

第3章　ナーガールジュナの哲学

自身を止揚するものとして把握されるのである。この自己止揚こそが、真理を目覚めさせることの可能性なのである。[24]

　これは一体どのようなことであろうか。真理の追求に当たって、われわれは思惟する。まず、「真理を追求する」という思惟をするのである。真理という概念についての思惟がなければ何も始まることはない。その意味においては、思惟するという事から始めるより他の選択肢を持たない。すでに述べたように、思惟は常に二者択一的な思考をさらに止揚しようとする働きを経る。しかし、考えられたものは、「考えたもの」を必要とするために相対的なものである。したがって、それは絶対的な真理ではない。そして、繰り返されるそのような営為＝思惟によって、あくまで「考えられたもの」であって本来真理ではないものを通したうえで、その止揚を超えて、ひとつの到達点が開ける。それは、そこにはもはや「考えられたもの」ではないものとして真理が自身を明らかにするという道が示される、ということなのである。

　　思惟することによって、思惟されたもの、つまり法（dharma）に縛り付けられるということになる。これが、われわれの苦悩に満ちた存在への落下の原因なのである。[25]

　別様に言えば、思惟するもの、すなわち自我の発生による束縛でもあり、自我こそが「われわれの苦」の原因でもある。これは原初から仏教思想の根幹である。
　しかし、その苦悩の原因に思い至ることにより、かえって思惟を極めつくして、その限界を知る、すなわち迷妄の道筋を逆に辿って源に戻ることの方法の意味について、ヤスパースは以下のような独特の表現をする。

　　しかしながら、この同じ思惟を逆の方向へ向けることによって、思惟されたものは再び解消される。[26]

第1節　ヤスパース「ナーガールジュナ」

　ナーガールジュナの論法は、西洋論理学的に考えれば場合によってはほとんど詭弁やナンセンスの域に捉えられるような展開をする言述を多く含むが、そのことについて、ヤスパースは以下のように透逸な解釈を加えている。

　　ナーガールジュナは、思惟できぬものを思惟し、言うことができぬのものを言う。彼はそれをわかっており、その言われたことを取り消そうとする。[27]

　そして、その論法の中の「明らかな論理的な誤りは、部分的には論理的欠陥からなっていて、それは訂正可能なのかもしれない。しかし、他方では、これらは論理的必然性から成っていて、それは、不可能なこと、つまり絶対的真理を言葉にしたいということの結果生じたものなのである[28]」。
　別様に言えば、絶対的真理は現表できない、まさにそれゆえにこそ明らかな論理的誤りを含む言表が必然的に書かれる、ということであろう。

　ヤスパースは、ナーガールジュナの論理をプラトンの『パルメニデス』第二部及び、ヴィトゲンシュタインの現代記号論理学に対比させてその類似性を指摘している。だが、ナーガールジュナの短くも不透明な著述の論理的誤りを突いてゆくことは、プラトンの『パルメニデス』の比較にならないほど論理的に緻密になされた思惟の検証と同じ程に、西洋人にとっては苛だたしい作業であろうが不可能ではない、と西洋人特有の論理的思考の傾向を汲んで表現している。
　それでもなお、「インドのそれらの不透明な諸テキストを通じて、その論理的になされたものが、瞬間的にのみ完全なる明快さにおいて立ち現われる[29]」からである。
　しかし、プラトンにしても、ナーガールジュナにしても、こうした論理学的な骨折りは、逆に、その意味を問うことにある、ということをヤス

パースは看破していた。そのどちらにしても、論理的欠陥の指摘はいかようにも可能でありながら、本意はそこにはないということを読み手が理解していなければならない。

そして、西洋的思惟を最も透徹した論理にまで突き詰めることの可能性について考えてみても、やはりこの様な結論に至ったのであろう。

> 最も純粋で誤謬のない思惟が、思惟そのものをその挫折の限界にまで導くこととは一体どのようなことか、ということがいくらかでも感じられるのは、ヴィトゲンシュタインのみではないかと、私は思う。[30]

これは、積極的に捉えるならば以下のような控えめな展望ではないだろうか。

つまり、思惟は、必ず限界を迎え挫折する。それを知るためにこそ、語りえないものに至るまで語れる限りをきわめること、その特殊相について言語の明確さの限界を尽くすということ、そういった試みも、不可能ではないかもしれない。そして、少しでもそれに近いものがあるとしたら、わずかに『論理哲学論考』のみではないか、ということである。あらためてわれわれ人間の思惟の拙さを思い知らされるところである。

いずれにしてもナーガールジュナの論理の論理的誤謬の指摘は、常に何らかの仕方で可能である。われわれはとかく西洋的思惟の伝統に基づく比較で説得性を獲得しようと努める。しかし、こうした比較の土台がいつでも転倒可能なのは、前章のルーマンの科学理論ですでに扱った。のみならず、記述の背後にある視点がそもそも本質的に異なっていることに気づかれると、比較自体が砂上楼閣となることは常にありうる。

インドの聖典は、西洋的観点から見れば不明瞭で明晰ならざる比喩表現や論証手法によって、非論理的・不合理であり、思想のテキストとして扱うこと自体に対する根強い抵抗がある。それは20世紀後半においても決して珍しいことではなかった。しかし、その独自の論理的営為は、その営為自体でもって、それ自体の意味を問う。

第1節　ヤスパース「ナーガールジュナ」

このような意義において、テキストの明晰さを競い合うような今日的議論についての批判的意図を込めてヤスパースは以下のように述べている。

> インドの聖典の、その不透明さにもかかわらず深遠であることは、単なる明晰さ（Helle）であって空虚な戯れの域を出ないような、今日考えうる明るさに対して自省の大いなる刺激となりうるかもしれない。[31]

ヤスパースはおそらく諸概念の換言の循環とも呼べるような冗長性に満ちた現代の学問的議論に考えるところがあったのではないか。

これは、「小乗」仏教の法有の立場における事細かな「法のあり方」についての定義や具体的な諸規律に関する議論を、ナーガールジュナが「戯論」と一蹴し鋭く論破したことに比べると、微細で静かな呼びかけではある。しかし、それゆえにきわめて浸透力のある示唆である。

> 真の思惟の意味は、展開する思惟から、思惟ではないものへと回帰することにある。[32]

換言すれば、思惟は、まさにそれ自身の限界を示すためにあるという意味で、重要であり、また非思惟の領域に回帰するために有用かつ必要なのである。これは、キリスト教の否定神学の方法論の根本であるとも言える。

思惟しうるあらゆるものを否定することによって、それ以外のものを指し示すという方法とは、言語の限界を用いあらゆる指し示し可能なものを否定することによって、指し示すことのできないものについての輪郭を表そうとすることなのである。

それでは、その非思惟は果たして自己自身の存在も含めた「無」、虚無なのであろうか。ここで到達されるものが「空」であるなら、空はまさに「何もない状態」＝空虚ということになってしまうであろう。しかし、中観派自体、そして現代に至るまで数多の仏教思想が否定しているように、

163

第3章　ナーガールジュナの哲学

空は無ではない。空を無とする見解は、仏教諸派の大勢において、「空見」として退けられている誤った見解である。

　これは、いわゆる「空見の謬見」であり、ヤスパースもその背景とともに説明している[33]。これはつまり、論理や認識によって到達可能な確固たる「真理」への執着の裏返しとしての、「無」の安心（全く何もかもが無である）という帰結にしがみつくことである。そしてその帰結に寄りかかり、生存をなきものとみなすことが執着の根源の排除になると主張するが、それこそが一種の執着の表現であり、そうした見解は、空の本質を全く見誤っているのである。さらなるヤスパースの空についての記述については、次の4「空性」で再び論じる。

　それでは、そこに至ると思惟はどのようなものとなるのであろうか。

> 論理は論理によって破壊されるべきであり、それによって思惟もまた仮象であることが証明されるべきである。何事も証明し得えない、というよりもむしろ何事も主張することができず、そして何事も主張しないこともできない、と証明されるべきなのである。[34]

　そして、すべての言説は打ち破られるのみならず、仮象であることが明かされる。その背景はもちろん、さらなる主義主張を持ち出そうというものではない。すなわち、さらに「戯論」を触発しようというものではないのである。この場合の戯論は、通常の空虚な議論のための議論を意味している。しかし、一方で、戯論は本来、仏典では形而上学的議論を意味するprapañcaの訳語に当てられているものである。戯論と訳され、通常の意味に解釈されると否定的な価値観の意味合いを帯びるが、興味深いことに、インド哲学一般としては「世界のひろがり」を表すという[35]。そのような含意を以って、戯論が止む、という意味を考えると、また意義深い示唆が得られるのであるが、これは本書においても重要な意味を持つので、本章第4節において再び言及する。

第1節　ヤスパース「ナーガールジュナ」

　さて、上述の、何事も証明されえず、主張されえないということ、このような排斥による論破は、表面的には勝ち誇った破壊性のように捉えられるかもしれない。しかし、ここには以下のような、本来の意図がふくまれている、とヤスパースは仏教思想の深層に繋げている。

　　存在ならびに非存在に関する一切の言表を止揚して、争いのない境地に達するべきであるということである。あらゆる思惟のそれ自身の否定は、あるほかのもののために解放する（freimachen）ことでなければならない。[36]

　あらゆる思惟の自己否定、すなわち、思惟が止む時に可能になるのが、「あるもの」への到達であるが、先に述べたように、ヤスパースはそれを彼の主要概念である包括者（das Umgreifende）とする。
　ここに到達する意識状態は、瞑想やヨーガの技術を必要とする、とヤスパースは考えていた。これはバレーラやルーマンも同様に言及するところである。西谷においても、中村においても仏教思想の文献には必ず「個人的な体験」の領域についての記述があり、その領域に達するためには、ある種の神秘主義的な技術や方法論が必須とは言わずとも、有効であることが示されているのである。しかし、その「技法」も、あくまで、ヴィトゲンシュタインのいわゆる「梯子」[37]に過ぎず、最上階を上り切ったならば、捨てられねばならない。
　さらには、ルーマンの表現を借りれば、他のあらゆる区別同様、手段である梯子の存在そのもの、例えばあらゆる方法論や言語論理も、「埋め込まれていく」命運にある、とも言えるのではないか。
　とはいえ、ある特殊な意識の状態でなければ思惟が止んだところに到達できないとすること自体に対しては、ヤスパースは消極的な否定を付け加える。「けれども、この、ほかのもの（dieses andere）は普通の意識の状態に対しても開かれている[38]」と。
　この「普通の意識の状態」が具体的にどのような状態を指し、逆に普通

でない意識状態とはどのような技法の結果を指していたのかについては、明確な記述はない。しかし特殊な、場合によっては仰々しく珍奇な経験的手法が必須であるかのような誤解もまた、戯論の具体化された一種であることを示唆しようとした、と考えることもできるのではないであろうか。

そして、「ここにおいて、空が現前する[39]」という一文につながる。思惟が自らの限界において止まるときに、あらゆる対立が霧散する。その境地において初めて空が現れるのである。

それでは、この空を見ることが最も重要な境地であるとするなら、諸論の喧騒の中で人間の経験を可能とする現象の世界には、どの様な意味があるのであろうか。それについてのヤスパースの見解は以下の様なものとなる。

> 諸事物は、言述不可能な、しかし、完全な確信を持って経験されるもののために、存在と非存在の間を彷徨う。[40]

もちろんこれは、字義通り諸事物が彷徨することを意味しているのではない。諸事物なるものが単独で存在しているのではない、ということが、本書で取り上げている諸思想の一貫した態度である。この「彷徨い」は、意識の状態の揺れ動きを指すと思われる。それでもなお、「完全な確信を持って経験されるもの」があることを認識する揺るぎない意識があることをもまた、表しているのではないであろうか。

これは、あくまで常に相対的なものであって否定可能な思惟を持ちながらも、その思惟そのものを可能ならしめている通常の意識と、それを俯瞰する意識とを同時に持っていることを表現しているとも考えられる。また、別の視座から表現すれば、現象の虚妄なることを知りつつも、生存の事実をもまた認めていた、とも言える。

ここで到達される包括者は言い表すことができず、経験的存在ではないということ（ましてや「心理学的」な問題でもないということ）、これがすべての中道的言述の核心であることがヤスパースによって見抜かれている。

第1節　ヤスパース「ナーガールジュナ」

あらゆる言語表現の否定としての中道の目指すところが、すべてを虚無に陥らせるような種類の実存主義ではなく、言語表現不可能な包括者である、という帰結である。「梯子を外した後」にどの地点に到達したのであるかによって、この二つの帰結の相違があるのかもしれない。

　すでに言及したように、これまで述べてきたこととの類似点がキリスト教の否定神学の方法において見られる。同じくヤスパースの著作『ニコラウス・クザーヌス』の示唆に富む解釈を参照して以下に触れておきたい。
　キリスト教においても、神については表現し得ないからこそ、無限に多くのことが神について語られる。その結果、いかなる言表も「一なるもの（unum = das Eine）」には当てはまらないとクザーヌスは帰結させる。なぜなら言表そのものが、分割でありすでに「二」であるがゆえに、である[41]。けれども、それを知るためにこそ、様々な説明がなされる。つまり、その様々な説明とは、まさに様々に説明しないために、様々な表現を否定するという方式なのである。
　クザーヌスが「一なるもの」という概念を用いても、それについての形而上学的体系を表そうとしたわけではない。プラトンやカントなどと異なり、クザーヌスやスピノザ、そしてナーガールジュナなどの哲学者をヤスパースが「根源から思惟する形而上学者」と分類するのはそのゆえである[42]。クザーヌスがこの概念を用いたのは、逆の意図によるものなのである。例えば「一者」のような概念（Begriff）によって、それを捉え（begreifen）尽くしえないこと、換言すれば、それはいかにいかなる表現によってもつかみえないかを指し示すための契機として持ち出されているに過ぎない。
　これは、「一なるもの」なる表現が不十分であり、他の表現に代替されるべきであるという主張なのではなく、いかなる表現も不十分である超越についての、否定神学の表現なのである。
　いかに限界まで行っても思惟によっては捉えられないもの、その裏側には、非思惟が見え隠れする。

第 3 章　ナーガールジュナの哲学

　このように考えると、知を極め尽くすことと、知と無知のうちに埋没せしめることに相違はない、ということになるのではないであろうか。

4　空性　die Leerheit

　ナーガールジュナの「空」概念について、西洋ではいまだ虚無主義の解釈が一部に根強くあるという。それに対して、反本質主義（anti-essencialism）または構想主義という見解の提案がなされるなど議論は続いており、評価は一定していない[43]。もっとも、本書で言及したような稀有な例外である西洋の哲学者、インド学者は、時代を超えて、こうした全般的な学問的傾向の議論とは異なる地点で著述していると考えられる。

　そもそも、たとえば上述の虚無主義や、構想主義といったカテゴリーの定義そのものに議論の余地が認められるであろうし、何より、こうした既存の西洋的カテゴリー（慣習的にそのように捉えられている、という意味において）に収めることの意味自体を問うてもよいかもしれない。

　しかし、西洋哲学の伝統的系譜も背景に持ちながら、強引に既知の類似のカテゴリーに当てはめることもなく、ヤスパースによる空の概念の要約は以下の様に非常に的確である。

　まず、空の無自性、中道について。

> 事物が自体的に存在するもの（an sich seiend）、本質的に存在するもの（wesenhaft existierend）と見なされるならば、それらは無根拠（grundlos）で無制約（bedingungslos）であり、したがって、原因・結果、行為・行為者、発生・消滅がないことになる。事物が非存在（nicht seiend）と見なされるならば、幻術のような仮象（Zauberschein）以外の何ものもない。この両者を向こうに見て、ナーガールジュナは事物を空性（Leerheit）において見る。事物は恒久の自体存在でもなく、無でもない。存在と非存在の≪中道に≫それらはあり、しかしながら、それらは、空なのである。[44]

第1節　ヤスパース「ナーガールジュナ」

さらに、空の相互依存性、つまり「相依って生じる」ということについて。

> 一切のものは同時にあるとともに、無くもあるように、お互いに関連づけられている。[45]

この一文では、空の相互依存性と、中道の視座、そして空観が虚無主義ではないことのすべてを言い表している。

また、ヤスパースは、カテゴリーを用いて、空について西洋的な解説をしていることが興味深い。いかなるカテゴリーも、世界のどこかには必ず妥当性を持つのだから、具体的にどこに妥当し、どこに妥当しないかを問うのではなく（そもそもそれを確定することが可能なのかという問題があることも視野に収めつつ）、見渡せる範囲において反駁する方法論を取ることができる。それによって、明らかとなるのは以下のことである。つまり、特定の点における妥当性は常にいずこかにおいては当てはまるが、そのことは同時に、すべてに妥当する絶対的なものではないということを意味している。したがって「絶対的なカテゴリー」などというものは容易に反駁されうる、ということなのである[46]。

さらに、ナーガールジュナの言う「非存在」を「仮象」（Schein）概念を用いて説明することによって、その性質をよりわかりやすく指し示すことができる。

つまり、事物が非存在（仮象）であるとするならば、仮象に名づけることによって操作する「何者か」も存在せず、したがって誰も何も論じることもできず、仮象が「不可思議なもの[47]」となる。それにもかかわらず、「仮象」についてこのように記述することができているという事態を、誰も説明できないということが、このヤスパースの表現に含意されていることに留意したい。

さて、上のように考えるなら、事物は、自性とは言えず、また仮象でも

第 3 章　ナーガールジュナの哲学

ないものとなる[48]。つまり、必然的に以下の帰結を見るのである。

> 事物は、恒久の自体としての存在（das ewige Ansichsein）でもなければ虚無（Nichts）でもない。それは存在と非存在の≪中道≫にあるということになる。しかし、それは空なのである。相互依存的に発生しない法(ダルマ)は何一つとしてない。それゆえ、空ではない法などはない。[49]

　すべては、中道にある。つまり是非のどちらかに決しなければならないという態度によっては、空を見ることはできない。したがって、この世界の法の何たるかを知ることもできないのである。二者択一に執着する「一方が真であるならばそれ以外のものは無意味である」というような見解に執するうちは、人は、「覆われた真理（die verhüllte Wahrheit）[50]」の中にあるとヤスパースは述べる。つまり、自らの眼に覆いをしたまま、事物を見通し、それについての思考をおこない、それは事物の真理に導くものであると思い込んでいることを指すのであろう。そして、これらの見解に「どっしりとしがみつく」人は、ブッダ（真理を見通す人）を見ないのである、と言う。空の依存的発生を見る人は、それに対して、苦しみの発生を見、その破壊を見、そして道を見る。それはあたかも、「人が、眼を備えて光の輝きを通してさまざまな現象の全てを見るかのごとくである[51]」。

　ヤスパースが西洋哲学の伝統的思惟も駆使しながら、この様な純粋論理的な視点を超えた仏教哲学の理解を示す表現をしていることは、注目に値する。

　先述のように、中観派をニヒリズムとする見方は、西洋の学者のみならず、仏教各宗派にも根強く存在した。しかし、この「ナーガールジュナ」の第二節「教説の意義についての議論」において、ヤスパースは中観派をニヒリズムとすることの誤謬をはっきりと指摘している。興味深いのは、バレーラや中村の論証の方法とはまた異なり、中観派哲学の教説の真意から考えて、虚無主義とはならないであろうという言述から出発し、終始それを主たる論拠としている点である。

第 1 節　ヤスパース「ナーガールジュナ」

　このような教えは通常、否定主義やニヒリズムと呼ばれる。しかしそれは間違っている。なぜなら、この教えにおいては、まさしく本来的なものが探し求められており、そして、その本来的なものというものは、それ自身の意味そのものからして、学説となりえないものだからである。[52]

　この、「本来的なもの」が何を指すのかについては、最も単純に考えれば「包括者」と言うことになるであろうが、包括者概念をここではあえて用いなかったことには意味があると思われる。とりあえず、ここで重要となるのは、そもそも本質的なものを求めていること自体、そのような思想がニヒリズムのはずはあるまいと言うことを、ヤスパースが理解しているということであろう。
　もちろん最終的な到達点として、バレーラや中村（次節参照）も同様の立場にいたことは明らかである。しかし、西洋哲学の背景、すなわち全てが言語より始まり、言語において終結することを葛藤しつつも追求してきた歴史を背景とする、そうした思惟の土壌に生きた哲学者としてのヤスパースがこのような結論から出発することの意味は大きい。
　そして、さらに仏教及びインド哲学用語のマーヤーを用いて、以下のように世界について付言する。

　マーヤー（幻術）とは、世界を幻術による仮象と比較することである。その比較は、存在の展開（Seinsentfaltung）などというものが恣意的で、無内容（Nichtigkeit）であることを表現するためのものであって、世界のリアリティを否定するためのものではない。[53]

これは明らかな虚無主義の否定である。さらに、この様に明言する。
　「現存在（Dasein）の否定ではなく、その虚妄（Unechtheit）を示したのである[54]」。

すなわち、空性は、生存の否定を目指したのではなく、生存として把握される現象が自性ではないことを示そうとしたのである。

一般に、西洋的分類は常に「外界の実在に関する問題」を志向しているので、中観派についても「外界も内界も現実の独立した存在としては認められないとするものである」と理解して類型化することが多い。

仏教の諸学派の見地は、西洋的な認識論的類型化が一見可能であるが、事の本意はそうした比較哲学の表面的な説得性にあるのではないことをヤパースは理解していた。そしてそのようなすべての論述をこのように片付ける。「これらはすべて、この際哲学的に扱われたものの合理的な残滓、廃棄される副産物を示しているに過ぎない[55]」。

この「哲学的に扱われたもの＝起こったもの」の本質は、言表可能な学説（教説）の中のひとつの立場として表現することはできない。

つまり、「積極的に言いあらわせる内容という意味での一切の知識はかえってむしろ執着に他ならない[56]」ということになる。それは、その知識を主張する自我を必要とするからである。自我・我執ゆえの苦悩に対する対処法はしたがって、以下の様になるであろう。

> 救済法は一切の知識、一切の可知性、一切の見地を分断・解消することである。[57]

それでは、それらの戯論の解消ののちに現れる空によって、どの様に共済されるのであろうか。

> すべての現存在（Dasein）の事実性が空性であるということは以下のような確かな存在（das positive Sein）へと導かれる。つまり、そこから世界の展開への下降の中で、俗的なものと苦悩が生じ、そしてそこへとまた帰還するようなことが起こっている、確かな存在なのである。[58]

第1節　ヤスパース「ナーガールジュナ」

　これを、仏教概念の涅槃と呼称するか、ウパニシャッドの定義するブラフマンとするのか、その指し示すものの言語・文化的背景の違いを云々することはここにおいては意味を持たないのかもしれない。いずれにしても、仏教思想にとどまらず、ヴェーダーンタ思想におけるブラフマンとその展開としての世界の同一性のような思想にヤスパースが深い造詣のあったことが上の引用から読み取れる。
　さて、こうした知恵に到達した者が覚者（der Erkennende）と呼ばれるのである。無知の知は自らがこのような完全智に到達していないことの認識を示すものと言える。真の知恵の何たるかがわからないものは迷妄にあることもわからない、のである。たとえ、その最終的な境地に到達していなくとも、これまでの議論の様に単なる知識・思惟の挫折するところを知る者は、無知についての智者である、と言えるのであろう。
　また、上の引用文以外にも、ナーガールジュナの哲学とヴェーダーンタ思想との関連がヤスパースの考察の念頭にあったことを示すさらなる記述がある。

> 哲学的に実践された論理的な弁証法の目的の一つは否定的なものである。つまり、そうした可視的なもののうちにおいての、つまりわたしに対峙してある何かほかの客観的な存在に関する知としてのすべての形而上学を否定することである（ヒンドゥー思想体系にすでにあったように）。そして他方は肯定的なものである。すなわち、思惟を通して思惟以上のものであるために、それ自身は非思惟であるような境地における、完全なる知（die vollkommene Erkenntnis）の獲得というものである。[59]

この場合の「わたし」とはヴェーダーンタで言うところの個我（jiva）であり、それに対して何か客観的に論理的解明可能である存在についての形而上学などと言ったものの否定を指していると思われる。ヴェーダーンタ思想では、個我は最終的に解消されるべき無知（アヴィディヤー）の我

173

第3章　ナーガールジュナの哲学

として認識されるのである。これについては、本章第4節のインド哲学との関連においてあらためて論じる。

5　東洋と西洋の自己

　自己と世界をいかに規定するのか、「自己」というものがあるとして、それをどのような位置に置き、どのように扱いたいのか。これらが西洋的思考によって仏教思想を理解しようとするときに、受容であろうと拒絶であろうと決定的な尺度となるであろう。

　ナーガールジュナに関する論述の最後（これはシリーズとしては未完に終わった『偉大な哲学者たち』の著作そのものの結末ともなるのであるが）に、ヤスパースは、東西の世界観を比較し、最後にそれぞれの間の思想的「隔たり」について洞察している[60]。

　例えば、十二因縁などの仏教の法の理論（特に説一切有部の）と、カントのカテゴリーとの類似を取り上げたのちに、ドイツ観念論との決定的な背景の相違を指摘する。これらの因果形式や範疇は、カントにあっては、経験可能な境界内において世界認識が真なるものとして実現していることを表すためのものであり、後継の諸観念論者にとってはこの構造そのものが神の思惟の現れであった。他方で仏教思想においてはこの現象は仮象であり、この世界の認識自体が根本的に誤りなのであって、それに執着した行為というものが迷妄であり、断念すべきものである、となる。この仏教的視座の解釈に関しては、厳密には正確ではない。もしくは、言及が不十分なので、さらなる注釈が必要であろう。このままでは現象世界が一切幻であって、仏教徒はすべて、この世界に生きることの意味も全く無いと考えるかのような虚無に捉えられられることになる。しかし、ヤスパースが仏教をそのように理解していたわけではないことは、先の4「空性」における議論から明らかである。

　とはいえ、上述の両者、ドイツ観念論と仏教思想の理論のどちらもが、ある側面から見れば妥当であり、また異なる側面から見れば妥当でないと

174

第 1 節　ヤスパース「ナーガールジュナ」

言えると考える。あえて付け加えるならば、悟っていない（nicht erkennend）迷妄に囚われた意識のままで、超越的な思惟について言及すること自体が、仮象に過ぎないと言えるのかもしれない。この問題については、ルーマンのブラフマンに対する言及や、超越を語ることが不可能であることなどの議論に関連するであろう。また、仏教思想において現象世界が全くの仮象と捉えられるのかそうでないのかは、次節の中村の『龍樹』の解説において、明らかにしたい。

　さて、自己の成就についてヤスパースは、仏教思想では空を見ることによって、つまり世間の克服（解脱とも言える）によってなされるところを、西洋的理性においては自己自身の存在を世界の歴史性の中に置き、その中において成されるとしている。そして西洋的理性はその基盤を超越との結びつきとそこから得られる自由においていると述べる。この比較のみを参照すると、空と超越が並置されているか、または、仏教思想においては空を超える概念は無いかのように理解されかねないが、そうではないことは 3「思惟と非思惟」において既に言及した。

　「ナーガールジュナ」の最後に書かれている上記の東西の歴史的比較や、世界と自己の「隔たり（Distanz）[61]」についての東洋的な見方についての記述は、ヤスパース自身の哲学が深く現れた空性や非思惟に対する解釈よりも、どちらかと言えば西洋に伝統的な思考に見られるであろう東洋観を客観化したもののように見受けられる。

　西洋においては、東洋のように狭義の自己自身（《 ich selbst 》）を解き放つことを目的とするのではなく、反対にすべての起点をそこに置くことによって、世界や本質をその自己自身に対してどのように位置付けるかを模索し続けるものである。対象化するか、同一化するか、常に正反合に巻き込んでゆくか、どのような方法にしても、いずれにしても自己自身は常に揺るぎなきものとして掴み続ける、そうした伝統的な西洋的営為である。どのような概念、定義に置き換えようとも、そしてたとえ虚無へ陥ってでも（それはすでに見てきたように自我の裏返しであるから）、自己を放棄することはない。東洋思想の自己との対峙の仕方との比較を行う上で、読

み手のそのような土壌を十分に考慮しておく必要があることをヤスパースはよく認識していたのではないか。

たとえばインドの聖典『バガヴァッド・ギーター』[62]の無執着の行為の例を引き、行為を行いつつも自我はそこには関与していないという状態を以下の様に説明する。

> バガヴァッド・ギーターにおいて、戦場の戦士が、荒々しい行為に携わりつつも、行為に意図を以て参与せず、どちらでも良いという状態に留まる（in Gleichgültigkeit ohne Beteiligung bleibt）というような考え方、劇において義務的行為を遂行するという考え方、最も激しい行為を無為であるかのようにみなすという考え方である。[63]

ヤスパースはこれに類似する西洋の例としてエピクロスやパウロを挙げている。このことが意味するのは、いかなる行為も行為そのものが無意味であるとか、すべては夢幻の虚無であるというような、ともすれば表層的な虚無主義や「危険」な非理性的行為を推奨するなどということではない。このような誤解に対する心配は、ヴェーダ、ヴェーダーンタなどのインド思想の土台を以てすれば言及するまでもないはずである。だが、西洋思想において紹介するには、慎重に順序立てた解説を要するのである。

そして、ヤスパースはここで、一つの比較対象としてニーチェの例を挙げる。ニーチェにとっては自己に対する隔たりは、つまり魂を受け入れていることなのである。それに対して仏教徒やナーガールジュナにおいては、世界に対しての無頓着が、同時に自己の消滅に至らしめる。したがって、こうした「隔たり」は自己自身からくるのではなく、超越的な現実（Wirklichkeit）に由来するのであり、これはもはや自己自身とは呼べないものである、とするのである[64]。

このことに関して、仏教思想における「無我」のさらなる理解が必要とされよう。

仏教においては現実世界の自己（アートマン）の存在は否定されるかも

しれない。しかし、それは真の自己（普遍我＝パラマートマン、究極的にはアートマンと同義）というものを否定しているわけではないのである[66]。とは言ってもその真の自己は空のコンテクストで語られるものではないということが重要であろう。それは、縁起によって生起したものでもなければ、縁起の中で見られるものでもない。であるとするならば、それは自性ではないもの（nicht Ansichsein）ではないであろう。そのように考えれば、仏教のアナートマン、すなわち無我とはどのように滅しようと試みても、確固として揺るぎなく在り続け、その存在を主張し続ける狭義の「自我」、その終焉である。

　仏教哲学、インド哲学の自己すなわちアートマンについては次節及び第4節に詳しく論じる。

　「ナーガールジュナ」の結論において、ヤスパースは、東西それぞれの自己や世界に対する隔たりが、そのまま東洋と西洋の精神的な隔たりであるかのようになぞらえた著述をしている。現在も、それは大きく変わっていないように見える。しかしそれは変化への計り知れない蓋然性をも示しているのかもしれない。

第 3 章　ナーガールジュナの哲学

第 2 節　中村元『龍樹』

『中論』は中村元にとって卒業論文以来の研究課題であり、これをきわめることはおそらく仏教学者としてのライフワークの重要な柱の一つであったと考えられる。初学者もある程度の忍耐をもって臨めば決して難解すぎることのない明晰な記述によって、きわめて高度に抽象的な中観派哲学を鮮やかに開示する『龍樹』を土台に、本書にとって重要な概念と論旨をまとめてみたい。

1　中観派の概略

(1) 歴史的背景と文献

まず、原始仏典に始まり、のちに部派仏教と称されることとなる保守諸派から、般若経典を掲げる大乗仏教、その大乗仏教においてナーガールジュナが確立した「空観」「中道」を主旨とする中観派に至るまでの歴史的な背景を中村の『龍樹』における解説を中心に、本書の議論に必要とされる概略のみ簡単に述べる。

大乗仏教の視座からは「小乗」と貶称されるそれまでの正統派、つまり伝統的保守的仏教は、王侯や富豪などの上位カーストからの布施によって成り立つ大僧院で読経・瞑想などもっぱら自己自身の修養に励み、環境的にも孤高を持する。そうした態度を利己的と批判した大乗仏教徒は利他行に勤しみ自らは涅槃（ニルヴァーナ）に入らない。いわゆる菩薩行を以てその信仰心の表現とする思想であった。もちろん、世の宗教の常で、教団化することによって諸派分裂し、年代を経るごとに仏像や経典が創出され、多様に人格化した諸菩薩・諸偶像に対する信仰が多岐にわたってゆく。原始仏典に見られるような、より単純で非多様であったその根本哲学が、諸派による独自の論理やそれに伴った詳細で具体的な戒律、さらに装

飾として加筆されていった挿話・伝承などによって諸々の仏教の経典が編纂され大衆化されていった。

　そのような状況下で、大乗仏教の初期の『般若経』に表された諸思想の萌芽を汲んで、普遍的で明確な論理性を持った「空」に関する哲学を説いたのが、ナーガールジュナといわれる。その存在の伝説性やさまざまな神話的挿話に彩られた生涯や活動については諸説がある。いずれにしても、現代にも参照されうるきわめて論理的な哲学の叡智として、その主著『中論』 Madhyamaka-śāstra（『根本中頌』 Mūlamadhyamakakārikā）が説得力を持っているということ、そして特に今日、西洋思想、特に分析哲学の側からも積極的な評価が進んでいるという事実は意味を持つ。第二次世界大戦前まで西洋の本格的な中観派研究者は希少であったが、その中では既述のスチェルバツキーが随一であった[370]。

　『中論』について中村は、中国語訳であるクーマラジーヴァ（鳩摩羅什）訳の注釈書は意訳が多く、かつ漢文の性質上多様な解釈が可能なため、各々の註解者の勝手な解釈が横行していたと述べている。そのため、クーマラジーヴァ訳の青目釈や『無畏論』も交互に参照しつつも、主にサンスクリットの註解であるチャンドラキールティの『プラサンナパダー』 Prasannapadā を土台に『龍樹』を執筆している[67]。チャンドラキールティ（月称）は、5世紀から6世紀にかけて中観派を復興したブッダパーリタ（仏護）の弟子である。ブッダパーリタの解釈がナーガールジュナの原意を忠実に伝えているという見解が最も信ぴょう性のある学説とされることから、チャンドラキールティの注釈『プラサンナパダー』が『中論』研究において最も重要な文献であると中村は述べている[68]。以下に取り上げる中村のすべての解釈は、このチャンドラキールティのサンスクリット原文を最も参照してなされたものである。

（2）論敵・説一切有部の思想

　『中論』は主に仏教思想の諸主張、すなわち戯論の排斥を目指しているが、その排斥されるべき論敵の代表的なものが、説一切有部であろうと考

えられている[69]。説一切有部とは、先に述べた伝統的保守的仏教[70]の主流派であり、「一切の法が有る」とする思想をあらわしている。法（ダルマ dharma）がすべての因となり、この世の諸事象の法則規範であり、したがってこの世の理の土台となる真理であることから、法は絶対、すなわち実在であるとする思想である。

サンスクリット語の$\sqrt{dhṛ}$「保つ」の意から派生した法は、(1) 法則・正義・規範 (2) 仏陀の教法 (3) 徳・属性 (4) 因 (5) 事物及びその構成要素とされる[71]。本書では特に (1) の「法則」および (4) の「因」、そして (5) の「事物およびその構成要素」という意味で使用する。それによって西洋思想との対比がより明確となるであろう。

中村は、「法」の語源が本来、(1) の「法則」であるにもかかわらず、(5) の「事物（nissatta = Unbelebtes, Ding, Sache）」となるに至った背景について、以下のように考察している[72]。

まず、最初期仏教では、自然の諸存在を存在せしめる規範である「法」の「かた」としての「超時間的妥当性」を、宗教実践者すなわち求道者に向けて教義的・哲学的に定義しようと努めてきた経緯がある。その際、個体を構成する五蘊、認識及び行動の成立する場としての六入などの概念が説明されていた。そこにおいて、事物や諸事象を可能なものとする法を体系的に定義付けるための概念として「縁起」が考えられていたが、一般にも知られるアビダルマの三世両重の因果（十二因縁に基づく三界の輪廻）にまで明確化されるまで、伝統的保守的仏教の中でも諸論・諸派あった。また、現在にも通用するような「因縁」や「縁起」の通俗解釈が原始経典末期から流布し始めたことから、「法」の体系の理論的根拠としての意義の重要性を失ってゆく。

このような経緯を踏まえて、論理的基盤の必要性を認識した説一切有部（以下「有部」とする）は、その主たる思想に法の絶対すなわち法有を説くことによって、無常である諸行に対置する、絶対的な「法」に基づいた教義を打ち建てるのである。ここにおいて、縁起は実在とみなされることになる。

しかし、ブッダは不断不常を説いている。これは本来、ブッダが人の存在・死滅についての辺見（両極のどちらかに偏った見方）を退け、その中道を説いたことを意味する。理論的にも不断不常は対概念と捉えられよう。つまり不常は常時の実在というものがこの世において有り得ないことを表し、また常時の実在がないということは、必然的に不断であるということ、つまり絶対的に断滅するものも有り得ないということである、と表裏に考えることができるのである。これと対峙する立場が常見・断見である。

不断不常は仏教思想の明確な基本であるため、その後の諸派の教義においても、これを覆すような論理を主張することはできない。それにもかかわらず、なぜ、有部が法有の立場を主張しえたのか、その詳細の経緯について、中村は「ある」という概念の、自然的な意味（中村は「形式論理学的」と表現する）と存在論的な意味との二種が「書き換え」によって、同一のものであるかのように扱われたのではないか、とする[73]。なお、これに関しては、ルーマンの「システムがある」をどのように解釈するかの議論に類似することを付け加えておきたい。

伝統的保守的仏教の思想もまた細部において異なり、各々で細かく対立する部分もある。そうした歴史的経緯を含め、法有派に関わる「ある」という考察についてのさらなる詳細については本書の扱うところではない。しかし、本書に関連して認識しておくべき重要なことは、部派仏教の代表的存在である、有部の法有の思想である。それは、法というものの「あり方」を実体と見なしていたことであり、現象世界の事物を実体と見なしていたわけではないということである。そして、『中論』において最も厳しく排斥されたのが、この「法が有る」という思想なのである。

(3) 帰謬法

すでに述べたように、近年、1990年代以降の西洋思想では、ナーガールジュナのプラサンガを Dialetheism（真矛盾主義）の範疇に入れることが受け入れられている。真矛盾主義は、真・偽が同時に成立する論法であり、無矛盾法に対立するものである。一つの文においてAとその否定で

ある ¬A の両方が真であるような論理である。必然的帰結として、「真」の反対が「偽」とすれば、一つの文が「真」であり、また同時に「偽」であるようなことが成立する。

しかし、前節のヤスパースの記述の解釈から明らかとなったように、このような西洋論理学的範疇についての議論は、中観派が帰謬法を用いる哲学的本意とはまた異なった領域のものである。以下にその理由をあらためて述べたい。

まず、中観派のとる帰謬法は、自らはなんら主張を行うことなく、相手の主張の論理的不整合を一つ一つ突いてゆくことで、「主張」全体を崩壊させるという論法である。結果として、ある命題を是／否のどちらからも否定してゆくことによって、例えるならルーマン理論における「排除された第三項」の可能性、つまり真・偽が同時に成立することもある蓋然性、またはその逆で、真・偽が同時に成立しない蓋然性を示唆することになる。いずれにしても、それらの蓋然性についても、中観派は肯定・否定のいずれの主張にも依ることがない。ここで重要なのは、結果として真・偽のいずれもが否定されるということであり、その背景にある意図の方により深い意味があるということである。それでは、なぜ、真の主張も偽の主張も否定されなければならないのであろうか。

中論の否定の論理は「破邪」であるとされている[74]。しかし、概念の矛盾を指摘してゆくとによって、真・偽の同時成立（またはその逆の真・偽の同時不成立）を目指しているわけではない。まず、西洋思想的には思惟方法としても、そして心理的にも（こちらの影響の大きさはしばしば無視できない）きわめて理解の困難な、「主張が無い」「定まった主義がない」という立場なのである。では、なぜ「何の主張もない」ということを「主張」とするのかについて以下のように『異論の排斥』[75]において述べている。

　　もしもわたくしに何らかの主張があるならば、しからば、まさにそのゆえに、わたくしには論理的欠陥が存することになるであろう。しか

るにわたくしには主張は存在しない。まさにそのゆえに、わたくしには論理的欠陥が存在しない。[76]

ここで言う「主張」ということについて観察の理論を用いて表現すると、何らかの主張があるということは必ず死角を持ち、また同時にその死角についても無知の状態に置かれる、ということになるであろう。そしてその主張そのものの真偽を主張自体の中にあって論証することはできないにもかかわらず、である。したがって、以下のような意図を以てプラサンガは使用される。

実にわれわれは〔論敵にとって〕願わしからざる論証によって論敵の議論を暴露せしめる。[77]

つまり、「他者の主張を極力排斥するが、それは決してそれと反対の主張を承認するという意味ではない[78]」ということになる。

これは、「邪」、すなわち誤謬に基づいた何らかの主張を論破していくことによって誤った教義を淘汰してゆくことが目的であり、その意味では「誤った教義」ありきの論法である。宗教思想としての性質上、数多の仏教思想がいずれも自らこそが釈迦の思想を「正当」に伝えていることを標榜している。しかし、法（ダルマ）の体系を説いた法有の諸派に対し、その論駁不能なまでにきわめられた否定論法で以て論破し退けたナーガールジュナの帰謬法は、今日、宗教思想を離れた純粋な論法としても哲学的な意味を失うことなく、仏教思想においてのみならず、むしろ西洋において評価され始めていることは先に述べた通りである。

プラサンガが否定するばかりで何の生産性ももたらさないという批判があろうことは（特に西洋において）十分に想定できるし、それが批判的趣旨を含んだニヒリズムの呼称を受けることにもなったのであろう。しかし、そもそも思惟による生産性ということは一体何を示しているのであろうか。その場合、「生産性」の定義が必要である。さらに何における、何

第 3 章　ナーガールジュナの哲学

に資する生産性であるのかと問い始めた時点で、もはやその問い自体が非常に限定的で多くの場合恣意的な条件においてしか意味をなさないことに気がつく。したがって、そうした問いの基盤の捉え方自体があやふやであることを認識するに至るまでには、言語においてそれを明らかにするというプロセスが必要であることが理解できるであろう。前節においてヤスパースの考察にもあった通りである。

　つまり、思惟によってしか到達できないと当初は考えられたものが、まさに思惟によっては到達不可能であることを理解するためには思惟の限界を突き詰めねばならないということであった。そのために思惟、すなわち言語の道具を熟知した上で駆使されたものが帰謬法なのである。したがって、これらの幻術（マーヤー）の仕組みを熟知していたナーガールジュナが、現象界の虚実の「生産性」などに一顧でもあたえたと考えることはできない。

　プラサンガは厳密には論理主張ではないためにあえて「帰謬法（reductio ad absurdum）」と訳される[79]。これが西洋哲学的弁証法との根本的な相違であろう。例えばプラトンはイデアを標榜し、ヘーゲルは絶対的なものを証明せねばならないが、中観派は論証の必要性のある事柄を掲げることはない。けれども、その背景には思惟によって到達不可能な、論証されえないものに対する絶対的な確信があったのではないかという考察は、ヤスパースにおいても示されていた。そうでなければ、諸々の戯論を戯論として排斥した後には荒涼たる廃墟の虚無感しか残らないであろう。しかし、絶対的真理に至るには必ず理性による何らかの論証が必要であると考えるような伝統的西洋的思考の主流にとっては、ナーガールジュナの思想は得体が知れないものであり、上述のような背景を読み取ることは不可能であったのだと思われる。理解不能な漠然とした不安を感じながらも全くラベリングをせずに放置するわけにもいかない。そのため、せいぜいニヒリズムや神秘主義と片付けることによって暫定的な安心感を得て、ふたたび自らの拠り所である思惟の営為に戻ることが最も合理的な措置であったのかもしれないと考えられるのである。

第 2 節　中村元『龍樹』

　結局、中村も指摘するように、有部や中観派の思想に西洋哲学のカテゴリーを当てはめることはできないのであろう[80]。
　また、大乗仏教が主流派を占めるようになり、「小乗」の名に象徴されるように価値判断として低く見られた有部の思想・理論も、中村は「それ自体として深い哲学的意義を持っている[81]」と評価する。それは、その独特の論法と体系の構成を調べれば理解できることである。
　のみならず、あらゆる思惟の限界を尽くしてその否定によってこそ到達できる地点に至ろうとする中観派哲学のためには、その帰謬法の対象である敵対させるべき有部の思想が必須であった、という逆説的な考えもまた成り立つのではないであろうか。

2　空

(1)「空」の受容

　まず、空 śūnyatā を西洋言語に翻訳する際に、主に emptiness, voidness = want of substantiality, nothingness, Leer などの訳語があてられる。いずれも、「中身のない」、「虚ろな＝実質（substantiality）のない」「空（カラ）の」の意味を持ち、「中身は何もない＝無」である状態を表している。このことは、実体を重視し、存在論的な伝統を持つ西洋言語においては完全な虚無としての空（まさしく「カラ」の状態）を連想させる。
　近年では訳語として単純に「無＝nothingness, Nichts」とはならないということは、少なくとも何らかの範囲内でその虚ろな部分を内側とするような境界があるということを、漠然とながらも捉えているからではないかと思われる。とはいえ、たとえその「内側」においてのみであっても、「中身のない」「何も無い」と表現してしまうことは、本来の「空」śūnyatā（śūnya 形容詞である「うつろな・膨れ上がった」に由来）の意味が、本質的な部分で変質してしまっている。しかし、近年ではそうした言語変換における繊細な情報伝達の限界を踏まえたうえで、たとえばパーリ語経典で、液体の泡沫やあぶくなどに喩えられていることや、チベット仏教では自然

185

第3章　ナーガールジュナの哲学

の「大空」に象徴されることなどが知られることによって、その語のあらわそうとすることをより深く理解するような流れが見られる。特にチベット仏教では雲ひとつない大空を観照する瞑想を行い、それによって「空」を見ようとする。こうした瞑想文化が特に20世紀末以降、欧米に紹介され広がることによって、学問理論もまた刺激を受けていると考えられる。そのことは、バレーラなどの自然科学者に浸透して行ったことなども影響しているであろう。とはいえ、一般でのそうした理解の浸透度はいまだ低いと言わざるを得ない[82]。

(2) 中道

　中観派はその名称があらわす通り、すべての見識において是非のどちらにも依ることなく、中道を説いている。ブッダによって無記（説明不能）として答えられることのなかった、四句分別という形而上学的な問いに関する思考方法がある[83]。これは存在のあり方を四類型で表しており、「1．有」、「2．無」、「3．有でありかつ無であること」、「4．有でもなく無でもないこと」、に分けられる。中道によって説かれる非有非無と、この四句分別は異なっていることを確認することは重要であろう。「非有非無の中道」、これが意味するのはすなわち有と無といった両極を離れた状態である。一方、四句分別は、上述のような分類に分けることによってその分類の次元に固定していることになる。

　一見、四句分別の「有でもなく無でもない」という区分は、中道を表すように捉えられる。しかし、この「有でもなく無でもない」という区別を固定して、他の三つの区別同様、一つの範疇に収めてしまうことは、ある見解に執することを意味する。こうした固定的な見解もまた、あらゆる分別の否定されうることを示した帰謬法によって排斥されるものである。

　したがって、中道は四句分別からもまた離れる事を示すのである。この理解に立てば、先に述べたような、帰謬法を真矛盾法とする西洋論理学的な分類も、一面的な解釈をしてしまえば中道の真意とは異なることになってしまうので、注意が必要であろう。

第2節　中村元『龍樹』

　中道に関連して、大乗仏教の八不について述べておきたい。『中論』の冒頭、帰敬序と呼ばれる序文には以下のように記されている。

> 不滅、不生、不断、不常、不一義、不異議、不来、不出であり、戯論が寂滅して、吉祥である縁起を説いた正覚者を諸々の説法者の中で最も勝れた人として稽首する。[84]

　ここに言われる八つの「不」は八不と呼ばれ、八つのいずれの見解にもよらない事を示す。あらゆる仏教の宗派同様、不断不常については法有派も同様に掲げているが、生起や一義などその他の六つの義については、有ることを認めている。それに対し、大乗仏教は八つの定まった義の全てを否定する。

　当然のことながら、これはすべてが無に帰することを表しているのではない。執着を離れることが仏教の教えの根本であることは周知であるが、ひとつの見解に固執することは執着である。八不とは、突き詰めればいかなる見解にも執しないということである。このようにあらゆる対立を離れたもの、中道であるものが、すなわち空そのものである。そのように考えれば、たとえば、のちに論じる空見についての誤謬もこの観点によって明らかとなろう。いかなる見解にも執しないということは、究極的には空にもまた固着しないということでもあるからである。これに関しては、（4）「空見」において再び言及する。

　この、中道＝空の思考、非有非無、すなわち絶対有からも絶対無からも離れた中道の状態を西洋思想はなかなか理解しえなかった。このように実体を否定する理論が西洋思想で一般化されなかった理由について、中村は「アリストテレースの〈実体〉の観念が長年月にわたって支配していたのであるから、それは当然のことであろう[85]」と考察している。

　もちろん、空というものの理解については中村の指摘する通りであろう。しかし、この場合、主な理由としてはむしろ学問全般における西洋至上主義によるものとする方が妥当なのではないであろうか。プリーストの

同僚の研究者の以下の発言に象徴されるように、印象評価による軽視によって、そもそも理論として真摯に対象化しなかったことが考えられるのである。「それは所詮すべて神秘主義にすぎないだろう[86]」と。

この状況がどのような流れと速度であっても確実に変化するであろうということは、中観派哲学の学問理論としての何らかの理論的分類の試みが浸透しようとしていることからも確信が持てよう。たとえば四句分別を離れた中道の思考と、ルーマンの観察の思考との興味深い比較が可能であるが、それについては本章第3節「ナーガールジュナ論の総括」において論じる。

(3) 縁起

中村によれば、『中論』の縁起説はクマーラジーヴァの訳による縁起の解釈が「因縁」や「衆因縁生法」などとされたために正しく理解されず、長らく『中論』と縁起は無縁であるかのように扱われてきた、という[87]。しかしチャンドラキールティの解釈により、『中論』における縁起の重要性が注目されることになった。中村は『中論』冒頭と結辞はともに縁起について述べており、縁起の概念は『中論』の中心思想であるとしている[88]。そして、諸事象は縁起によって立ち現れるのであるならば、この現象世界を虚無的に否定するものでないことは明らかである[89]。以下、その、中村の『中論』の縁起の解釈について論じる。

事物が自性ではなく、相依って成り立つ、すなわち立ち現れることは縁起（pratītyasamutpāda）とされる。しかし、有部の輪廻観に関わる分位縁起、十二因縁の解釈と混同することは誤りである。その誤謬について中村は様々な仏教文献の細かな解釈によって論証しているが、ここでは、特に以下の時間概念に関わる論証を取り上げる。

有部は縁起を時間的生起関係としている。これに対しナーガールジュナは、「縁によって生ぜられた」という表現にはすでに時系列の因果関係が含まれているために誤りであると指摘する。したがって、「縁起した」という表現を使用することによって、時間もまたその相関物の一つであるこ

とを示すのである。もちろん、言語表現とは時間概念を以てして成立するので、時間の前後関係から完全に離脱した記述などということは不可能である。しかし、縁起という概念が発生を意味せず（すなわち不生）、時間概念もまたその相依のうちにあるということに、有部との決定的な差異がある。有部は時間概念を実体とすることは排除していたものの、三世実有の説に表されるように、未来・過去・現在の刹那の状態を全て実在と考えていた。それに対して中観派は全てが空であることに立ち、それらの概念もまた、相依性の様相に過ぎないとするのである。この時間概念は、第4節に論じるヴェーダーンタ哲学における世界の展開についての見解と近似している。

　また、中村の論ずる、「空」すなわち無自性であることは縁起を表していることに他ならない[90]ということは、本章ですでに論じた空が無根拠・無制約ではないということからも理解されよう。しかし、これらの論理的関係は、まず事物が縁起によって成り立ち、それは自体として存在していないがために無自性であり、したがって無自性であるそのことを空と指し示す、という順序になるという（「縁起→無自性→空」）[91]。この、三概念の論理的関係性は、『大智度論』においても『中論』においても、常にこの順番で説明・記述されており、可逆では無いという。必ず、縁起を原因として説明が始まるのである。それゆえに「『中論』の中心思想は縁起であるという主張がいよいよもって確かめられることとなる[92]」と中村は述べている。

　しかし、初期仏典の『般若経』の文献としての歴史的発展をたどると以下のように教説が形成されてきたようである。まず、最初に特に空が説かれ、その後、空が無自性であることについての言及が見られるようになり、最終的にそれを縁起によって基礎付ける、「空→無自性→縁起」の順番で現れている、という。つまり論理の順番と歴史的発展の順番が逆になっているのである。これは、当初、空観が虚無論であるという謬見が般若経の論敵により起こってきたことに関係している。そのために、仏教の重要概念である縁起をまず掲げ、そこからその相互関係を説明して空観に

第3章　ナーガールジュナの哲学

至ることによって、空が無では無いことを示すとしたのではないか、と中村は考察している。そして、ナーガールジュナはそれを受け継ぎ、透徹させたものと考えられているのである[93]。

歴史的背景から見て、この解釈は十分に納得のいくものであるが、これはあるいは以下のような別の次元の視点での解釈もまた可能なのではないであろうか。

われわれが生きる現象世界を出発点とすると、われわれはまず、その世界全体の成り立ち、つまりは諸々の区別、差異とその関係を知ることから始める。そしてそれらがいかに自体（an sich）ではないものかを知る（悟る）ことによって、われわれは本来の空（śūnyatā）としての世界を、それまでの即自的な外観とは異なる眼差しで見るのである。仏教の教説としての中観派哲学は、現象世界の衆生の救済を目的としている。それゆえに視点の始まりは、現象世界を起点とするのである、と。

このように考えれば、縁起を正しく見る、すなわち諸事象の関連が相互に依存していることを見ることに至るには、まず無明から始まるのだ、と言えるのではないか。何よりまず無明に始まり、無明に気づき、そしてそれを断つことによって「人間存在の根源への復帰[94]」がなされるのである。

これは縁起の逆観と呼ばれるものの流れを表しているといえる。つまり、無明を断ずることによって、十二因縁の各項のことごとくが滅するということである[95]。これについての西洋的な表現で当を得たものは、前節のヤスパースの「思惟を逆に辿る」というものであろう。中村は、縁起を見ることと縁起の逆観の論証によって『中論』は「意外」にも「最初期仏教の正統な発展である」と解することができる、という[96]。このように述べられていることから、『中論』が、仏教の諸宗派、諸聖典の中でいかに特殊な位置に置かれていたかがうかがえる。

さらに、中村はこのように『中論』を位置付けてもいる。

　『中論』は歴史的には『般若経』の各層を通じて見られるような空観を基礎づける運動の終わりであるとともに、思想的には『般若経』理

解のための始めである。[97]

『中論』は、空の哲学のアルファでありオメガであり、そのものでもある。それならば、その発展の因果関係も、先述の三概念の因果関係も、どの方向からどのように辿っても必ず根本思想に行き着くはずである、と言えるのではないであろうか。なぜならば、すべては相依性であり、そして中道でもある。これは縁起によって立ち現われる『中論』という作品そのものにもあてはまるはずであろう。

(4) 空見

空見が、仏教思想全般、特に大乗仏教において謬見とされていることについては既に言及した。以下、『中論』における空見の排斥の記述の考察をしたい。

誤った観念とされている「空見」には二種類ある。まず、空を有と見なすこと、そして無と見なすことである。空を有と見なすことは、当然、空の性質である無自性に反する。空は実体ではない。

空見の排斥は『中論』の所々にある。例えば、第四章第八詩および九詩において、論争・解説において空を根拠に論破・批判するようなことは、結局その論破すべき対象となる意見や、批判対象の解説と同じ次元にあり、論破や批判は行われていないのと同様の事になる、としている[98]。ここでは、空見の排斥と同時に、論破される事柄と論破するという事自体もまた空であることを表してもいることが興味深い。

また、空を無とすることは、有の対峙概念である「無」を用いている。それはまさに空の実体化の裏返しであり、非有非無ではないために誤りである。この謬見については、『中論』に「虚空」(無ではない) に関する詩句がある。第五章「要素界の考察」において、虚空は他の元素と同様に非有非無、特質によって定義されず、特質そのものでもない、としている[99]。これは、虚空は有と無を離れ、要素の五元素（地、水、火、風、識）

のごとくに空である、ということである。また、第六詩において、有がないとすれば無もまたない、としている。つまり、無の概念とは実在の対概念であり、空が有でないのならば、空において無を見ることもまた不可能なのである。

このように、「有る・無い」に固執する人を「有と無を見る愚者」であるとする。これは、執着の一種なのである。さらに第一三章「形成されたものの考察」において、以下のような形でも上述の二つの空見を排斥している。

　　七　もしも何か或る不空なるものが存在するならば、空という或るものが存在するであろう。しかるに不空なるものは何も存在しない。どうして空なるものが存在するであろうか。[100]

ここでは、空を存在＝実在と見ることの謬見と、空でないものなどはないという二つの主旨が、表裏となり、交互に見え隠れするようなまさに「言葉の魔術[101]」を駆使した表現で語られている。そして、それでもなお空見という思考の執着にとらわれる人、それに基づいて戯論を展開する人、すなわち議論・論争好きの人について以下のように「観察」するのである。

　　八　一切の執著を脱せんがために、勝者（仏）により空が説かれた。しかるに人がもしも空見を抱くならば、その人々を「何ともしようのない人」と呼んだのである。[102]

さらにこの空見に関連して、「空亦復空（くうやくぶくう）」という概念がある。これは空そのものもまた最終的には否定されるということを意味する。この空亦復空については、西洋の否定論法との比較において、中村の以下の解釈が明快である。

第2節　中村元『龍樹』

要するに空見とは、空が縁起の意味であり、有と無との対立を絶しているにもかかわらず、これを対立の立場に引き下ろして考えることである。「空亦復空」とはこの空見を排斥しているのであるから、通常いわれる否定、たとえばスピノザの negatio negationis あるいはヘーゲルの Negation der Negation とはかなり相違しているというべきであろう。[103]

中村は、東西双方の研究者にしばしば引き合いに出されるヘーゲルの弁証法とプラサンガの比較は、無限に否定し繰り返してゆく発展の過程という思想はナーガールジュナには無い点において、ヘーゲルの思想とは決定的に相違するとしている[104]。たしかに、上述のように、対立の場に引き下ろすということが空に対する謬見であるならば、否定という対立の場に無限に引き下ろすことを目的としていないことは、自明であろう。

また、空を無と見なしたり、「何もない空間」のように感覚的に捉えることは、仏教諸派の間でも決して珍しいことではなかったが、その中でも、中国における空を無と混同するような誤った記述は、クマーラジーヴァが śūnyatā を無と訳出することがあったことに起因すると考えられている[105]。例えば、『中論』第二四章一八詩に以下のように述べられている。

どんな縁起でも、それをわれわれは空と説く。それは仮に設けられたものであって、それはすなわち中道である。[106]

これをクマーラジーヴァは「衆因縁生の法、我即ち是れ無なりと説く。亦た是れ仮名と為す。亦た是れ中道の義なり[107]」（傍点は筆者）と訳した。そして天台宗などがこの訳の「無」の部分を「空」と変え、最終的にのちの天台宗の用語である「三諦偈（さんたいげ）」と呼ばれる三つの異なる状態（空・仮・中）を指した概念が、中国以来、空を理解する基礎として長らく定着した。しかし、クマーラジーヴァの中国語訳を通さずに、直接サンスクリット原典から読解・解釈したスチェルバツキーや、インドの研究者は、上述

第3章　ナーガールジュナの哲学

引用部分の意味を直接的に、つまり、より正確に汲み取って理解している。中国語訳を通して解釈が広まったことで、中国および日本での中観派理解は少なからず原点の趣旨から乖離している部分があるようである。他にも同様の例は少なからず見られるようである。

　ここで、翻訳言語の難しさのまた異なった側面が見られることを指摘しておきたい。仏教思想を理解する上で、われわれは西洋の研究者に比して、言語的、歴史・文化的に大いに有利である。しかしその反作用としてこのような齟齬をきたした場合の修正が、逆に複雑・困難となることは、思想を論じる上で決して瑣末なことではないであろう。ちなみに、そのような視点に立てば、ヤスパースの解釈は、細かい定義に近視眼的になりすぎることなく、中観派哲学の骨子をストレートに受容した上で深く理解しているように思われる。

　とはいえ、のちにインドにおいても空を無とほぼ同義のものとする流れがあり、中道とは非有非空（非有非無ではないことに注意）であるとみなされる記述も見られるようになった、という[108]。それほどに、この空の理解は、通常の認識からすれば、ある意味できわめて難解なものであると言えるであろう。

(5) 空と救済

　中道を説き、空見を排することによって、仏教の本来の意義であるところの衆生の救済につながるような、いかなる意味があるであろうか。

　例えば、苦しみは縁起のなかに起こるものであるから、縁起のなかに「滅を見る」、つまり、消える、もしくは止む。しかし、同時に、道を説く世俗の活動をも認めるのである。それは一見、八不の禁を犯しているように映る。ここに、空についての記述・言明にも固着しないことの実践が示されている、と言える。また、この解釈によって単なる哲学的論議の巧みさを検証することに終始するのではなく、本来の仏陀の教え、すなわち衆生への慈悲という観点において重要な意義が現実化されるのである。例えばヤスパースはこの文脈を的確に理解しており、それは以下のような記述

第 2 節　中村元『龍樹』

に現れている。

> 相互依存によって生起する事物の空性という見解は、苦を克服するという現実を救済する。すなわち道が実際にあることを認めるのである。[109]

　つまり、自性であるもの（Ansichsein）は生起することなく、断滅することもなく、常にそれ自体としてある。それ自体として既にあり、発生がないのだから、存しなかったことは未だかつてなく、かつ、達せられるべきことも何もない。したがって、苦しみの原因もなければ、苦しむべき存在もないことなり、「苦」そのものが無いこととなる。
　けれども、その帰結によって、苦しみを訴える者はその説論に納得するであろうか。たとえ、その説論を拠所なく受容したとして、それは果たして救済になりうるであろうか。否、であろう。苦しみについてヤスパースは以下のように洞察している。

> しかし、事物の空性を認めた時、そこには、去来と、行為と達成がある。空ということを拒絶する者は、すべての、共有されている世界の現在性（gemeinsame weltliche Gegenwärtigkeit）を認めようとしないのである。苦はある。なぜなら、まさにそれが自体として存在しないからであり、恒久ならざるものであるがゆえに、である。[110]

　縁起として相依って生起している苦は、その苦自体も、苦しむ者も、苦しむ理由も、すべて相依性であるがために、空であり、空の生起であり、空の去来でもある。
　このような「縁起」という真理によって、現象世界を単なる幻術の仮象とすることなく、したがって、苦しみがあり、苦しむ人々があることを否定することなく、しかし、その現象についての誤認からの解放を解くことによって、救済を与えるのである。そのことを、ナーガールジュナは『中

論』の論法をこのように閉じることによって表現した。
　憐れみをもって正しい真理である縁起を説きたもうたブッダにわれは今帰命したてまつる[111]。

　最後に、空・中道・縁起で表される思想の示すところをまとめてみたい。
　まず、幾度も述べたように、空は無自性である。なぜなら、自性のもの、つまりそれ自体として存在するものだけが無根拠で無制約だからである。したがって、縁起、すなわち相依って立ち現われる空は自性ではない。同時に、非存在でもない。このことが示すのは、事物が存在と非存在の間すなわち中道にあるということである。したがって、ここで言われている事物が無根拠ではないということは、まず事物の「自性」の否定をあげているのである。あたかも、自然がそれ自体として存在するかのような伝統的西洋思考の否定のことを指すのでもある。その上、もしそれ自体として存在するならば、原因・結果、行為・行為者、主体・客体などという因果関係に必要な図式はすべて、その「自体存在」の中に含まれているはずである。自体存在には内も外もない。しかし、空は相依って立ち現れる。したがって、自体存在ではないのである。
　さらに、もし「非存在」という概念が成り立つならば、それは「存在」を必要とする。同様に、絶対的な無などというものは、絶対的な実在を前提とするのである。虚無主義を謳うならば、それは実在への渇望に他ならない。つまり、ニヒリズムへの執着は、「非」存在という、自性の存在についての、あくまでも言語上の対概念に執着することである。なぜなら、自性の存在を言語で指し示すことは矛盾を孕むからである。空の概念はこのような膠着状態を解き放つ。
　この点に関して、中村の要約では以下のようになる。

　　無も実在ではない。あらゆる事物は他のあらゆる事物に条件づけられて起こるのである。＜空＞というものは無や断滅ではなくて、肯定と否定、有と無、常住と断滅というような、二つのものの対立を離れた

ものである。[112]

　中村は有と無という根源的な対立の否定は、我と無我、一と異、常と無常、苦と楽など、あらゆる示唆に富む対立の例のすべてに中道が成り立つことをも示している[113]。
　さらに、それに続く以下のような記述は、ナーガールジュナの解釈という枠を超えて中村自身の哲学を表していると言ってよいであろうと考える。

> ところで右の論理を逆に表現するならば、絶対者はまた「有にして無」であり、矛盾を内包するものであると考えることができるであろう。[114]

　つまり、空の無自性を説くということは、自性のものを暗に指し示していることであると理解できる。さらに、それを明確な絶対者概念を用いることによって示した中村の意図については、第4節「比較思想的考察」において再び言及することにする。

3　我　アートマン

　周知のように、仏教では無我（アナートマン）という根本的な教えがある。この無我についての中論の解釈は、他の仏教諸派と異なり独自のものであると中村は言う。『龍樹』においてなされているその明快な論証は、中村独自の哲学も表していると考えられ、また、本書の第1・2章で論じた西洋思想の主体概念との関連においても示唆に富んでいる。

(1) 行為主体

　バレーラらの身体化論によって示されたように、認知と認知主体は二分されたものではない。同様のことをナーガールジュナは行為そのものと行為主体の空なることを『中論』第八章第一二詩において以下のように言述

している。

> 行為によって行為主体がある。またその行為主体によって行為がはたらく。そのほかの成立の原因をわれわれは見ない。[115]

つまり、行為主体がまず存在して、それから何らかの動機・原因によってある行為を為す、というような主客の関係と時間的生起から行為が成立するものではなく、行為主体は行為によってこそ行為主体として現れる、ということである。そしてこの論証をすべての事象に当てはめることができるとするのである（第一三詩）。

さらに、第九章「過去の存在の考察」第五詩で同様のことを以下のような側面からも述べていることが興味深い。

> 或る物によって或る者が表示され、或る者によって或る物が表示される。或る物が無いのに、どうして或る者があろうか。或る者がいないのに、どうして或る物があるだろうか。[116]

これは、行為に先んじて行為主体があるかのような主張に対する批判である。そのように行為と行為主体とを分離させるならば、行為というものもまた別個に存在するはずであるのに、行為主体がないと行為も存在しない。それならば、行為がないのに主体が別個にありうるであろうかという論駁である。これは標識と示す対象の間の関係性を表すソシュール言語学的理論にも類似した思考と捉えられよう。

さて、ここであらためて西洋的主体概念、個人存在に該当する概念を仏教思想がどのように考えていたか、について簡単に言及したい。

仏教においては、有部もプドガラ（pudgala）＝個人存在と考えられるようなものの実在を認めてはいなかった。プドガラは和合有、すなわち五蘊の集まりの仮の融合体とみなされるものに過ぎない。一個の人と考えられるものは、実は五つの要素から成り立っており、個体そのものとして存

在しているわけではないという意味である。またこれは、ルーマンによる個人概念批判と心的システム、身体システムとの関連性に近似していることは、既に明らかであろう。

伝統的保守的仏教において、業（カルマ）の因縁の法則は十二因縁という体系で細かく定義づけられている。その細目は本書の扱うところではない。輪廻観というものは元来、生死の流転をあらわし、それは現象世界の死と再生を解釈するためにその他の次元世界（天上や地獄など）を加えて説明する、一種の再帰プログラム観といえる。有部は心の存在から個人存在（プドガラ）の連続へと帰着させ、その個人存在の連続から果報が生じるとしている。

それに対し、ナーガールジュナは「何故に業は生じないのであるか。それは本質を持たないもの（無自性）であるからである。またそれが不生であるが故に（生じたものではないから）、滅失することはない[117]」と論駁する。

確かにブッダは「業が果報を受けないで消失することはない」と説いた。しかし、これは、そのような関係性で業や果報、輪廻といった概念が連関しているということを説明したに過ぎない。ナーガールジュナはこの説明についての有部の解釈が誤っていることを指摘しているのである。

法有の立場は、生存において、原因の生起と消滅の繰り返しが輪廻であると説き、自らの行為の結果を甘受し、さらなる原因を生じさせるような行為を避けることなしには、その輪廻の繰り返しからは脱する（解脱する）ことができないという論法で、業についての法を説く。これは、個人存在（プドガラ）の生起と原因としての業の生起を必要とする。しかし、ナーガールジュナは、業には本質は無い、したがって無自性であるから、それが「生じる」ということも無いし、生じないものが滅失することも無い、と論駁するのである。

なお、この議論にも関連する研究結果として、ブッダが説いた縁起と、一般に言われるカルマ論は元来異なるものであるということが近代以降明らかにされている[118]ということが興味深い。また、『中論』において述べ

られている縁起も、クマーラジーヴァが pratītyasamutpāda を「衆因縁生法」と訳したことによって、「小乗」で説かれているような行為と結果の因縁論のような業（カルマ）論と同義のように考えられるようになったという[119]。しかし、『中論』の「縁起」は行為と結果の因果関係を説くものではなく、ましてや生起を表すものではないことは、すでに述べたとおりである。さらに、ブッダが本来説いた縁起も人間の迷妄の構造連関の解明であったと解釈されている[120]。そのように考えれば、行為主体によってなされるところの業に基づいた輪廻観は、空の論理の中に解消されると言えよう。あえて簡略化すると、輪廻という世界観は、空を見ない迷妄によってこの世界の行為の原因と結果の循環から脱却できない状況である。それはまさに、行為主体という虚構に捕縛されていることに他ならない。業とは、その縛縄であるとも言えるのではないであろうか。

このように因果応報に縛られている状態について、ナーガールジュナは第一七章二八詩で以下のような解き方（解明＝解放）をしている。

> 生存せるもの（衆生）は無知（無明）に覆われ、妄執（渇愛）に結ばれ、束縛されている。かれは業の報いを享受する者である、かれは、行為主体（業を作る人）と異なっているのでもないし、またそれと同一人なのでもない。[121]

ここで意味する、無知無明に覆われた生存者は、なぜ、行為主体と異なる者でもなければ同一人でもないのであろうか。この不一不異はいかなる意味であろうか。この疑問に対しては、続く第二九詩に即、端的に答えられている。

> この業は縁から生起したものではないし、また縁から生起したのではないものでもない。それに行為主体（業を作る者）もまた存在しない。[122]

すなわち、この行為主体という観念自体が無知のなせる技であり、行為主体の存在がなければ、それによって引き起こされたと考えられる「業」もまた、無明の観念の結果なのである。この後の詩句でナーガールジュナは、教主（ブッダ）により現出された「変化人」という概念を持ち出す。

これはマーヤーによって現出した主体のようなものである。もちろん、これをそのまま現象世界でわれわれが超自然的・非現実的な魔術のようなものによって人間を現出させるというような次元で捉えるべきではない。

そもそも、人間存在自体が、われわれが日常認識として（常識的に）考えているような確固たる同一的な主体なのかということに疑問が突きつけられている。これは近年の個人概念の各種の議論のみならず、バレーラらの生物学的観点からも最早明白であろう。そのような意識に立てば、変化人という、部外者には一見奇異に映る概念もまた、荒唐無稽な神秘主義的表現と切り捨てることはできないであろう。

そして第三二詩において、この作り出された主体＝変化人の行為対象としての業が「他の変化人」とされるのである。

> そのように行為主体（業を作る者）は変化人のかたちをもっている。作り出されたいかなる業も、変化人によって作り出された他の変化人のようなものである。[123]

これはいかなる意味を持つのであろうか。ここでの変化人とは、業を人格化させているというのではない。むしろ、われわれが考えるような確固とあるような人格を持ったものなどはないということを、このような方法を用いてあらわしていると考えられるのではないか。

この解釈は次の第三三詩の内容から裏打ちされる。

> もろもろの煩悩も、もろもろの業も、もろもろの身体も、また行為主体（業を作る者）も、果報も、すべては蜃気楼のようなかたちのものであり、陽炎や夢に似ている。[124]

第3章　ナーガールジュナの哲学

　行為者と行為対象、すなわち原因と結果が同時発生的であるならば、行為主体のないところに行為対象は無い。逆に言えば、行為対象である「業」の観念が、業を作る者、すなわち行為者を作り上げるのである。もし、それらすべてが非有非無であるならば、果報もまた然りということになる。

　このような明確な論旨の記述がありながら、前述の有部の様な因縁解釈を「縁起」の意味とすることをナーガールジュナが唱えていたと考えることは不可能であろう。

(2) アートマン

　上述のように行為主体なるものが縁起のうちに解消するものならば、我、アートマンと呼ばれるものをナーガールジュナはどのように表現していたのであろうか。

　この「アートマン Ātman」を単純に自我（西洋言語的には ego と解釈）として、なんら解釈を付け加えなければ、後の議論にも齟齬をきたすであろう。アートマンの語義に関する論争は仏教とヒンドゥー教の間のみならず、その下の各宗派でも解釈をめぐって諸説が生じた歴史がある。

　「我」が、狭義の概念として考えられているような単なる行為主体や個人といったものであるならば、プドガラ（個人存在）の非有非無すなわち空であることを説くことによって議論は終止符を打たれるであろう。しかし『中論』にはさらに、我を表すところの「アートマン」に関する記述の章が設けられている。そこに含意のないはずはないと思われる。

　まず、第一八章第一詩に以下のように述べている。

　　もしも我（アートマン）が〔五つの〕構成要素（五蘊）であるならば、我は生と滅とを有するであろう。もしも我が〔五〕蘊と異なるならば、我は〔五〕蘊の相をもたぬであろう。[125]

第2節　中村元『龍樹』

　すでに述べた五蘊、つまり五つの構成要素（色、受、想、行、識）とは心身存在の器官や機能に属するものである。身体存在とそれに随伴する心・思考を自己とみなす場合には、生死を避けることはできない。この身体的存在と心、そして「自己」の概念との関係性については、西洋哲学も主体概念の追求の伝統において扱ってきたものである。

　ここでは「アートマンが五蘊と異なるならば、五蘊の相を持たない」と述べていることが重要であろう。さらに中村はチャンドラキールティーの註解を用いて、無我が諸法実相を説く、すなわち空を説いているのである、と説明する。[126] これについては以下のような含意があると考えられるのではないであろうか。

　つまりわれわれがアートマンと考えているところの五蘊の相を持つものが、本来アートマンとして表されるべき他のものと異なっている場合もありうる、ということである。このような言述は、仏教において執着の元として滅せられるべき狭義のアートマン（自我）とは異なった、ヴェーダーンタ哲学の普遍的我としてのアートマンを想起させる。この普遍我としてのアートマンについては本章第4節に詳しく述べることとする。

　このアートマンについての考察の章では、前述の第一詩以降は、狭義の自我意識、「我」及び「我がもの」ということの実体なきことについて論じている。

　我というものを「有る」とみなすことによって、あらゆる行為や思考において、それを自我が行っているという執着の意識が現実化する。したがって、因果応報の業という観念や、心理思考の産物である煩悩に、それがあたかも実有であるかのように固着し、それによってこの世界の迷妄から抜け出ることができない状態が生じているのである。

　とはいえ、ナーガールジュナの論述の常で、ここでも否定論法の表裏を交互に織りまぜる形で進行する。「我がものなどというものがない」という第二詩の後に、「我がものを離れたものなどない」と、明らかな矛盾を並置したように見える言述を行うのである。これは、あらゆるものを誰か

第3章　ナーガールジュナの哲学

のものと見る——つまり究極的にはその目撃者であるところの自分（＝我）のものということに収斂するのだが——、そのような見方は誤認から発生するということを、逆説的に論証しているのである。そもそも、われわれが考えているような「我」などというものはない。ならば、その「我」が見ているものは、すべて「我がもの」であり、そこから離れているものなどがないとすれば、それらの存在の是非は自ずと明らかになる。

　また上述の論理とは別に、先に述べられた四句分別を離れるという視座においてこの第三詩の内容を考えても、記述自体が主旨にかなうであろう。これと類似の言述としては、例えば以下に引用する第八詩がある。ここでは、あらためて四句分別を離れていることがブッダの教えの根本であることを明記している。

　　「一切はそのように〔真実で〕ある」、また「一切はそのように〔真実〕ではない」。「一切はそのように〔真実で〕あり、またそのように〔真実〕ではない」。「一切はそのように〔真実で〕あるのではないし、またそのように〔真実〕ではないのではない」——これがもろもろのブッダの教えである。[127]

　この「もろもろのブッダ」という表現について付言すると、ブッダとは本来、等正覚者を指し、またその境地に到達したとき人はもはや個人を超えるものとなる、とみなされるであろう。したがって単数表現も可能であろうが、未だその境地に達していない人においては、個々の正覚者の区別は存在するとの想定でこのように「もろもろ」と述べていると考えられる。要するに、区別が存在するか否かは、区別をつけている観察者の次元に偏によっているのである。

　さらに第九詩において以下のように述べている。

　　他のものによって知られるのではなく、寂静で戯論によって戯論されることなく、分別を離れ、異なったものではない——これが真理の特

質（実相）である。[128]

「他のものによって知られるのではなく」ということは、言語によっても表現されないことを指す。なぜなら言語とは記号に他ならず、すでにして分別だからである。そして、到達されるべきはあらゆる区別の止むところであるとも言えるのであろうが、その地点において果たして「到達されるべき境地」なるものがあり得るのか、それはどのようなものなのかということが、以下の第七詩において表されている。

　　心の境地が滅したときには、言語の対象もなくなる。真理は不生不滅であり、実にニルヴァーナのごとくである。[129]

ここにおいて、このナーガールジュナのニルヴァーナの境地と前章のルーマンの「世界の記述が分割に他ならない」こととは同様のことを逆の方向で述べているのではないであろうか。どちらにしても「区別」が鍵概念であり、その鍵が、「区別する＝観察可能な次元」と、「区別しない＝言語の対象がない次元」の間の扉を開けると言えるのかもしれない。

(3) アナートマン

さらに重要なのは、仏教の無我、つまりアナートマン概念が、通常理解されているような一面的な無我概念ではないことが、このアートマンに関する一八章に明らかに表されていることであろう。この第六詩においてアートマンについても先の四句分別のいずれもが当てはまる（つまり当てはまらない）ことを述べている。つまり、アートマンが無いという、一次的な否定のアナートマンのみを言っているのではないのである。アートマンなるものがあろうが、無かろうが、同時に両方であろうが、同時に両方でなかろうが、どの見解についての議論も形而上学的議論に他ならず、それをして戯論とするのである。言説では真理を究極的には解明することはできない。蓋しそれを知るためにこそ言語があるとも言える。

第3章　ナーガールジュナの哲学

『中論』における我（アートマン）の否定をどう解釈するかによって、議論の主旨が大きく異なってくる。中村は、『中論』において我（アートマン）についての言及が度々なされるのは、それによって縁起の様相を明らかにするためであろうと言う[130]。仏教は伝統的に無我を標榜し、このことは不断不常同様、いかなる宗派においても根本にあるが、『中論』における解釈は独特のものであると見ている[131]。

たしかに、無我が、あらゆる煩悩や苦楽を生ぜしめる主体にあたる「我」が存在しないことを指すという一般的な解釈からは、上述のような帰結にはならない。しかし、「我」を本来のアートマンの意味に回帰してとらえると、万物の根源たるブラフマンと究極的に一致する本質的なものを指すのであるから（本章第4節）、「自性」すなわちそれ自体で無根拠・無制約に存在するものと考えて良い。それならば、この、相対表現の次元における「無我」は即、「無自性」と捉えることができよう。そして、無自性であるならば、それは相依ってなる「縁起」に他ならない、となるであろう。

または、このように解釈することも可能である。つまり、空においては全て無自性であるから、狭義の「我」、今日的に「エゴ」として理解されるような行為者に当たるようなものの存在もまた見られない、ということである。

また、中村は、無我が空であるところの諸法実相と同様とするならば、それはすなわち縁起に他ならないのではないか、と『中論』や『無畏論』、そしてチャンドラキールティーの註解から論証している[132]。これについては、特にナーガールジュナの著作の一つである『大智度論』の記述が決定的であるとして引用されている。その引用から、一部抜粋する。

「…無常・苦・空なるが故に無我なり。自在ならざるが故に無我なり。主無きが故に、名づけて無我と為す。諸法（あらゆるもの）は因縁より生ずるが故に、無我なり。」[133]

第2節　中村元『龍樹』

　これまでに、空が、中道、縁起と異なるものでは無いという結論に至っている。さらに、そこに無我が結びあわされることによって、四つの概念が、異なるものでは無いことが示された。よって、無我とは縁起であり、空を表し、それは中道である、ということになろう。

　中村はさらに、等正覚者、すなわちブッダについての論述の部分において、以下のように述べている。この記述は、ブッダの教えにおける我とは本来、一体何を意味するものであり、行為主体と客体とは一体どのように解されるのか、ということに重要な問いかけをしていると思われる。

> 諸法の縁起せる如実相を体得した場合に初めて「さとりを開いたもの」（覚者）といわれるのであるから、「縁起を見る」ということはきわめて重要な意味を有する。[134]

　まず、ここで言われている「縁起を見る」ということが、見るものを主体、縁起を客体として見るという行為について語っているのでないことは、すでに明らかであろう。縁起すなわち空において、すべては相依って現出する。中村は「決して縁起なるものを客体化して把握しようとするのではなくて、これを主体的に理解するのである。したがって、「縁起を見る」ことの内容を概念をもって表現することは不可能である[135]」と述べている。けれども、本書で論じてきたように、行為と行為者と行為の対象が不可分であるということによって、このことを表現することも可能であろう。この三つはお互いに依存しあって立ち現われるのである。したがって、縁起を見ることによってその見る者は覚者となると言える。しかし、さらに厳密には、時間的生起関係を排除した表現をすべきである。つまり、「な：る」ではなく「で：あ：る」ということがより正確であるかもしれない。等正覚者すなわちブッダであるから、縁起を見るものはすなわちブッダであるということとなる。その「見るもの」は縁起そのものである。つまり、空がブッダそのものであり、ひいてはこの世界そのものがブッダそのものである、ということになるのである[136]。ここには時間的生起関係

207

が含まれていない。それならば、無明なものが縁起を見て初めて覚者になった、という因果関係図式で考えるべきではなく、「等正覚者が縁起を見る」ということは、無知無明なるものはそこにはいないということになるのである。無我、または悟りなるものが存在しないとは、そのことを指すのではないだろうか。

　このことを、仮のものと自覚しつつも時間的因果関係を用いて記述することは不可能ではないであろう。しかし、それによって「悟り」を「客観的」に表現し尽くしうるものではない。あくまで、ある一定の観察者と時間概念を入れ込んでその差異（要素の結びつきの変化）を記述することができるだけである。いずれにしても、「縁起を見るもの」についての、「縁起を見ていない者」からの自身の内部における他者言及的な観察に過ぎない。

　自らが縁起を見ていない以上、区別の上に立ったその外部からの（あくまでも自己の内部での区別の外側という意味での）観察に過ぎないのである。そして、「縁起を見るもの」が見るのは、すべての相依性であるから、そこにはもはや区別はない。外側も内側もなく、見るものも見られるものもない。果ては、ナーガールジュナの論証が最終的に示した到達地点のごとく、「空」などというものもみとめられないのである。それは無（Nichts）ではなく、区別がない（keine Unterscheidung）ということである。

　このことが、数多の思想家をして「それぞれの体験にゆだねるしかない」と言わしめるものなのであろう。

4 空と涅槃

(1) 我と涅槃

すでに見たとおり、行為主体と行為は双方がお互いを随伴してのみ成立するため、行為には原因が含まれていない、と言えるのである。原因が無いところには果報もあり得ない。したがって因果応報や「宿業」のような、過去の行為の結果が現在の状況を生むようなこと、仏教教義的に言えば、悪行すなわち業が病苦や困難をもたらすといったような教えもまた、成立し得ないこととして排斥される。

ちなみに、こうした思考は、キリスト教（会）が宗教的教義を理由に原理的なものとして掲げる「原罪意識」的なものを多かれ少なかれ背負う、西洋思想の負荷を全く異なる視点から解放するものであるとも言えるのではないか。もっとも、仏教輪廻観の時間概念は循環するループ様となっている一方、キリスト教的原罪意識の時間概念は直線的であるという相違があることは、留意しておく必要がある。しかし、あらゆる罪や業の認識のすべての要因は、固定化された主体、つまり狭義の「我」の意識にあったのかもしれない、ということは、どちらの思想についても指摘可能なのである。これに関しては『中論』第一七章「業と果報との考察[137]」において、順序立てて論破されている。最終的には業を作る行為主体も、果報そのものも、「蜃気楼」や「陽炎」のようなものとして、解消されている。

さらに、行為主体の考察において、第八章第六詩にはこのように述べられている。

> 果報が存在しないから、解脱に至る道も天界に至る道も成立しない。そうして一切の行為は無意味となってしまう。[138]

これは部派仏教諸派の輪廻と解脱の教義を一掃する言述である。ナーガールジュナの主張は、中村の指摘する通り『中論』の冒頭「帰敬序」にすべて現れている。つまり、ブッダの原初の教えに立ち戻ることである。

第 3 章　ナーガールジュナの哲学

　その帰謬法による破邪は、狭義の自我に基づく謬見と執着によって出来上がったあらゆる組織的教義・教説や戒律の類の実体の無いことを露呈させる。
　果報が存在しないなら、それによる業も輪廻もなく、したがってそこからの解脱もない、となる。そもそも、解脱を目指す自我というものが執着の源に他ならない。すると必然的に、涅槃を目指すこと自体が、それを目指す主体の存在を存続させるものとなってしまうのである。したがって、以下の帰結を見るはずである。

　　「わたしは執着の無いものとなって、ニルヴァーナに入るであろう。わたしにはニルヴァーナが存するであろう」と、こういう偏見を有する人には、執着という大きな偏見が起こる。[139]

　執着とは「わたし」という個人存在があるというものをはじめとして、さらにはニルヴァーナに入るということに対するこだわりなどを含めて際限が無い。そして、それは欲に他ならないということを示している。
　先に述べたように、プドガラ（個人存在）は五蘊によって成立している。それならば、「修行完成者（如来）」なるものは存在しないことが、第二二章第一詩において論証されている。ここで興味深いのは、以下の第三詩である。

　　他のものであることに依存して生ずるものは、無我（アナートマン）であるということが成り立つ。無我であるものがどうして如来でありえようか。[140]

　そもそも、主体としての如来がないということは、如来という言葉も、存在もまた、相依って現れる空である、とも言えるのである。
　けれども、それでは自分という存在もなければこの現象世界の全く何にも意味はない、というたやすく陥る虚無主義の誘惑とも言えるものに対して、第二四章第一〇詩にこのようにも述べているのである。

第2節　中村元『龍樹』

　世俗の表現に依存しないでは、究極の真理を説くことはできない。究極の真理に到達しないならば、ニルヴァーナを体得することはできない。[141]

　中観派の空観は二諦の思想によって成立する。俗諦と真諦の二種である。そしてそのどちらも、真理に到達するために必要なのである。これについては、次の(2)「二諦と絶対的な智」においてあらためて論じる。この「ニルヴァーナを体得することはできない」という表現もまた、これまで駆使されてきた帰謬法からは簡単に排斥されるべき自己矛盾である。しかし、これもまた、二諦の議論から説明することが可能なのである。もしくは、この言表そのものが排斥されたとしても、最終的には空をも否定し去る徹底的な帰謬法の性質に鑑みればなんら問題はない、とも言える。

　有部のニルヴァーナ説は、そのほかの法の実体論と同様に、ニルヴァーナというダルマが存在し、それが様々の煩悩を滅し、輪廻の苦しみを断つものであると考えられていた。要するに有部はニルヴァーナをありかたとして実体視していた。これに対してナーガールジュナは、存在するもの、すなわち「有る」ということは時間概念を含んでいるために、あたかもニルヴァーナに経年変化があって「老死」があるかのようである、と批判する[142]。有部はここでは「有る」を、時間的生起を含まない有として語っており、双方の「有」の概念にズレがある、というのは中村の指摘する通りである[143]。しかし、これに関して言えば、西洋の Sein 概念もまた、ヤスパースが述べているように多義的なものである（本章第1節参照）。その意味においては、概念の定義を一定にするということ自体から離れるような言葉の使い方の縦横無尽さもまた、可能であると言えよう。そもそも、ニルヴァーナを目指す主体なるものが空であるならば、目指されるものもまた、空であるはずであることは、もはやあらためて説明するまでもないであろう。

しかし、ナーガールジュナはさらに批判を進める。ニルヴァーナが有るのならば、物事は相依って有るために、ニルヴァーナに成立要因があるかのようになる。すると、ここで有部によって使用されている「有る」は、現象世界の存在と同様になり、したがって自性のものではなくなる、とする。有部はニルヴァーナを絶対（自性）であるとするから、このように論証してゆけば、有部のニルヴァーナの実体概念が論理的に破綻してゆく。

ここで、ナーガールジュナの「有」は実有と、現象世界の有（生起するもの）のふた通りで使用されていた、ということを留意すべきである。中村はナーガールジュナのこうしたその時々での定義の相違を「言葉の魔術[144]」と表現しているが、論点を意図的にある側面に固定したり、脇から弱点を突くような急襲を仕掛けるなど、詭弁との批判も免れない部分がある。

それでもなお、そのような論理構築上の欠陥があらゆる面のいずれかにおいて指摘可能であることが露呈されること自体が重要なのである。ヤスパースの指摘するように、世界のいずれかにおいて妥当な法則は、世界のいずれかにおいて否定されうる。であるならば、それは絶対的な法則ではない。そして、法の絶対を説くはずの法有の立場がいずれかの次元で否定される。したがって有部の主張する絶対的なダルマ、すなわち実在としてのニルヴァーナは、主張自体が成立しない。つまり、ナーガールジュナは「概念に形而上学的実在性を附与することを否定したのである[145]」と言えよう。

さらに注目すべきは、以下の第二五章第一九詩であろう。

　　輪廻はニルヴァーナに対していかなる区別もなく、ニルヴァーナは輪
　　廻に対していかなる区別もない。[146]

これは、一般に伝統的保守的仏教で考えられている輪廻からの解脱という思想から考えれば全くのナンセンスと捉えられるであろう。ニルヴァーナと輪廻は究極的には同じものであると説くのである。さらに以下の第二

第2節　中村元『龍樹』

〇詩が本書の議論において最も重要な意味を持つと言えよう。

> ニルヴァーナの究極なるものはすなわち輪廻の究極である。両者の間には最も微細なるいかなる区別も存在しない。[147]

この「究極」とは一体何を指すのか。二つの対峙概念、異なる概念がまったく隅々まで何の相違もないとは一体いかなることなのだろうか。これについては、ルーマンの内在と超越の概念とともに、第4章に論じることにしたい。

第二五章最終詩である第二四詩においてナーガールジュナは、ニルヴァーナは一切の戯論が寂滅した境地であるとしている。これはまさに空に他ならない。したがって空と涅槃はなんら異なるものではない、となるのである。これを般若経でも説かれる無縛無解ということ同義として解釈されるのである。

輪廻もニルヴァーナもなんら異なるものではないという立言について、中村は「大胆である」としつつも、以下のように解説している。

> われわれの現実生活を離れた彼岸に、ニルヴァーナという境地あるいは実体が存在するのではない。相依って起こっている諸事象を、無明に束縛されたわれわれ凡夫の立場から眺めた場合に輪廻とよばれる。[148]

つまり、その同じ事象を正しく見るもの＝等正覚者は、それを縁起と見る。であるからそれはニルヴァーナと言われるのである。つまり輪廻とニルヴァーナはなんら異なるものではないが、観察者の立場によって、つまり区別の仕方によって差異が作られるだけなのである。

したがって、この現象世界を否定して、「ニルヴァーナの境地に憧れるということが迷いなのである[149]」ということになるのである。

(2) 二諦と絶対的な智

　既に述べたように、仏教思想において、真理には「俗諦」と「真諦（第一義諦）」という二諦、すなわち二種の真理がある。俗諦は世間知に覆われた真理であり、一般に方便と呼ばれるものが混合している。他方、真諦は最高智の真理であり、この現象世界を超えた智識とされる。これは思惟によって獲得されるものではない。議論を行う上で、この二つは明確に区別していなければならない。第二四章第九詩には、「この二つの真理の区別を知らない人々は、ブッダの教えにおける深遠な心理を理解していないのである[150]」とある。世間知に覆われた「真理」である俗諦もまた必要なのである。続く第一〇詩には「世俗の表現に依存しないでは、究極の真理を説くことはできない[151]」と述べられている。

　究極的には、八不、つまり何ひとつ生じず、滅することなく、去来も、異質なものもないとは言え、われわれは、異なるものを日々見、感じ、交流し、それらは来ては去りゆく。このことについて、いかに折り合ってゆくのか。

　たとえば、プラサンガを究めれば、「有（もの）が生ずるということは理に合わない。また無が生ずるということも理に合わない。有にして無なるものの生起することもない[152]」ということになる。ここでの「有」はサンスクリットの sat であり根源的な存在を指すと考えてよいであろう。有部が法有で主張した限定的な実有とは異なる[153]。

　すなわち、有は恒久不変にあるものであるから、生起しない。もし、無であるなら、無は当然のように生起するはずはない。したがって、「生起」ということは不可能である。

　しかし、『中論』第二六章には、十二因縁、いわゆる「小乗」の縁起説が表されている。衆生の生死流転の状態を表す世諦として、ナーガールジュナはこの理もまた認めているのである[154]。このように、二諦で説明すれば、迷妄に覆われた人々の見る「世界の真理」と、究極的な真理とを融和することが可能である。その意味においては、俗諦という説もまた、

第2節　中村元『龍樹』

縁起によって立ち現れているのである、と言えるのではないか。

　現代社会的には、「世間知に覆われた」「方便の混在した」真理については、俗信・迷信や、視点によっては「社会慣習・常識」などと捉えられてしまうかもしれない。しかし、真諦の意味する真理、すなわち究極的な真理が、現象世界を超えたものとするならば、それ以外の理論はすべて内在の範疇である。したがって、あらゆる理論は内在におけるものということになり、本来、俗諦の範疇のものなのである。このことは、諸科学（自然・社会・精神）にも例外なくあてはまるはずである。そして、すでに述べたように近年の科学理論そのものにおいても、そのように論じられているのである。

　中村の『龍樹』は、中観派哲学解釈の結論とも言えるような重要な本質的解釈を、巻末のみならず、冒頭から所々に散りばめる形式で著述されている。以下のような根幹的な思想を表す解釈も、有部の縁起説との相違、中国の華厳宗の法界縁起の思想との類似を論じた一節の具体的な論証ののちに、いとも自然な流れで挿入されている。

> このように一と一切とは別なものではない。極小において極大を認めることができる。きわめて微小なるものの中に全宇宙の神秘を見出しうる。各部分は全体的連関の中における一部分にほかならないから、部分を通じて全体を見ることができる。実に『中論』のめざす目的は全体的連関の建設であった。[155]

　このような理解に基づけば、すべての戯論の否定の後に現れる空は、カラでも虚無でもなく、これまでとは異なる形で現れるすべての連なりである、と言えるのではないであろうか。

　では、それは一体何を指しており、またヤスパースの言うところの「通常意識」を持ちながらも透徹した思惟の限界まで究め尽くした言述によって、それをどのように表すことが可能であろうか。この「一と一切が同じ

第 3 章　ナーガールジュナの哲学

ものである境地」とは一体いかなるものなのであろうか。

その到達点を、たとえばバレーラらはこのように理解している。

> 実は世界の仏教徒の大多数は、その深奥の関心を否定的な言葉では語らない。[156]

そこに至るまでの否定論法は、あくまで予備的なもので、「執着の常習的なパターンを取り除くのに必要であり、この上なく重要で貴重ではある[157]」、しかし予備的なもの以外の何ものでもない。最終的には肯定的に捉えられる境地を悟るためのものである、と捉える。

そして、この状態、つまり我執に基づいた自他の区別を乗り越えることによって辿りつく状態をあらわすもの、その暫定的な結論として、「ハイデガーの惑星思考（planetary thinking）[158]」と結びつけている。しかし、これはあくまでバレーラらの見解であり、ハイデガーの概念の解釈である。本書では、中村、ヤスパースの到達した結論に本質を見る。

なぜなら、ナーガールジュナによって空すらも最終的には否定されるからである。それは、われわれが見るところの事象のすべてが相依性の空であることに到達するということは、すなわち中道であることを説いてきたからに他ならない。つまり、「空観」にすらとどまらないのである。この、「中道」を表すには実は両極が必要である。そして、その両極に振れるものを可能ならしめるものについて、何も指し示すことができないということを暗に指し示してきたのだとも言える。そのように考えれば、空の意識を超えるものがあるはずである。対してバレーラらの考える「根拠なき世界」における「惑星思考」は、当時の西洋思想に対する暫定的な提案と理解しても、その概念選択の是非以前に、俗諦の範囲にとどまるものである。

着眼すべきは空が無自性であるということであり、空が無自性ならば、自性（真の意味で無根拠・無制約）があるはずなのである。

これに関しては、中村の説明する縁起の相互限定という性質からも考察することができる。「この相互限定ということは、二つ以上の連関のある

ものが、一方から他のものに対して否定的にはたらくことである[159]」。相互依存というのはすでにして相対するものを必要とする。必然的に以下のような帰結を見る。「やはりそれ自体のうちに否定的契機を蔵しているといいうるであろう[160]」。

縁起は否定的契機によって立ち現われる。縁起は差異を必要とすることから、これは当然の帰結であろう。ここにもルーマン理論との親和性が見られる。さらに、これを縁起の概念そのものに当てはめて考えると、縁起という概念そのものの中に、無自性である縁起以外のもの、その反対概念が、いわば内蔵されているのである。

それについて、どのように表現できるのであろうか。以下の二つの方法があると考えられる。

（１）自性のものである絶対者を認識するための、それ以外のものの否定の方法
（２）自性の実在＝絶対者については語ることのない、相対次元での肯定／否定の区別を語る方法

まず先に（２）に関して言えば、絶対者について語り得ないことを前提とする認識があるか否かによって、視点が大きく異なってくる。すなわち、認識不可能なことがあることについて無知でいるか＝つまり迷妄の中に「ただ」あるか、迷妄の中にあることを既知でいながら無執着の活動をするか、である。本書で扱っている（２）の方法とは、もちろん、この後者の認識による視点である。

前述の二諦に関連して考えれば、（１）の否定的方法は、俗諦を否定してゆくことで、真諦に至る方法であり、（２）は、俗諦があくまでも俗諦であり、真諦には至らないことを明確に認識した上で、俗諦の論議を極め、それによって逆に真諦が背後にあるという意識を示唆する、というものと言えるのではないであろうか。（２）の方法論は、ルーマン理論の社会学的記述を想起させるであろう。ナーガールジュナもまた、いくつかの著作で、俗諦の観点から戒律などに言及していることから、この方法論を

第3章　ナーガールジュナの哲学

一部に使用していると言える。

　このように考えれば、原始仏典からの仏教共通の教義として一般にも知られている諸行無常であるが、ブッダはこのことによって、言外のことを示そうとしたと言えるのではないか。すなわち「無常でないもの」である。

　中村も、なぜ法有派が絶対的な法についての思想を掲げるに至ったか、という論述において、以下のように示唆している。

> ところで、諸行無常を主張するためには何らかの無常ならざるものを必要とする。もしも全く無常ならざるものがないならば、「無常である」という主張も成立しえないではないか。[161]

そして、さらに確信を持ってこのような見解へと導いている。

> 無常なる存在を無常ならしめている、より高次の原理があるはずではないか、という疑問が起こる。一般に自然的存在の生滅変遷を強調する哲学は必ずその反面において不変化の原理を想定するのが常である。[162]

これは、中観派によって排斥された有部による法の実体化の背景の中村による説明である。この疑問を起点として、有部のように何らかの高次の原理の追求に向かうこともまたひとつの方向性であったのであろう。それでは中観派ではこの疑問はどのように扱われているのであろうか。先に述べたように無自性と言うからにはまた、無自性を可能にする自性が常に傍に示唆されているのである。

　これに関しては、このように応答することが可能ではなかろうか。俗諦の範囲内のみで真諦に到達することはできない。したがって、全てを否定し尽くしてさらにはその否定論法および、空すらもまた手放すことによって、解放される＝正しく見る＝真諦に至る、ことができるのである。

　これについては以下のヤスパースの記述が要を得ているであろう。

すべてから解放され、解放からも解放される。すなわち、どこにも執着しないということ、これが徹底した根本思想である。[163]

この「解放からの解放」とは「空を空ずること」、すなわち空にもとらわれない、ということなのである。それでは、その空＝縁起を見るに至った等正覚者にとって、空とはいかなるものとなるのであろうか。そして、その理解に関する以下の中村の記述は、ナーガールジュナの空観を超えて中村自身の空の哲学を表しており、深い意義がある。

＜空＞は全てを抱擁する。それに対立するものがない。その＜空＞が排斥したり対立したりするものは何もないのである。実質についていえば、「空」の真の特質は「何もないこと」であると同時に、存在の充実である。それはあらゆる現象を成立せしめる基底である。それは生きている空である。あらゆる形がその中から出て来る。空を体得する人は、生命と力にみたされ一切の生きとし生けるものに対する慈悲（maitrī, karuṇā）をいだくことになる。[164]

「何もない」と同時に、「存在の充実である」ということは、すでに空に関わる全ての論述からも、その本質的な理を表しているであろう。そしてその充実はもちろん虚無や厭世などではなく、あらゆるものに対しての慈悲を生み出す源となるのである。

したがって、「慈悲とは＜空＞——あらゆるものを抱擁すること——の、実践面における同義語である[165]」という透徹した表現に至る。かかる空を知るものを「一切智（全智）」を得たものとするのである。それは菩薩というあり方として、自身も含めて全て空として、空において生きることを指しているのであろう。それが、空と涅槃が異なるものではない、ということなのであろう。

このような宗教的な智のあり方について、中村は以下のように述べてい

る。

> 人間の行動の基本的な徳としての＜慈悲―愛＞と絶対者の＜知識＞とが実質的には同じものであるという見解は必ずしも仏教だけに限られたものではなかった。[166]

そして、その例としてトマス・アクィナスの以下の記述を挙げるのである。

> 「神はあらゆる存在するものを愛する」が、それと同時に「神のうちには最も完全な知識が存在する」。[167]

この、中村による中観派哲学と西洋キリスト教神学との連関は、いとも自然に、当然の帰結であるかのように記されている。しかし、実はこのように集約させることは、ナーガールジュナの空から自性なるものについての洞察に繋がれて行く論旨の鮮やかさと同様、決してこれまでのナーガールジュナ解釈において主流であったわけではないであろうと思われる。

5 比較思想的考察

中村は、『龍樹』の中で随所に中観派哲学と西洋思想またはインド哲学との比較を挿入している（弁証法の観点でプラサンガのヘーゲル思想との比較、法有派のイデア論との類似からプラトン、またはフッサールのWesenとの対比など）。また、同書終章の「比較思想から見たナーガールジュナ」で、東西の宗教思想における絶対者の概念を例示し、それらの類似を論じている。本節でもすでに中村による東西思想の比較例の幾つかに言及した。これらの比較は特に『龍樹』の内容に限って考えれば、西洋思想により馴染んでいる読者に対して容易な理解となるように考慮している部分ももちろんあろう。

第2節　中村元『龍樹』

　しかし、中村のその他の東西比較思想の諸著作を参照すると、より根源的な理由が理解される。すなわち、本来東西の思想の分離というものは相互が個別に発生したことによるのではなく、歴史的その他の事由によって分かたれてしまったまま、その相互連関・影響が傍らに置かれて久しいのである、という見解である。これについては、バレーラらが西洋科学の観点から指摘することと、中村が東洋思想の観点から指摘することは、それぞれ立脚点は異なれど、同じ根源に向かう思惟の流れではないであろうか。この見通しの下、本章第4節では、インド哲学とギリシア思想との交流ならびにナーガールジュナの仏教哲学とインドのヴェーダーンタ哲学の比較について言及する。本書でも第2章ルーマン理論をはじめとして度々言及した「ブラフマン」について、ヴェーダーンタ思想の解釈を詳しく論じる。

　ここで、『龍樹』における中村の比較思想の興味深い論点を挙げておきたい。

　諸法が独立しており、因果すなわち時間的生起関係によって事象が起こる、という法有派の理論に対して、中観派の縁起論を説明したのちに導く論理的帰結について、中村は西洋論理学を用いた説明を加えている。

　有部は、例えば反対概念である長と短とは、「長というもの」「短というもの」がそれぞれ独立してあると考える。対して中観派は長と短の関係はもとより諸法は全て相互依存によるものとする[168]。

　この相依性はあらゆる関係性に当てはまる。長短のような比較的理解の容易な相対的概念においては明らかである。これを行為と行為主体、彼岸と此岸、種子と芽などに当てはめてゆき、さらには「認識方法と認識対象との本性上の成立は存在しない[169]」という帰結に至る。これは、方法とその対象もまた同様に相依って成立している、ということである。例えば、認識方法について語るとき、必然的にその方法を当てはめて認識するべき対象は、その認識方法の中に含意されており、逆もまた然りである、ということなのである。

221

第3章　ナーガールジュナの哲学

　また、一方が成立しないから他方も成立しない、という『中論』の推論の幾つかは「形式論理学」的には不正確であるという指摘も紹介している[170]。しかし中論が全ての関連を表す相依存性を掲げているのであるとするならば、このような伝統的論理学、すなわち二値論理学に基づいた指摘はそもそも的を外しているとも言える。これについても、第2章で言及した二値論理学批判及びそれに代替する多値論理学に関する議論と重なることが理解されよう。

　さらに、上記の帰結は、行為主体、認識主体としての自己、また本書第1章で論じた西洋の主客二元論の議論に関連してゆくであろう。例えば中村は以下のように述べている。

> 西洋近世の哲学は、大まかにいえば、自我の自覚に立って自我を追求する運動の歴史である。したがって最初の、そして最後の問題は常に主観と客観との対立であった。[171]

　この主客の対立は、フッサールがノエシスとノエマによって超克しようとし、今や身体化論によってさらにその考察が進化している。ルーマンは自己言及と他者言及、観察と観察者という概念でこの「対立」を異なる記述の中に解消しようと試みた。また、西谷の「大疑」もまたデカルト的自我に対する懐疑から脱するものである。

　中村はさらに、「一般に主観と客観の対立をはなれて、「ありかた」「本質」などを問題とする存在論（Ontologie）的哲学は必ずその窮極において有と無との対立に突き当たる[172]」として、ハイデガー哲学をこの典型的な例として挙げている。その対比の是非はここで論じるにはさらなる解釈・研究が必要となろう。いずれにしても仏教思想では説一切有部がこの問題において膠着状態に陥り、中観派に厳しく論破されることになった経緯があったことは、これまで見てきた通りである。

　最後に、第4節につながる重要な比較としてヴェーダーンタ哲学のシャ

ンカラの思想とナーガールジュナの哲学が本質を同じくすることの指摘を挙げておきたい。『龍樹』においてはこれに関して一箇所のみ、インドの研究者R.C.パンデーヤのナーガールジュナ解釈の紹介として、以下が引用されているだけである。

> シャンカラは、絶対者は上向きの思考の動きによっては達成されえないものであるとして新しい弁証法の技術を展開したのである。かれにとってテーゼは疑う余地のないものであって、証明することはできないのである。アートマンは内証されるはずのものである。………ナーガールジュナの分析は、シャンカラがその弁証法を形成した原型であったと思われる。[173]

シャンカラは虚無的な「空」概念を認めず、仏教教義を批判した。一方で、後に「仮面の仏教徒」などと評されるごとく、その思想には仏教哲学との類似が見られる。上のパンデーヤの指摘のように、ヒンドゥーの聖典ウパニシャッドの解釈を緊密な哲学体系に織り上げたシャンカラの哲学が、ナーガールジュナの仏教中観派哲学の根本といかに重なっているか、については本章第4節に論じることにする。

第 3 章　ナーガールジュナの哲学

第 3 節　ナーガールジュナ論の総括

第 1、2 節において、ヤスパースと中村それぞれのナーガールジュナ論を論じた。本節では、それらの思惟を踏まえて、ルーマンの観察理論との比較なども含めてまとめてみたい。

1　有と無の対立とその観察者

第 2 章ですでに論じてきたように、いかなる事柄にも、区別がある限り観察者がある。その視座から中論を解釈するとどのようになるであろうか。『中論』第五章第六詩には以下の様に述べられている。

> 有(もの)が存在しないとき、何ものの無が存在するだろうか。有とも異なり、無とも異なる何人があって有無を知るのであろうか。[174]

これについてのチャンドラキールティーの註解は以下のようになる。

> 「〔有と無〕との両者を知るものであるところの、有と無とから異なるいかなる第三者も存在しない。それ故に有と無とを観察するものは存在しない」。[175]

つまり、有と無を知るためには、有、もしくはそれに対立する概念としての無の外部観察者が定義されなければならないはずであるが、そもそも、有も無も否定されるならば、それについての観察者も否定される、ということになる。まず、観察者は常に「有」(それがいかなる定義であっても)に属するものとするような素朴な実在論はさておき、「有と無の観察者の存在」を問う時点で、「有」および有の対概念としての「無」のいず

224

第3節　ナーガールジュナ論の総括

れにも属さない「観察者」が「ある」と想定されねばならない。しかし、中村も解釈するように「有と無と異なる第三者である主観は存在しない[176]」。つまり、バレーラらが言うところの、突然、外界から落下した認知エージェントのごとき、ニュートラルな観察者などというものはない。観察においては、観察対象としての「有」と「無」の対立（＝客体）、その観察対象＝客体を見るような主体、この二つもまた二分されて「ある」。その「ある」ものは、有と無の対立の規定を避けることはできない。有と無の両方に属さない観察者は存在せず、したがって有と無を見ることができる観察者もまた存在しない、ということになる。さらに、そもそも有と無の対立が見られないのであれば、この場合の主客の対立もまた見られないということにもなる。

　この議論をルーマン理論の観察者の盲点の問題と置き換えることができる。非有非無の観察者の存在があるはずだ、と反問するナーガールジュナの論敵は、自らが、その観察者の存在を観察できるような位置にいると見なしたうえで（実際には不可能なのであるが）、その問いを投げかけている。けれども、そのことに無自覚なのである。つまり、「自らが見ていないものを見ていないことを知らない」状態である。さらには、すでに述べたように、観察者としての自己自身を観察することは不可能であり、これを解消することはできない。

　観察の次元を上げることと、区別をなくすことは決して交差することはない。観察はあくまで区別に基づき、分割に始まり、どれほど分割しても「区別の無い状態」に到達することはない。無限の差異の統一の観察は、すべてを見渡すことができ、さらに自己自身を観察可能であるような存在にしか可能ではない。

　したがって、ナーガールジュナの論敵が指摘したような「有と無の観察者」が観察する「有と無」は、本来、その論敵の議論が対象と想定していたはずの絶対的な有でも無でもない、と言えるであろう。

　自己を含めた境界線の双方を観察できるのは、ルーマンに従えば、唯一、差異の統一としての「神」のみであった。

225

第3章　ナーガールジュナの哲学

2　空・縁起・中道　そして時間

　中村による空、中道そして縁起についてのそれぞれの解釈を通じて、結局は空と縁起と中道はすべて同義であることが明確に論証された。これはナーガールジュナが、その著作である『廻諍論』において明確に述べていることでもある[177]。
　この三概念の不異同一であることを踏まえたうえで、ここでは、この現象世界を形成する核である時間概念と関連させて考察してみたい。
　空が、断滅、常住を超えているとすると、仮に空の中での断滅と常住の言表を可能ならしめる時間そのものは、空のなかにおいてそれらのパラドックスを表すモメントの一つであり、また、それにすぎないと言うこともできるのではないか。空においては、本性上はいかなる変化も起こらない。全ての事象が縁起により依って立ち現れるとすると、時間は「立ち現す」ことと切り離すことのできない概念なのである。すなわち事物が存在と非存在の中道にあり、依存的に発生するものだとすれば、その依存のあらわれを可能にするものである。換言すれば、相依性は時間によって認識可能となる。けれども、認識可能になる以前に相互依存の因果関係などというもの自体があるのではないことは、法の実有の否定からも明らかであろう。
　これと同様のことが、最初期の仏教から定義されていると言える。つまり縁起は、時間的生起の関係を意味するものではないと言われていることである[178]。これの意味するところは、空を離れた「時間」という普遍的な法則があるのではないということなのである。つまり、時間という概念を用いて観察ということが可能となるような連関であり、同時に、われわれの観察、認識が時間と共に空の中に立ち現れるものであることを示している。
　さらには「われわれ」と言われているものの存在、個人存在そのものも、時間を用いて認識されている。縁起は、さらに時間も含めたそれらを含み網羅した、相互依存なのである。

第 3 節　ナーガールジュナ論の総括

例として、『中論』第二章「運動（去ることと来ること）の考察」の運動の否定の論理を参照してみたい。

　一　まず、すでに去ったもの（已去）は、去らない。また未だ去らないもの（未去）も去らない。さらに＜すでに去ったもの＞と＜未だ去らないもの＞とを離れた＜現在去りつつあるもの＞（去時）も去らない。[179]

この論理は時間概念と結びつけて解釈すれば、明快となる。まず、すでに去ったものが去らない、つまりすでに過去の時間軸のものが＜現在＞に戻されることはない。さらに、未来に行われるとされるものが＜現在＞に行われることはないであろう。最後に、現在去りつつあるという途上の行為にあるものが、完全に「去る」ことはないのである。これは、思考と言語の幻術を駆使して時間というものの性質を鋭く切り取る記述である。＜現在＞というものは捉えどころがない。行為を描写しようとすれば、言語という時系列の中での操作上、常に過去形か、決して来ることのない未来形に押し入れるしかない。そして、「去りつつある」ものはすでに、法有の立場から言えば、去りつつあるという実体の作用を指している。そこにさらに、「去る」というあり方（法）を付け加えることはできないのである。

プラサンガはその手法として、まず論敵の論理にしたがって論理を進めた上で、後半にその論理的破綻を指摘する。この場合、あり方としての法の実体化を主張した有部が、二つの異なるあり方が混在するような法の実体概念を主張するのは矛盾となるのである[180]。

なお、ナーガールジュナは自然的存在の領域における運動を否定しているのではないということに留意すべきである。上述のように、あくまで法有の論理的矛盾を突いたに過ぎない。この点で中村は、西洋の諸学者がこの論理をゼノンの運動の否定の論証と対比させたのは拙速であるとしている[181]。そもそも、ひとつの推論を立てると、それによってそれを肯定す

第 3 章　ナーガールジュナの哲学

ることとなり、結果として他方のみを否定せねばならない。それは帰謬法ではない。「主張がない」ことが中観派の態度であることに鑑みれば、独自の時間概念や運動の否定などの「主張」を標榜することはない。

さて、それでは、縁起において時間はいかなるものなのか、それは第一九章第六詩に端的に表現されている。

> もしも、なんらかのものに縁って時間があるのであるならば、そのものが無いのにどうして時間があろうか。しかるに、いかなるものも存在しない。どうして時間があるであろうか。[182]

ここに、ルーマンの時間概念との親和性が見られる。不可逆的な時間が世界を分け入って進み観察を可能とするものであるということと、時間が縁起によっているものであるということの表裏一体性と、その記述の角度の違いは、世界をより現実（real）のものと見る西洋的な視座と、現(幻)象とする仏教的な視座の位置の違いによるものとも言えよう。

3　現象世界

縁起、その相関関係を理論的に分析するということは、ひとえにその定義がどこまで厳密なのかにもよるものであろうが、そもそも可能なことであろうか。結論から言えば、「縁起は現前する[183]」のであって、解明されるのではない、と言えるであろう。「解明される」と考えるのは、バレーラらがいうところの「根拠づけ」であり、ルーマンが言うところの「基礎づけ」である。あたかも、縁起として現象化する事象の基礎となるイデアのようなもの、それ以上は還元不可能な基礎枠が存在するかのような信念に基づいている。それは、さらには有部の法有の立場でもある。法の実在化とは、その意味では、ルーマンのいわゆる旧ヨーロッパ的科学理論である、という対比で表すことができるかもしれない。もちろん厳密にはその関係性の対比は全てにおいて妥当というわけではない。

第3節　ナーガールジュナ論の総括

とはいえ、すでに言及したように、ナーガールジュナもまた、俗諦としての法有派の十二因縁の有効性を「世俗の論理」として認めているのである。真理に至るには、世俗の論理にもまた拠らなければならないのである。ルーマンがシステム理論で試みようとしたことは、この世諦の論理の洗練であると言ってもよいかもしれない。真諦ではないことに自覚的に世諦の理論を精緻にすることは、最終的には真諦をパラドックスとして表していることにもなるのである。

そのように考えると、西洋の懐疑論者たちとナーガールジュナの相違は、後者が否定することによって最終的には空と同義の縁起を言わんとしたことである[184]ということとの類似性が浮き上がってくると思われる。空、すなわち縁起が単なる還元的要素の相互連関を表す関係概念であるとするのは、もちろん誤りである。そもそもそうした要素は、最小単位に還元可能な何かを想定しているが、そうした単位がもはや存在し得ないことは、バレーラらの指摘にもある通りである。究極単位に還元することや、根本原理に到達するというような円錐的な価値観に基づくことなく、われわれすなわち観察者が実際に観察することからすべて始まることを、縁起が縁によって立ち現われることを「抱擁」するかのように行うことは、どのように可能だろうか。

ヤスパースの解釈や、中村の解説に基づいて『中論』を読みすすむほどに、ナーガールジュナの記述とルーマン理論の近似と相違が浮かび上がる。たとえば『中論』第一八章「アートマンの考察」第九詩を取り上げてみたい。

> 他のものによって知られるのではなく、寂静で、戯論によって戯論されることなく、分別を離れ、異なったものではない——これが真理の特質（実相）である。[185]

これらのいくつかの言葉をドイツ語に翻訳し、本書のこれまでの議論において馴染み深くなった類似の語彙に置き換えてみたい。すると「寂静

第3章　ナーガールジュナの哲学

Stillschweigen」、「戯論されない nicht diskutiert, unkommuniziert」、「分別の無い＝区別の無い nicht unterschieden, nicht differenziert」となる。

　あたかも、第2章で論じた『語ることと沈黙すること』における各テーゼに写し取ったかのようである。しかし、ここには決定的な相違がある。ルーマンの言葉はすべて内在内のものであり、ナーガールジュナは空を見たものとしての言葉なのである。この透写紙一重の決定的な相違はしかし、経験によってのみ超えられるものなのだろう。

　「他のものによって知られない」ということは、知るものがいない、すなわち区別の無い状態である。ナーガールジュナは、これと同義のことを異なるしるし（Zeichen）によって繰り返し述べている。知られたもの（知識）は何ひとつ真理ではない。喧しいすべての議論（戯論）も一切真理に触れることはなく、分かたれたものは真理から遠のき、相違が見出されるところに真理はないのである。

　その「分かたれた議論」を、この根源的な意味においての真理とは言えないものと知りつつ、出来うる限りの明確な観察の視点に立った上であくまで分離展開させ続ける記述を行おうというものが、ルーマンの社会学的記述である、と言えるのではないか。ナーガールジュナの説くように、真理に到達するには二諦が必要なように、常に世界を相対に二分してゆく展開の運動もまた、必然的にあるものなのであろう。

　ここで、ナーガールジュナ哲学のまとめとして、俗諦においての絶対的真理についての議論、すなわち内在における超越についての議論について考察してみたい。この議論は、次章に繋がるものである。

　有部による法の実体化やニルヴァーナの実体化について考えてみると、これらの観念によって、「現実」からは本来到達不可能な永遠の区別——あたかも内在であるこちら側から常に超越に対して渇望するような断絶の状態——であるにもかかわらず、常にそれが至高の理想とされているような存在を表そうとしていたのではないであろうか。そして、その理想には

第3節　ナーガールジュナ論の総括

永遠に到達することがない。このことは経験的にもまた指摘可能であろう。例えば、求道者が一生をかけて——仏教的輪廻史観によれば何生にもわたって勤めて——も、至高の最終目的である解脱・涅槃の意識の領域は到達困難である。そこに到達した「覚者」と呼ばれる稀有な例外的事例を除いては、大方の修行者にとっては絶望的に立ちはだかる永遠の断絶なのである。

しかし、他方でこれを宗教組織の教説として考えると以下のようにも理解される。特に上座部仏教のように個人がそれぞれ一つの心身の境地を目指して刻苦勉励するような教義を自認する宗派は、そうした容易に到達し得ない絶対的な理想、しかし、絶対的に存在すると信じられるものを必要としたのである、と。こうした営為は必然的に個々の自我を前提とする。ここで矛盾が生じる。「我」を是認しつつも、最終的にその個々の自我が絶対的境地、すなわち悟りに到達すれば、自我の消滅を認めなければならない。

有部における無我は、個々人の諸処の事物に対する執着の根源となるような「自我」の否定である。同時にその否定されるべき「自我」そのものが、実体化されたダルマ、滅を本質とするダルマとしてのニルヴァーナに到達することを目標とし、修行に励まなければならない。この自己撞着の無限循環が組織としての宗教を存続させる土台となったと解釈することもまた、歴史的には可能ではないであろうか。

それに対し、大乗仏教は例えば禅宗の十牛図に表されるように、現実世界が理想的境地として実現されるような、衆生に対する慈悲を説いた。その哲学的支柱としての空の論理に基づき、中観派は輪廻の無限循環のトリックを、言語のトリックを駆使した帰謬法で一掃した、とも言えるのである。しかし、ナーガールジュナの透徹した議論のみによる破邪の哲学と、歴史的宗派としての大乗仏教を標榜する幾多の組織や分派の掲げるそれぞれの教条・戒律や、その名の下に対立や紛争に終始してきた事実とは、もちろん即自的には同じものとはみなされないことに留意すべきであろう。

第3章　ナーガールジュナの哲学

けれども、そのような矛盾した、いわば聖俗の混在した、あるいは玉石混淆と呼べる状況ですら本質的なものではなく、それらすらも相依って成り立っている、したがって、玉も石もないというのが、空観の表すところなのではないであろうか。

そしてナーガールジュナは、その悟り・解脱に至った如来の存在もまた否定するのである。そもそも、主体としての如来がないということは、如来という言葉も存在もまた、相依って現れる空である、とも言える。これに関連して、伝統的西洋的思惟の思考からの立場として以下のような角度から表現しているヤスパースの記述が示唆に富むと思われる。

> 思想ではないもの（Nichtgedanke）においては、存在とか非存在などというものは見出されない。したがってそうした思想が思想ではないものであるかどうかという問いはあり得ない。[186]

これは一見、西洋的思惟とは相入れない（神秘）思想的な把握を可能にさせてしまうような記述ではあるが、その西洋的思惟なるものが変容する分岐点を示唆するルーマンやバレーラの指摘と照らし合わせると、ひとつの方向性を指し示しているように考えられる。われわれが自明の概念のように用いる「神秘」や「思想」とは一体いかなるものであるのか。

すでに中観派における行為と行為者の同一性と、それらの相伴って成立することが理解された。そして、第2章のシステム理論における区別（観察）と観察者（区別する者）の同一性と同時成立の論理がこれと一致する。しかし、そのあとに続くのは、それぞれにきわめて東洋的、西洋的な、互いに対極の選択である。すなわちナーガールジュナはその後に徹底的な帰謬法によって、行為者、行為のすべてを否定し、すべてを有と無の対立を離れたものとして空に帰せしめる。しかし、システム理論においては区別と再帰入を繰り返し、概念が増えるほどに現象世界に分け入ってゆく。これは、インド哲学の三つの「性質」（三つのグナ guṇas[187]）という概

念で言えば、現象世界の展開を主に促進してゆくラジャス（激質）と、現象世界の質量と動力因から離れる方向のサットヴァ（純質）の相違である、とたとえることができるのかもしれない。

第3章　ナーガールジュナの哲学

第4節　インド哲学とナーガールジュナ

　仏教思想は、古代インドの伝統や哲学と不可分である。また、一般に西洋東洋と大まかに二分化される諸思想は、個別に分離独立して発展したわけではないことを示す様々な資料と考察がある。
　本節では、すでに示唆してきたシャンカラのヴェーダーンタ思想へのナーガールジュナの哲学の影響を論じる。その上でウパニシャッド哲学、中観派哲学、そして西洋思想の相違・類似点を明らかにする。

1　インド思想とギリシア思想

　中村元『インドと西洋の思想交流』[188]では *Milinda Pañha*『ミリンダ王の問い』のギリシア思想と仏教・インド思想との比較研究を中心に、東西古代思想の類似点が論じられている。
　『ミリンダ王の問い』はギリシア思想とインド仏教哲学（上座部仏教）の交流記録である。西北インドを統治したギリシア人の王、メナンドロス（ミリンダ王）と仏教の高僧ナーガセーナとの問答を編纂したとされパーリ語と漢訳によって伝わるものである。
　個別の歴史的背景や文献学的詳細については、それぞれの参照文献に信を置くとして、ここでは、これらの比較思想研究における中村の一貫した視座に着目する。このような思想研究を、今後、他分野も含めて翻訳などによって発信してゆくことは、バレーラらの試みと問いかけに対するひとつの積極的応答になるのではないであろうか。
　第2節にすでに述べたように、有部の「かた」としての法の概念がプラトンのイデアに根本的に相似しており、『インドと西洋との思想交流』においてもそれについて文献学的な指摘がなされている。さらに、それぞれの地域の思想体系において批判されている点もまた類似していることが示

されている[189]。これらの相似の背景は、双方に特に個別具体的な交流の事実があったこと、もしくはギリシアのインド侵入による文化・歴史的な大勢としての影響が考えられる[190]。

　また、新プラトン派が、確実にインド哲学・仏教の影響を受けていることは東西の研究界において確定的に受け止められているという。例えばプロティノスの輪廻思想や、唯一者の観念については、ヴェーダーンタ思想の影響が明らかに見て取れる。いくつかの相違は見られても、全体としてプロティノスの「唯一者との合一」は、インドのヨーガの哲学と非常に類似している。さらに、「世界においては「いかなる個物も全体から隔絶していない」[191]」、すなわち一切のものが一切のものとともにあるというプロティノスの思想は、華厳思想の「隔歴（きゃくりゃく）の否定」に通ずるものがあるという[192]。

　なお、ジャイナ教の聖典『アーヤーランガ』にも、「一のものを知る人は一切を知る。一切のものを知る人は一のものを知る。」という教説があり、サンスクリットの詩句にも同様の一節があるという[193]。さらには『中論』の註解である『プラサンナパダー』においてチャンドラキールティーは、「一によって一切を知り、一によって一切を見る」と述べていることも特筆すべきであろう[194]。

　このように高度宗教、特にインドを起源とするものにおいて「一なるもの」の概念は根本的な背景として共有されていたと考えられる。そして、ギリシア哲学においてもその影響が認められているのである。

　さらなる例として、生存の輪廻を「火」「炎」に喩える思想は、仏教とギリシアのヘラクレイトスの両者に同様に見出される[195]。『中論』においても、個体の連続が火に例えられている。このように火を万物の究極原理とし、そこから世界が展開するという説は、ウパニシャッド哲学のウッダーラカ・アールニにもその類似が見られる。ウッダーラカの説では、究極の有から火が生起し、火から水、そして水から地へと下降してゆく形で現象世界が展開するのである。

　留意すべきは、ヴェーダーンタ哲学とヘラクレイトスのギリシア的思惟

第3章　ナーガールジュナの哲学

の根本的な相違であろう。ヘラクレイトスにおいては、火はあくまで客観的・自然的な元素の性格を残しつつも恒常的な実体である。しかし、インド思想には sat（有）、すなわち絶対的な有の概念がある。このサットはアートマンと同一視されるものであり、ウッダーラカにとって火はサットと同一ではなく、あくまでサットすなわちブラフマンの無明の姿（否定形）に過ぎない。この相違は、外的に真理を求める西洋的絶対者概念と、内外の区別が消滅するところのインド的絶対者の相違である、と言える。

　ちなみに、20世紀には、ギリシアの哲学者が仏教に帰依していたことや、ヴェーダーンタ哲学者がギリシアの哲学者と交流があったことなどを示すような文献も発見されている[196]。すでに言及したように、中村の『龍樹』にもこうした比較思想的考察が随所に挿入されている。有部が法「ありかた」を実在であるとしたことにはこれまでにも言及したが、有部は概念のみならず命題そのものも実在するとの立場をとる。中村も指摘するように、このような「命題の実在」がボルツァーノの議論以前に古代インドにおいて論じられていたことは特筆すべきであろう。これに関連して、一般に伝統的論理学の基準では概念と命題の混合は誤謬とされるが、現代論理学的には必ずしも誤りではないことにも言及されている[197]。

　上に挙げた例は、中村のこの著作その他の比較思想文献に記されたさまざまな比較・類似に鑑みれば、ごく僅かな言及に過ぎない。それでも古代思想が東西交流において相互に思想的進化を遂げたであろうことは、この部分的な例からも想像にかたくない。しかし、いささか不明瞭な理由で、そうした視座の研究そのものに視点が注がれて来なかったことが西洋・東洋双方の側から指摘されている[198]。そして、洋の東西と言う区別もまた、相対的なものであることは言うまでもあるまい。

2　ヴェーダーンタ思想　ブラフマン

　少なくとも数千年にわたるインド古来の「神の啓示」「智慧」の伝承は、ヴェーダの聖典に紀元前1200年ごろから約10世紀かけて編纂され

た。それらの諸聖典について、特に形而上学部分であるウパニシャッド哲学の解釈の議論が学問的に進められ、のちのヴェーダーンタ学派が形成されることとなる。ヴェーダーンタ哲学は後代のインド思想に最も影響力を持つ。ウパニシャッドにおける多義的な解釈の可能なあらゆる記述の矛盾点を統合し、学問的に体系化しようという試みでもある。

　このヴェーダーンタ哲学の基盤となった経典は、400年から450年ごろに原型が編纂された『ブラフマ・スートラ』である。この『ブラフマ・スートラ』の解釈から絶対者の理論を体系化し、アドヴァイタ・ヴェーダーンタ哲学の代表的な哲学者として現代も多大な影響を及ぼしているのが、シャンカラ（700 - 750）の思想である。以下、シャンカラの思想とその中心概念であるブラフマンについて論じる。

(1) シャンカラの不二一元論

　シャンカラの思想は、唯一不二である絶対者、ブラフマン（Brahman 梵）についての哲学である。ブラフマンはウパニシャッド以来の世界の究極原理の概念である。この絶対者は、インド哲学においては「否定」の用法を以て以外に表象され得ない。すでに述べたように、これはルーマンの記述によるような「全体性の中での全体性」の想定、西洋宇宙論的な創造主概念とは決定的に相違する。ルーマンは、ヴェーダーンタ思想のブラフマンという絶対者概念をこの範疇の典型として批判的に言及している。しかし、これはあくまで西洋思想的に解釈されたブラフマン概念である。

　ブラフマンに関するルーマンの記述について特定の出典は明示されていないため、推察となるが、このようなブラフマン理解は、主にパウル・ドイセンのヴェーダーンタ思想解釈のものと考えられる。ドイセンの古典 *Das System des Vedânta*（1883）『ヴェーダーンタの体系』はヨーロッパにヴェーダーンタ思想を広く紹介したものである。ドイセンのインド学の諸研究は、西洋哲学と同様の次元で論じることによって、ヨーロッパにインド哲学・宗教の理解を広めた功績がある。特にシャンカラのヴェーダーンタ思想に傾倒したことから、ウパニシャッドをパルメニデスやカントと並

第3章 ナーガールジュナの哲学

置させて世界の哲学史上、三大発見としている[199]。もっとも中村によれば、シャンカラは現在も一大勢力を誇るヴェーダーンタ哲学の優れた復古擁護者・注釈者ではあったが、本来きわめて伝統的なウパニシャッドの神学者であり、ブラフマン論者であった[200]。

『ヴェーダーンタの体系』には西洋的神の存在証明とシャンカラのブラフマンについての論証が対置されている。その中で、カントによって批判されたコスモロジー的神の存在証明に該当する誤謬から、ヴェーダーンタ哲学、つまりシャンカラも逃れられなかった、と述べられている[201]。この指摘は、むしろドイセンが、そもそも普遍者としてのブラフマンを、証明可能性あるいは不可能性というきわめて西洋的な次元で捉えることから逃れられていなかったことに起因すると考える。シャンカラにとって、聖典は絶対であり、証明するものではなかった。そして「宇宙論的な説明」は聖典『ブラフマ・スートラ』そのものに含まれているのだが、それを西洋的合理主義的な意味で論証と捉えるか否かは、議論の余地がある。むしろカントで言えば「存在の要請」、すなわち世諦の教説であろう[202]。もちろんこのような議論の詳細はさらなる比較や考察を必要とする。

いずれにせよ、ルーマンの参照先がどの文献であれ、そもそもそうした言及・比較ということ自体に意義が認められるであろう。

しかし、以下に論じていくが、シャンカラのブラフマン概念は、むしろルーマンの「神」概念に近似性を見出せるのである。

本来、ブラフマンは具体的に表象可能な概念では捉えられない超越とされる。それを表すことは、ブラフマンに対するあらゆる概念・言述を否定すること、または、全くの沈黙によってその問いへの応答とすることによって試みられる[203]。ブラフマンはすべての事象、存在、区別に先立つものであり、それは絶対的な超越である。しかし、この言明すらも、言語という相対によるものであり、ブラフマンそのものを表し得ることはない。そしてブラフマンはそのような相対すらも包括するのである。このようなブラフマン一元論を不二一元論（adviata アドヴァイタ）と呼ぶ。

第 4 節　インド哲学とナーガールジュナ

　仏教教義同様、このブラフマン解釈についてもシャンカラに代表される
ヴェーダーンタ哲学以外に諸派あるが、最もシンプルに総括すれば、最終
的には唯一絶対なるものの実在のみが真理であることを指す思想をこのよ
うに呼称する。

　宇宙の創造は、ブラフマンの次元を下り、無明の概念を生じることに
よって始まるのであり、そのとき「神」、すなわちヴェーダーンタにおい
て主宰神（イーシュワラ）と呼ばれる存在は、既に人格的な要素を含んで
いる。
　世界はこのブラフマンにおいて展開する。つまり創造（出現）と消滅
（帰入）がブラフマンで無限に繰り返される。この創造と消滅の無限循環
という世界観が、ユダヤ・キリスト教の絶対者による一回のみの創造、す
なわち直線的時間軸があらかじめ予定された終末に向かうような思想との
根本的な相違である。この相違は、ルーマンが繰り返し批判する創造され
た世界における時間概念とも密接に関わる問題であろう。
　この点に関して、中村は『シャンカラの思想』において以下の様に表現
している。

　　ヨーロッパや西アジアで支配的な見解は、人格神が世界を創造するの
　　であるが、シャンカラによると何らかの機縁によって世界がひとりで
　　に現れてくるのである。[204]

　この「世界がひとりでに現れてくる」という表現によって、通常素朴に
受容されているような恰も偶然の集積と連結によって自然発生的な生命が
生じた宇宙のような世界観が連想されるなら、それは誤りである。中村が
この表現で明確にしようとしているのは、ブラフマンは狭義の人格神的唯
一神ではない、ということである。つまり、創造者と被造物の主客対峙的
な言述の回避なのである。
　とはいえ、またはまさにそれゆえに、主宰神としての人格神の存在は

ヴェーダーンタ思想にも認められているものである。しかし、それは「無明に制約されているブラフマン[205]」とされるのである。それでは、無明に制約されているとはどのようなことであろうか。無明（avidyā）とは明智（vidyā）の否定形である（a は否定形の接頭辞）。その明智とは絶対であり根源であるブラフマンに至る智に他ならない。しかし、ブラフマンは無明と明智を超越したものなのである。

　無明は絶対においては解消される。けれども、相対界の創造、すなわち現象世界の創造においては、明智と無明という対概念が不可欠となる。ここで示されている無明は、もちろん経験世界での誤謬や無知のことではない。そしてヴェーダーンタ思想において時間は無明の表れに他ならない[206]。

　なぜなら、不可逆の過去・現在・未来という一方向の一次直線的時間軸においては、常に未来は知られないものであり（未知）、過去は変更不能であり、そして現在は常にそのような過去及び未来観に拘束されているからである。そして、明らかになっていないことによる物事・現象の進行・展開、すなわち無明の表れはまず時間の概念の導入によって可能となるのである。この思想は、ルーマンの非知の生産性と非常に近似している。

(2) 時間という無明と世界の展開

　仏教思想（特に大乗）においても、時間の認識が無明に由来するということは、すでに第2、3節において言及した。さらに仏教思想では時間とは輪廻の存在そのものを指し、その流転・循環は無明によって起こるとされる。このような、時間という「無知」によって世界が展開するというインド古来の思想が、仏教思想においても基盤となっていることは、仏教の起源に鑑みるに当然であろう。

　時間が無明の表れであり、それによって多様なものが現れる。しかし、空の根本である縁起は、現象及び因果の時系列を表しているのではないことはすでに縁起に関する節に述べた。中村は、これは最初期の仏教思想から明らかであると言う[207]。

第4節 インド哲学とナーガールジュナ

　このことを理解するうえで重要なのは、仏教思想の二諦、原始仏教経典や有部における十二因縁についての世諦の縁起と、第一義諦（真諦）としての縁起の相違を常に念頭に置くことであろう。無明＝時間の概念を用いると、世諦を以下のように説明することができる。

　すなわち、生々流転及びその繰り返しである輪廻の様相は、本質として無明である時間の支配下にある。これらは時間的生起関係・因果関係によって「起こる」。しかし、それはあくまで未だ真の理を見ない現象世界の視点においてのことであり、方便（諸理論・教義）の駆使される段階である。それに対して、後者の真諦としての縁起は、一切のものの相互関係は時系列・因果的なものではなく、「長短」のような「論理的相関関係[208]」という表裏・相依性を表し、互いに分離するものではない。これは、ブラフマンにおいて現象が立ち現れていることと言い換えることもできる。

　『龍樹』の解釈ですでに述べたように、世諦の縁起は、部派仏教の諸派によって歴史的に独自に固定化されてしまった。本来のブッダの十二因縁は、それぞれの項が構造として連関することを示している。ブッダは、この現象世界の成立の図式を示したに過ぎず、それを形而上学的実体などとはしていない。これを法有の立場から、輪廻と業の思想の中に組み込み、方向的に不可逆的でありながらも旋回し続ける無限の時輪の中に落とし込んだ因果関係として説明していったのが有部である。それに対して原初のブッダの意図を基本的に汲みながら、さらに洗練させたのがナーガールジュナである。

> 一切の事物は相互に限定し合う無限の相関関係をなして成立しているのであり、何ら他のものとは無関係な独立固定の実体を認めることはできないという主張の下に、相依性の意味の縁起を説いたのである。[209]

　ナーガールジュナは、縁起という語の定義において、「すべて相依って

第3章　ナーガールジュナの哲学

成り立つ」という、各項の差異を示しながらもその統一の概念で表現したと言える。ここではあえて、すべてが「同時に」成り立つとは表現しないほうがより真意にはずれないであろう。なぜなら、「同時」と示した時点で、同時でない、順次の時間概念を含意してしまうからである。しかし、これすらも記述に過ぎず、記述する限り時間の概念を捨象することはできない。だからこそ、空という理論すらも手放す、「空亦復空」が提示されるのではないであろうか。

さて、ナーガールジュナが最終的に説く、諸事物が縁起によって成立する空がニルヴァーナと同義となるためには、無明がとりはらわれている境地でなければならない。そうであるならば、そこには時間は、あるのでもなければ無いのでもない、もしくは「あれども、ない」のである、とも言えよう。この点において、絶対者が明知も無明も超えており、そのどちらにも該当しない、いずれの言説にも当てはまらない、というシャンカラの弁証法がナーガールジュナの帰謬法の影響を受けているという指摘が説得力を持つ。

またナーガールジュナの思想・大乗仏教との類似としては、仏教の二諦同様に、シャンカラもまた多様性における合理性と絶対的真理の両方を認めていることが挙げられる。このどちらをも包含しているのがブラフマンなのである。

なお、先に述べた、「世界がひとりでに現れてくる」ということは、ブラフマンから何の「機縁もなく」世界が展開することを指しているのではない。世界を展開してゆく原動力は無明なのである[210]。このように、無明の力を得て世界は創造される。逆に言えば、無明というマーヤー（幻術）の力によって、絶対者が創造者という側面を現出させるということである。この原動力を、シャンカラはブラフマンの可能力、すなわちシャクティ（śakti）とする。これは根源的な力であり、あらゆる創造を司る要因であり、創造力である。この力は、『バガヴァッド・ギーター』で言われるところのプラクリティ、すなわち質量因と動力因の統一でもある。これ

第4節　インド哲学とナーガールジュナ

は、無明が介在する、創造・展開するブラフマンである。

> シャンカラによると、さらにその因果関係なるものは、単純な＜普遍者＞が複雑な＜特殊者＞となることである。すなわち、基体となっている、より単純な質量（これをシャンカラは＜普遍者＞と呼んでいる）が変化して、より複雑なる物（＜特殊者＞）の成立することが＜生起＞であり……[211]

　この普遍者はパラマートマン、すなわち至上我＝普遍我のことでもある。それが特殊者になるということは、ブラフマンが創造することによって一段階次元を下げることであるというように表すことができる。これを中村はあえてブラフマンの「開展」と呼んでいる。これによって、現象世界との主客関係ではないことを示すのと同時に、キリスト教的一神教の「一回限りの創造」と明確に区別するのである[212]。
　この普遍者が「開展」することによって、特殊なもの（特殊者）、つまり多種多様な複雑なものが生じる。その極限までの開展の後に、その特殊者の特殊相が破壊されて、単純な普遍者のみが残ることになる。それを「帰滅」と呼ぶのである[213]。
　そして、このような時間も含めた特殊者の特殊相を可能ならしめるのはブラフマンの力である。本論のこれまでの議論から、その態は空であるということは可能であろう。
　次に、ブラフマンと、その時間（無明）の現出を可能とさせるブラフマンの力について述べる。

(3) 至高のブラフマンと区別の統一

　ブラフマンの力は根源可能力（Ādi Śakti アディ・シャクティ）と呼ばれる創造の力である。
　先述のようにヘラクレイトスは「永遠に生ける火」を一者としたが、ヴェーダーンタ思想においては、火と炎はブラフマンとそのはたらきの原

第3章　ナーガールジュナの哲学

理であるシャクティ（śakti 可能力＝力）の関係に等しく、両者は分かれていても不異であると説く。ここで、シャンカラによるブラフマン概念についての中村の興味深い解釈を引用する。

> ブラフマンが一切の可能力と結合しているというのも、実は無明（avidyā）によって想定された多様相を提示するという点で説かれているのにほかならない。[214]

　無明とはこの際、区別であり差異を認めることである。ならば、ルーマンによる「世界を分割する」ことこそ、まさに無明であると言えるし、ヴェーダーンタ的に表現すれば、そのはたらきはブラフマンに属するものであるとも言えよう。

　本来分かたれていない、すなわち名前の無い（無名）ものにおいて、境界線が引かれ観察が始まる、もしくは観察が始まり境界線が引かれる。これこそが多様相のあらわれであり、複雑性とは、多様性の可能性である。それはあらかじめ存在した多様性ではなく、創造の力によって創出されるものであり、常に「他の何かでもありうる（kontingent）」。ヴェーダーンタ思想における特殊相あらわれと、ルーマンの複雑性概念とを、このように並べて解釈することが可能である。

　ここで、これまでに幾度か言及した戯論の意味について考えてみたい。一般的に戯論とは諸思想が互いに競い、表層においてますます分離多様化することによって混迷し、本来の目的を見失うような思惟の営為・議論の指摘を意味する。しかし、「戯論（prapañca）」の本来のサンスクリット語は、現象世界の拡大・拡散・分化・複雑化、そして極めて示唆的だが、分別の心の作用をも意味している。世界の展開そのもの、絶対者が創造の力（śakti）を以て相対の次元において展開するこの現象世界の現れが戯論の展開である、と言うことができる。ここに、ルーマンの複雑性の概念と、作動によって自己を現すシステムの概念を対置させることができるのではないか。

第4節　インド哲学とナーガールジュナ

シャンカラによれば、ブラフマンは原因としての「質料因（prakṛiti）」であると共に、「動力因（nimita-kārana）」でもある[215]。短絡的に考えればブラフマンは、創造力すなわち原動力の表れである動力因の対概念として質料因であるとなってしまうが、そもそもブラフマンはすべての根元を表すとすると、何ものも対概念にはなり得ない。あくまでシャクティによって動力因がたち起こる、つまり動くというそのことによって本性を現し、それによって質料因との差異が生じるのだが、ブラフマンはその二つであり根源なのである[216]。

そして、この根源の中に原因と結果が同時に存在し、それは不異である。すなわち、創造されたものと創造したものは異なるものではない。しかし「区別しない」というわけではない。したがってシャンカラは単なる一元論者（monist）ではない、と中村は論証する[217]。ここには、ルーマンが宗教のコミュニケーションにおいて描写しようと試みてきた「区別そのものであり、その区別の全体を見渡せるような神」の概念との、本質的な類似点が見られるであろう。

だが、このようなブラフマン解釈はヴェーダーンタ思想ひいては「インド哲学史上、注目すべき事実である[218]」と中村が指摘するように、決して自明のものではなかった。一般にアドヴァイタ・ヴェーダーンタの思想は、創造力＝シャクティが創り出す現象世界をマーヤーとして退け、ブラフマンのみが唯一の実在であるとする。したがって、動力因とその元となる質料因（プラクリティ）をブラフマンと不異であるすることは、二元論もひとまず認めることとなり、一部の徹底した伝統的ヴェーダーンティスト（厳格な不二一元論者）からは批判されるであろう。

しかし、このようにも反駁できよう。もし、ブラフマンが唯一絶対なるすべての根源でありながら、到達不可能であるような超越的な存在であるならば、言語という相対的な手段によって論じられる不二一元論もまた現象世界のマーヤーの一部に過ぎず、それが相対する表現を用いずに、どのようにしてブラフマンについて定義・言及しうるであろうか。絶対的な境地を、内在における相対的な手段で彼方へ押しやってしまう、すなわち内

第 3 章　ナーガールジュナの哲学

在の対峙概念としての超越の位置に置きながら、それを絶対視することの誤謬をルーマンが指摘した通り、厳格な不二一元論もまた、把握不能なはずの「超越」を彼方に規定（把握不能にもかかわらず）するという誤りを孕んでいるのである。このような考察から、シャンカラの不二一元論に基づくブラフマン解釈は、ルーマン理論の差異の統一と近似していると考えられる。

さらに、このシャンカラのブラフマン概念に関連して中村の以下の解釈が明快である。

> 〝ブラフマンが原因である〟といわれるときの＜原因＞とは、あらゆる事象がブラフマンに基づいている、依存している、という意味の原因なのである。[219]

これは、ナーガールジュナの「空」の礎とも捉えられるようなブラフマン解釈であり、シャンカラの思想がナーガールジュナの空観に影響を受けていることを示すものでもある。

さらに、以下のような示唆的な解説が続く。

> 不異とは無区別（abheda）という意味ではない。西洋の言語をもって表現するならば、non-difference ということであり、identity を意味するのではない。[220]

この表現は、まさにルーマン理論の、区別を認めた上でその差異の統一があるような観察と同様のことを示していると考えることができるであろう。不異、すなわちそうした差異の統一は、ルーマンによれば、区別そのもの（観察）の生ずるところであり、区別したもの・されたものであり、またその統一されたものをも自身を含めて見渡すことのできる存在である。

シャンカラによれば創造力によって「開展」する現象世界は真実在ではない、すなわちマーヤーであり、ブラフマンと同一ではないが、しかし異

第4節　インド哲学とナーガールジュナ

なるものでもない。なぜなら全てはブラフマンから立ち現われるものであるからである。一般的に絶対的な一元論者、アドヴァイタと目されるシャンカラが、単なる一元論者ではないことの理由はここにある。同様に、ルーマン理論も単なる差異理論ではない、と考えることが可能であろう。差異、区別の背景には常にその統一が含意されているのである。

　ナーガールジュナの空観にならっていかなる思想も相依性であると考えるならば、どのような地形的、文化歴史的、時間的な条件にしてもまた例外ではないであろう。

3　アートマンとブラフマン

(1) 個人存在とアートマン

　アートマンの語源は、サンスクリットの ātman、すなわち『リグ・ヴェーダ』における「呼吸」「生命原理」「自己」「万物に内在する霊気」にある。ウパニシャッドでは、アートマンは「個体の本質」として、究極的には根元存在であるブラフマンと同一のものであるとされる概念となり、必然的に霊魂そのものである、普遍我を指すこととなる[221]。ちなみに、ドイツ語の Atmen（呼吸）と語源を同じくすると考えられている[222]。

　我としてのアートマンの定義については、仏教におけるアナートマン（無我）の是非の議論のみならず、アートマン解釈をめぐるインド哲学諸派の論争もあった。アートマン解釈の議論で常に留意すべき重要な点は、仏教思想においても、アートマンに関わる自己の概念と個人として表される概念は、当然峻別されているということであろう。

　仏教の個人存在（プドガラ）が五蘊より形成されていること、そしてそれがルーマンの「人間」に類似していることについてはすでに言及した。プドガラの現代的な解釈としては、前述のナーガーセーナがギリシア人（ミリンダ王）に対して説いた仏教的個人観についての中村の以下の解説が分かり易いであろう。

247

> …いくたの要素が一定のしかたにおいて合成されることによって個体存在が構成されているのであり、個体はもろもろの構成要素に依存しているから、個々の構成要素を離れて特殊な実体としての人格的個体は存在しえないということを説いているのである。[223]

そもそも仏教のみならずインド的思惟は、心理的な意識の統一主体としての自己を客観化・反省するようなことはしない、つまり西洋的思考とは異なると中村は述べている[224]。ヴェーダーンタ哲学においても個人存在、すなわち個我（ジーヴァ）が仮のもの（幻想）であるという思想が根本にある。そのため、このような「心理的統一体としての自己」はマーヤー（迷妄）を強めるものであり、精神的に目指すものと逆方向の営為であるとみなされるのであろう。

個人の同一性を可能にする様々な身体的・心的な働きは実在ではないとするからこそ、「仏教の強調するのは人間存在における変化相である[225]」ということができるのである。これは、『中論』の「変化人」の概念においてすでに述べたことと同様のことである。そして、その帰結として宗派を限らず、仏教全般としてこのような人間観が成り立つ。「人間に現れる諸現象（dharma）の絶えざる連鎖（saṃtāna）が一見したところ同一人格の様相を呈しているのだ、と解し、それを水流に譬えることがある[226]」。

また、ナーガールジュナは個体の連続は五蘊の形成力によるものとし、あくまで相互依存の文脈で表現する。個体の連続を火、個体の五種の構成素（五蘊）を薪として、火と薪とが不可分であるごとく、個体と五蘊との関係も不一不異であるとするのである[227]。やはり究極的にはひとえに縁起で説明しうるのである。

上述のような個人存在の考え方が、西洋的思考においてなかなか受容し難いことは、個人存在に関わる無我についてのナーガセーナとミリンダ王の問答にも表れている。伝統的保守的仏教では、肉体的要素の構成体とし

ての身体（仮有）と、諸法（dharma）によって構成されている個人存在（和合有）とを、はっきりと区別している。しかし、ナーガセーナは意図的にか、ミリンダ王に対しての説明の中では上述の仮有と和合有の区別をしていない。その理由を中村は、ギリシア人は外的自然界に注視する傾向を強く持つため、細かい説明に意義がないと見なしたのではないか、と推察している[228]。そうした西洋的思考の堅固さを考慮して、ナーガセーナは「我々の身体が諸種の要素から構成されているから、無我であるという荒っぽい解釈[229]」で対処している。

「無我」についてのこのような大雑把な解説は、「仏教思想史上初」ではないかと中村は考察している。この逸話に関してはその背景にある東西の思考様式の根本的な相違を観察することが肝要であろう。したがって、無我の議論からアートマンとブラフマンが同一のものであるという規定に至るシャンカラの言述の飛躍は、伝統的西洋思考にとってはさらに理解が困難であろうことは容易に推察できる。

中村の比較思想の著書の中でも、古今東西の諸思想から多様な文献・具体例に基づいてその類似性と同一性の抽出を試みた『普遍思想』[230]には、今後もその道程を引き継いで研究を進めるべき俯瞰的視座が貫かれている。その中で、ストア派とブッダの思想が比較されており双方に共通する類似点が論じられている。しかし、人間観においては、ストア派とブッダの思想とでは、無常観は共有していても、そこに対処する根底の「自我」すなわち自己意識に関しては対極をなしていた、という[231]。ここにも東西の自己の相対を見ることができる。

(2) ヴェーダーンタと仏教のアートマン、そしてブラフマン

仏教は一般に、当初より無我の立場を説くとされてきた。だが、これによって「我＝アートマン」と呼ばれるものの存在の是非を即自的に表したのではない。この仏教最初期の教説には、精神修養の妨げになるような我執や所有欲などの人間的な欲の戒め、というむしろ実質的な側面があったのである。

シャンカラは、根源的「自己」としてのアートマンの定義を明確なものとした。シャンカラのこの定義は、個の意識としてあるアートマンの存在を主張するものである。この「個の意識」は、もちろん身体存在の個人に個別に「存在する」意識を意味するのではない。ここでの意識はむしろ、「個」というものが普遍的なものと異なることはないことを示しているのである。つまり、不二一元論者としてのシャンカラは、アートマンの存在の明確化を即、根源存在ブラフマンとの同一性についての論証に移行させる、ということである。中村の以下の表現はこうした論理展開を的確に表している。

> そこでインド的特徴の顕著な哲学者の場合には、個人的自我の存在の確認から、直ちに普遍的自我の存在の論証へと飛躍してゆくのである。[232]

そもそもすべてが根源存在であるブラフマンと同一であるものならば、霊魂としてもまた「我」としても究極的にはブラフマンとの差異はなく、すべてが同一のもののはずである。したがって、これまで論じてきたプラサンガにならえば、アートマンの否定形である仏教の「アナートマン」は、限定された狭義の自我、すなわち個我（ジーヴァ）の実在の否定であると見なすことができる。それは、伝統西洋的な概念によれば、「自己同一性」に基づいた何らかの主体・主観であり、それに付随する様々な属性に基づいて規定されるようなものである。

否定論法を用いれば規定されるすべてのものは否定可能であり、何らかの方法で規定された「同一性」に基づく「自己」の存在は、最終にはすべて解消される。これらは、本来常住不変とされる究極的な存在としてのアートマンを指すのでないことは明らかである。しかし、そもそも究極的な存在と呼ぶようなものについて何らかの言語による指し示しは可能であろうか。すべての思惟・言述を尽くしても捉えきれないものについての道筋であり、それも最終的には超えられ消されるべきものがプラサンガであ

第4節 インド哲学とナーガールジュナ

るとするなら、究極存在としてのアートマンがあるのか否かといった論争もまた否定され斥けられるべきはずである。したがって、ブッダが説いたと言われる「アナートマン」は、まさに思惟されうるような「自己」という存在は、常に否定されるということを表したのであると思われる。

中村によれば、仏教以前の諸思想では、「われわれの個体の中心にアートマンという常住にして固定的な原理、あるいは本体、あるいは機能が存在し、主宰者となっていると想定し、それに関して種々なる形而上学的判断を下していた[233]」が、初期仏教においてはそのようなアートマン解釈を誤訳・誤認としつつも、沈黙を守っていたために諸学派との対立抗争もなかったという。しかし、後世、無我（アナートマン）とは、アートマンと呼べるものは何も無いということであるというような主張をするようになっていったのである。

すでに述べたように、アナートマンは狭義の自我というものの非有である。中村も以下のように述べている。

> 無我という表現は誤解を引き起こしやすい。初期の仏教においては、決してアートマン（我）が存在しないとは説いていない。むしろウパニシャッドの文句を思わせるような表現が多く認められる。[234]

この「ウパニシャッドの文句」とは、もちろんアートマンとブラフマンの同一を指す。そしてそれは、いかなる客体的なものもアートマンではないということである、としている。

法有の思想は別として、本来、仏教思想において客体概念が自体として存在することはない。したがって、このようにも言えよう。アートマンを認め、アートマンについて語り、アートマンについて記述する主体と、アートマンについて語り・記述するという営為が、あたかもそれぞれ単独に有り、切り離して別に言表することが可能であるかのような思考の誤謬なのである、と。

または、本書のこれまでの議論の視座を用いて表現すれば、このように

251

第3章　ナーガールジュナの哲学

も言える。情報と伝達と理解が三位一体であり、見るものと見られるものと見ることが分離不可能であり、観察者と観察と観察されるものの区別が、区別されないところから立ち現れるように、アートマンという語で表されるものとは思惟しうる何かとして限定されるものではない。アートマンとして表すこと自体がアートマンなのである、ということである、と。

したがって、シャンカラによる不二一元論のブラフマンとアートマンの同一と、ブッダのアナートマンの真意は同様のことを指し示していることが理解されるであろう。

最後に、『中論』冒頭（帰敬序）を再び参照したい。この帰敬序に、『中論』の哲学の趣旨内容が凝縮されていることは、既に述べたように中村も指摘している通りである。

以下は中村による帰敬序の理解である。

> 〔宇宙においては〕何ものも消滅することなく、何ものもあらたに生ずることなく、何ものも終末あることなく、何ものも常恒であることなく、何ものもそれ自身と同一であることなく、何ものもそれ自身において分たれた別のものであることはなく、何ものも〔われらに向かって〕来ることもなく、〔われらから〕去ることもない、というめでたい縁起のことわりを、仏は説きたもうた。[235]

この帰敬序を上述の考察を踏まえて解釈すると、これは世界へと「開展」するブラフマンを真に知ることを指している、と考えることもできる。先に述べたように絶対者の中にあって無明は解消する。中村は『龍樹』の中で以下のように自身の考えを表現している。

> 無明を断ずるというのは、人間存在の根源への復帰を意味する。[236]

したがって、中村はブラフマン＝アートマンこそ人間存在の根源である

第 4 節　インド哲学とナーガールジュナ

と表そうとした、そのように考えることもできるのではないであろうか。

4　自我のない行為

　本書において一貫して背景にあるのは自我の問題であり、真の自己はどこにあり、どのようにそれと対峙するべきなのか、という人間の本質的な問いである。
　原始仏教では以下のように説いている。

　　自我に執着する見解を破り、世間を空として観察せよ [237]

　『中論』、ウパニシャッド、『バガヴァッド・ギーター』それぞれに見られる、あらゆる相対概念――究極的にはヴィディヤー（明智）とアヴィディヤー（無智）という相対に行き着くが――のあるところには真理は存在しない、とはこのことを指すのである。つまり、明智のみを以て、真理に到達しようとする試みは、ある限界点において諦念され、そこに止揚が見出される。自らの投影である否定的モメントの尻尾を捕まえようという執拗な追求がやむとき、理性は消滅し、それによって理性の陶冶であるところの対象も消滅し、そこに残るのは、理性が求めていた「解」なのである。
　しかし、人はいかにしてその「解」にたどり着けるのであろうか。限界点に至った時に、手段の全てが無用なものとして打ち捨てられるべきことを悟るのであるなら、その手段はさしあたっては有用であると言うことができる筈である。
　本節で言及されたような、聖典解釈をきわめ智慧の道によって真理に到達しようとする哲学のヨーガは『バガヴァッド・ギーター』においてサーンキヤと呼ばれるものである [238]。そうした思惟的な方法以外のヨーガの諸方法がある。聖典に記された信仰の心得と宗教的儀式の実践、解脱を求め瞑想や苦行の実践、信仰そのものを深めること、そのために時には覚者

第3章　ナーガールジュナの哲学

と言われる存在に叡智と救済を求め教えを請うこともある[239]。もっともこのような区別は便宜上のものであり、実に様々なヨーガの方法がつき混ぜられて実践されているのがヒンドゥー教である。最終的に目指される「悟り」は、これらのいずれの実践方法においてもどのように到達されるかは個人の経験によってのみしか語られないことは、太古より変化を見ていないようである。いずれにしても、狭義の自我概念を迷妄による束縛と捉えその無知から脱出し自我の消滅を見ることによってのみ真理に到達する考え方を東洋的とし、自我をあくまで自明のものとし、その自我と対峙する自然、双方の何たるかを解明した先に真理の到達があるとする思惟を西洋的と定義するなら、後者が二千年近い隔たりののちに、ふたたび前者の可能性を評価し始めたと言えるのではないか。

　あらゆる教説は方便無くして成立しない。ルーマンの述べるように、言語がトートロジーとパラドックスによって成立するものならば、あらゆる論証も「換言」と「冗長性（Redundanz）」の繰り返しであり、理論的な究極原理などというものが不可能であるとすれば、全ては「方便」すなわち、世諦の論理であると言える。そしてまさにそれだからこそ、この世諦の論理が必要とされるのである。このように考えれば、最終的にはいかなる論理も否定される中観派の論法がより深く理解されるであろう。この理解の上で、再び、中村の『龍樹』の最終章から引用する。

> この究極の空は否定を契機としたものである。だから「空を説く」ということも実はひとつの方便である。空を絶対視するならば、その瞬間に空は失われてしまうのである。[240]

そして中村はここでナーガールジュナの思想の解説に、きわめてウパニシャッド的な表現を使用するのである。

> ……絶対者はまた「有にして無」であり矛盾を内包するものであると考えることができるであろう。[241]

第 4 節　インド哲学とナーガールジュナ

　この絶対者は全てのプラサンガの実践、つまり中道ののちに浮かび上がる自性のものである。そして、中道は対立を排することから「不二」であるともされているのである。
　この二元論の排斥という論法において、やはりシャンカラの不二一元論に対する中観派哲学の影響は説得力を持つ。すでに言及したパンデーヤは、シャンカラは絶対者は上向きの思考の動きによっては達成され得ないと考え、新しい弁証法を編み出したのだと考察している。したがって、これらの論法によって、絶対者に到達する＝つかむ、つまりその概念を獲得するということは、初めから目指されていない。これによって明確になるのは、絶対者は「それらではない」、ということである。
　続けてパンデーヤは解釈する。シャンカラにとって、絶対者とは疑う余地のないものであり、証明は不可能でありアートマンは「それ自体の中に見つけられるもの[242]」なのである。
　ブラフマンは到達不可能であり、そこへの進行もそこからの脱出も存在しない[243]。

　ナーガールジュナは、徹底的な帰謬法によってすべての分離区別を排斥し、それによって行為主体も行為もあらゆるものが空に帰する。そして、その空は、目指されるべき涅槃と実は異ならないことを示した。このことをルーマン理論の「区別が埋め込まれている」という記述につなげて理解すると以下のようになるであろう。超越的なものが、天上であるとか、はるか手の届かない彼方におかれたものではなく、まさに区別をしないことによって、超越と内在の境界がぼやけてゆく、すなわち、区別をすべき観察者が存在しなくなることによって、それ自体が超越であるようなことになるのである。
　この思想は、アドヴァイタ・ヴェーダーンタによる、真我とブラフマンが同一であるという（梵我一如）の哲学とも異ならないと捉えられる。次章第 1 節に言及するが、内在のうちに超越を見るという視点はしかし、キ

255

第3章　ナーガールジュナの哲学

リスト教神学にもまた見られるのである。

だが、アドヴァイタ・ヴェーダーンタにおける理解の場合、《主体》としての個人理解が単純に否定されるという訳ではない。個人を表すジーヴァ（個我）はそもそも、真の実在ではなくマーヤーであるとされる。けれども人は迷妄（無知のマーヤー＝アヴィディヤー）によって、あたかも個としての自己が存在するかのような錯覚をもち、この世界の諸々の現象に巻き込まれる。真の自己（アートマン）を知った時に人は、その真の自己とは真の実在であるブラフマンの現れであることに他ならないということを悟るのである。これが梵我一如である。

そして、その教義を明らかにしたシャンカラもまた、この一文に至っている。

> 知識というものはすでに実在するものに基づいて起きるが、結局は自分が体験するということで終わる。[244]

けれども、そこに至るには真理を求める行為がなされる。その行為はしかし、個人としての自我によってなされたものではない。まさにそのことが最終的に認識されることなのであろう。

第 4 節　インド哲学とナーガールジュナ

註
1 Cf. Spackman (2014), p.151.
2 中村、68 頁。
3 同書、同頁。
4 同書、459 頁。
5 このうち、スチェルバツキーに関しては、チャンドラキールティーらのサンスクリット原典・注釈に基づく研究であるが、ヤスパースは、サンスクリット原典は失われている、と誤解していた（Jaspers (2013), S. 938）。しかし、この軽微な誤りはもちろん、内容に何ら影響していない。
6 訳出には Karl Jaspers, (2013) を使用。邦訳はブッダとナーガールジュナの章のみの訳出である。『佛陀と龍樹』峰島旭雄訳、1960 年。
7 Jaspers (2013), S. 939.
8 Ebd., S. 940.
9 『インドと西洋の思想交流』（1998）、『インド人の思惟方法』（1988）、『普遍思想』（1999）参照。また、これらの文献研究や比較研究が、相互に与えた影響の大きさに比して進んでいないことの疑義についても言及されている（中村 (1988)、序論参照）。
10 この分類に関しては本章第 2 節参照。この思考法は、実は西洋思想にもいくつかの例が歴史上あるが、ほとんど知られてこなかったとプリーストは述べている。Cf. Priest/Berto (2017).
11 Jaspers (2013), S. 940.
12 Ebd.
13 Vgl. ebd., S. 941.
14 Ebd., S. 941.（64 頁）。
15 Ebd., S. 942.（66 頁）。
16 Ebd., S. 947.
17 Vgl. ebd., S. 948.
18 Ebd., S. 946.
19 Vgl. ebd., S. 947.
20 Ebd.
21 Jaspers (2013), S. 946.
22 その他、「本来的な存在（das eigentliche Sein）」（S. 949）や「確かな存在（das positive Sein）」（S. 955−956.）などの表現を用いている。
23 Ebd., S. 954.
24 Ebd., S. 947.
25 Ebd., S. 948.
26 Ebd.（78 頁）。
27 Ebd.

28 Ebd.
29 Ebd.
30 Ebd., S. 948-949.
31 Ebd., S. 949.
32 Ebd., S. 956.
33 Vgl. ebd., S. 952.
「空についての謬見もまた起こり得る。それは空性とはただ消極的に無の静寂において一切の生存が吹き消される（Verwehen）ことであるとされる時に起こるのである。」
34 Ebd., S. 954.
35 中村、293 頁参照。
36 Jaspers (1957), S. 954.
37 Vgl. Wittgenstein (1963), S. 115.
また、大乗仏教において、菩薩の衆生の済度の考え方を空の概念によって説く。救うものも救われるものも、空ならば、「教えは筏のようなものである。衆生を導くという目的を達したならば捨て去られる」もの、ということになる（中村、61 頁参照）。
38 Jaspers (2013), S. 954.
39 Ebd.
40 Ebd.
41 Vgl. Jaspers (1964), S. 94.
42 Vgl. ebd., S. 262. f.
43 Cf. Spackman (2014), p.151.
44 Jaspers (2013), S. 943-944.
45 Ebd., S. 956.
46 Vgl. ebd., S. 941.
47 Ebd., S. 943. „Zauberschein".
48 Vgl. ebd.
49 Ebd., S. 944.
50 Ebd., S. 945.
51 Ebd.（71 頁参照）。
52 Ebd.（72 頁参照）。
53 Ebd., S. 955.
54 Ebd.
55 Ebd.
56 Ebd., S. 955-956.（93 頁）。
57 Ebd., S. 955（93 頁参照）。
58 Ebd., S. 956.
59 Ebd., S. 949.

第 4 節　インド哲学とナーガールジュナ

60　Vgl. ebd., S. 957-960.
61　Ebd., S. 959.
62　*Bhagavad-gītā*. 古代叙事詩マハーバーラタの一節。神クリシュナが戦士アルジュナに真理を説いた詩篇として、ヒンドゥーの聖典の中でも最も参照されている。
63　Jaspers (2013), S. 959.
64　Vgl. ebd.
65　少なくとも原始仏教時点ではアートマンが常住不変のものであると考えられていた（本書、254 頁参照）。
66　中村、73 頁参照。Cf. Stcherbatsky (1962), p.25.
67　同書、111-117 頁および 72 頁参照。
68　同書、117 頁、454 頁参照。
69　同書、76-82 頁参照。
70　「小乗」は大乗仏教側からの論難の際の蔑称であるため、正式には「上座部」（または大衆部と合わせて「部派仏教」）を用いる。
71　『岩波仏教辞典』(2002)、901 頁参照。
72　中村、84-88 頁参照。のちに有部が体系化した法有の理論は、西洋仏教学者においてもプラトンのイデアと対比しての理解が容易である。
73　中村、86-94 頁。
74　128 頁参照。
75　*Vigrahavyāvartanī*.『廻諍論』。ナーガールジュナの著書の一つ（中村、129 頁、315 頁参照）。
76　中村、129 頁。
77　『プラサンナパダー』399 頁（中村、130 頁）。チャントラキールリィの言述『プラサンナパダー』の頁数については、中村は Louis de La Vallée Poussin (1903-1913) を参照・引用している。
78　中村、130 頁。
79　同書、同頁。
80　同書、109 頁。
81　同書、110 頁。
82　以下の批判のような明らかな誤謬など。Vgl. Bühl (2000), S. 235.
83　中村、292 頁。
84　同書、160 頁。また、この帰敬序の中村の現代的解釈が分かり易い（同頁参照）。
85　同書、438 頁。
86　Priest (2014). "Western philosophers have not, on the whole, regarded Buddhist thought with much enthusiasm. As a colleague once said to me: 'It's all just mysticism.' This attitude is due, in part, to ignorance. But it is also due to incomprehension."（下線筆者）
87　すでに述べたように、中国語訳には独自の解釈が入りすぎており、特に縁起と因縁については、当初の意図から遠く乖離して独自の因縁体系が形成される原因となっ

第3章 ナーガールジュナの哲学

ている。(中村、163頁参照)。
88 中村、236、158-167頁参照。
89 「…もろもろの事物(諸法)は無自性であるが故に現象界の変化も成立しうると中観派は説明している」(同書、238頁)、『プラサンナパダー』329頁。
90 中村、238頁参照。
91 同書、241-243頁参照。この三概念の歴史的な文献上の根拠の詳細は同書、244-248頁参照。
92 同書、243頁。
93 同書、247-248頁参照。
94 同書、308頁。
95 同書、307-310頁参照。
96 同書、310頁。
97 同書、249頁。
98 中村、331-332頁参照。
99 同書、332-333頁。
100 同書、352頁。
101 本書、212頁参照。
102 中村、352頁。
103 同書、279頁。
104 同書、279-280頁参照。
105 同書、251-252頁参照。
106 同書、381頁。
107 同書、251頁。
108 同書、266頁参照。
109 Jaspers (1957), S. 944.
110 Ebd.
111 中村訳の『中論』最終詩句とチャンドラキールティ註解からまとめた(同書、161頁参照)。
112 同書、17頁。
113 同書、270頁。
114 同書、同頁。
115 同書、343頁。
116 同書、344頁。
117 同書、361頁。
118 同書、203頁。
119 同書、179-181頁参照。
120 同書、203頁参照。
121 同書、362頁。
122 同書、同頁。

123 同書、363 頁。
124 同書、同頁。
125 同書、同頁。
126 中村、225-228 頁参照。
127 同書、364 頁。また、同様の論述が、例えば第二七章第八詩にもなされている（391 頁）。
128 同書、364 頁。
129 同書、同頁。
130 同書、228 頁参照。
131 同書、224 頁参照。またチャンドラキールティの解釈では「無我」の「我」とは「自体」（本体・本質）の意味であるという。したがって無我とは「無自性」の意味であるとされている（同書、226－227 頁参照）。
132 同書、224-228 頁。
133 同書、228 頁。
134 同書、303 頁。
135 同書、305 頁。
136 同書、302 頁参照。
137 同書、357-363 頁参照。
138 同書、342 頁。
139 同書、357 頁。
140 同書、373 頁。
141 同書、380 頁。
142 同書、385 頁参照。
143 同書、287 頁参照。
144 同書、288-292 頁。
145 同書、135 頁。
146 同書、387 頁。
147 同書、同頁。
148 同書、297-298 頁。
149 同書、298 頁。
150 同書、380 頁。
151 同書、同頁。
152 同書、207 頁。
153 同書、99-102 参照。この実有とは有部においては法にのみ妥当する。
154 同書、200 頁。
155 同書、195 頁。
156 EM, p.246.
157 Ibid.
158 Cf. ibid., pp.237-239. これはもともとトンプソンによる、ハイデガーの *Zur*

第 3 章　ナーガールジュナの哲学

　　　　Seinsfrage における „planetarisches Denken" という言及の解釈による。
　　　　Vgl. Heidegger (1956), S. 43.
159　中村、240 頁。
160　同書、同頁。
161　同書、87 頁。
162　同書、同頁。
163　Jaspers (2013), S. 939.（60 頁参照）。
164　中村、446 頁。
165　同書、同頁。
166　同書、449 頁。
167　同書、同頁（『神学大全第一部』）。問 14 第一頁および問 20 第二項参照。Cf. Thomas Aquinas, *Summa theologica*, (1265-1273).
168　中村、182-188 頁参照。この相依性の部分は特にチャンドラキールティーの註を元にして解説されている。
169　『プラサンナパダー』75 頁（中村、188 頁）。
170　中村、191 頁。
171　同書、268 頁。
172　同書、同頁
173　同書、131 頁。「上向きの思考」"upward thought-movements" (Pandeya (1964), p. 21)。
174　同書、332 頁。
175　『プラサンナパダー』133 頁（中村、267 頁）。
176　中村、267 頁。
177　同書、256 頁。
178　同書、214 頁。
179　同書、324 頁。
180　同書、124-127 頁参照。
181　同書、127 頁。
182　同書、366 頁。
183　Jaspers (2013), S. 954.
184　中村、155 頁参照。
185　同書、364 頁。
186　Jaspers (2013), S. 947.
187　『バガヴァット・ギーター』にも記されている、本体に宿る三つの性質。サットヴァ（純質）、ラジャス（激質）、タマス（暗質）。これらによって、現象世界が展開する。
188　『中村元選集［決定版］第 19 巻　インドと西洋の思想交流』(1998)。同書の前身としての『インドとギリシアとの思想交流』(1968) は、中村の長年のインド哲学とギリシア哲学の相互影響・交流についての研究の成果として刊行された。1998

年のこの「決定版」は、上述の『ミリンダ王の問い』をめぐる考察に、現代思想も含めたそのほかの西洋諸思想との比較や中村自身の研究インデックスなども追加した最終版である。

189　中村（1998）、140-146 頁参照。
190　「…説一切有部の典籍の中にギリシア人と交渉のあったことが記されている」（同書 142 頁）。
191　同書、329 頁。Cf. Plotinos, *Enneads*, III, 2, 1.
192　同書、328-335 頁参照。
193　中村、196 頁。
194　同書、195 頁。
195　中村（1998）、450-457 頁参照。
196　同書、233-235 頁。
197　中村、94 頁参照。
198　学問におけるユーロセントリズムについては、中村（1988）、3-7 頁参照。さらに進んで日本の思想家として展開できるあり方としては、井筒俊彦（1991）、409 頁以下参照。
199　中村（1989）、829 頁参照。Vgl. Deussen（1906), S. 49.
200　中村（1989）、837-839 頁。
201　Vgl. Deussen（1906), S. 276.
202　これに関するラーダークリシュナンの説に説得力がある。Cf. Radahrkrishnan (1958), pp.542-545.
203　中村（1988）、70-72 頁参照。Cf. Swami Vivekananda（2019), p.1818.
204　中村（1989）、298 頁。
205　同書、300 頁。
206　このヴェーダーンタの根本思想は仏教の基盤でもある。伝統保守仏教徒のナーガセーナは「過去の時間と未来の時間と現在の時間の根本は無明（avidyā）」であると述べる。中村（1998）、469 頁参照。
207　中村、214 頁参照。
208　同書、203 頁。
209　同書、同頁。
210　中村（1989）、302 頁。
211　同書、321 頁。
212　同書、298 頁参照。
213　同書、321 頁参照。
214　同書、334 頁。
215　同書、303-306 頁、324 頁参照。
216　同書、303 頁。「ブラフマンはその両方の性質を具えていなければならない」。
217　同書、304-305 頁参照。
218　同書、304 頁。

第 3 章　ナーガールジュナの哲学

219　同書、同頁。
220　同書、305 頁。
221　重要かつ根本的な概念であり、そのような概念がおしなべてそうであるように、仏教思想のみならずインド哲学諸派においても語義・存否をめぐって論争が起こってきた（『岩波仏教辞典』12 頁参照）。詳細は、中村（1998）、393-475 頁（特に 416 頁）参照。
222　中村（1988）、141 頁参照。
223　中村（1998）、402 頁。
224　中村（1988）、139 頁参照。
225　中村（1998）、451 頁。
226　同書、同頁。
227　同書、450－451 頁。
228　同書、403 頁参照。
229　同書、同頁。
230　中村（1999）。
231　同書、309-315（特に 314）頁参照。
232　中村（1989）、609 頁。
233　中村（1998）、394 頁。
234　同書、395 頁、註（2）。
235　中村、160 頁。
236　同書、308 頁。
237　同書、60 頁。『ブッダのことば　―スッタニパータ―』236 頁。『岩波仏教辞典』238 頁。
238　六派哲学の一つのサーンキヤ哲学の意ではなく、『バガヴァッド・ギーター』の本来の語義による。ジュニャーナ・ヨーガ（知識のヨーガ）と同義とされる。
239　Cf. Swami Vivekananda (2019).
240　中村、281 頁。
241　同書、270 頁。
242　Pandeya (1964), p.20. ちなみに中村は「うちなる悟り」を意味する「内証」と言う訳語を当てている（中村、131 頁参照）。
243　中村（1989）、785 頁参照。
244　同書、186 頁。『ブラフマ・スートラ註解』より。

第4章

西洋の内在と超越・東洋の空と涅槃

第4章 西洋の内在と超越・東洋の空と涅槃

第1節　ニコラウス・クザーヌスの否定神学とナーガールジュナ

1　否定神学の神

　ルーマンの『近代の観察』に、通常通りの区別の理論の一般的な説明の後に、以下のような特徴的な一文を付け加えた一節がある。

> 観察者はひとつの区別を区別として用いなければならない。つまり、一方の側を（他方の側をではなく）指し示すために用いねばならないのである。したがって、区別そのものの統一性を観察することは排除される——他の区別を用いるなら話は別であるが。そこから逸脱する戦略はすべて、区別されたものの統一、すなわち区別されたものの非区別性しか観察できなくなるという形で罰せられる。これはニコラウス・クザーヌスに従うとすれば、神の特権を侵犯する事に他ならないのである。[1]

　すでに述べたように、オートヒポスタシス（Authypostasis）とオートポイエーシスの違いは明確である。オートポイエーシスはそれ自身で存在すること（＝自性）を意味するのではない。つまり存在論ではない。それに対して、オートヒポスタシスは自体存在のことを示している。自体存在の概念を示すということは、その神学の本質を表すことでもある。
　クザーヌスの否定神学は、神そのものの存在が無に帰するものではない。『隠れたる神』において、神はどんなものにもまして言表されうるのであり、あらゆる根の前の単純性（simplicitas）であり、さらには、言表されうるとともに言表されえないものでもある、ということも言われるべきではない[2]、と言う。これは、区別をしないところについての言述である。とはいえ、もはや明らかなように、区別をしないところについての言

第 1 節　ニコラウス・クザーヌスの否定神学とナーガールジュナ

及は、即時に区別をすることを指し示してしまう。このニコラウス・クザーヌスの神学の行き着くところを、ルーマンはこのように表現する。

> 自身の言述を否定神学として分節化することはできた。神の存在を否定することはできなかった。[3]

もちろん、これは逆説的な表現であって、これこそがまさに否定神学の目指したところである。ルーマンは基本的に「神」を前提としているので、特有のドライなユーモアを感じさせる。

さらにルーマンによる偶発性と世界についての以下の記述は、これまでのルーマンの「世界」についての記述をある意味最もコンパクトに表現している。

> ニコラウス・クザーヌスの定式化によれば、世界とはいかなる認識可能な根拠もない、偶発的に (contingenter) 多様性へと移された統一体である。[4]

この contingent はすでに述べたように、本来、全てが神に依存するという意味がある。これに関しては『論理哲学論考』の以下の一節も類似のことを示すものであろう。

「偶然にならないものは、この世界の中にはありえない。さもなくば、それは再び偶然となるであろうから。それは世界の外になければならない[5]」。

ヤスパースも指摘したように、ヴィトゲンシュタインもまた（少なくとも『論理哲学論考』において）、ナーガールジュナやシャンカラなどと同様の視座において、目的に達したならば捨てられるべき方法論の思考の徹底を追求したことが窺える。

ルーマン理論において、それがいかなるものであるのか言表し尽くしえ

第4章　西洋の内在と超越・東洋の空と涅槃

ないとしても、「神」という概念を前提とすることが「あらゆるものに先だって」いるということはもはや疑いえない。ルーマンは、世界にはいかなる認識可能な根拠もないということがまさに神を受け入れる根拠なのだ、と言う[6]。このようにクザーヌスの神学に根本的な影響を受けながらも、ルーマンはさらに続けて以下のような普遍的な俯瞰も行なっている。

　しかし、これはキリスト教的視点で表現されたものである。純粋論理的に抽象化すれば、パラドックスは様々な形で展開することが可能である。そして存在世界の本質的な形式のみならず、信仰の形式、観察の形式、記述の形式もまた偶発的（≪ contingenter ≫）なものであろう。[7]

認識とはそもそも人間においては制限された能力であり、人間の認識能力を超えている何らかの状況においてその根拠が認められない場合、それは人間にとっての「認識可能な根拠がない」ということに過ぎない。したがって、「認識可能な根拠がないこと」を受け入れると、必然的に「認識不可能な根拠」を受け入れることになる。それをして、「神」と表現することもまた、可能である。そして、ルーマンはそれをキリスト教的な「神」概念に限定せずに、あらゆる信仰形式にも抽象的に当てはまることを明示しようとした。このような否定によってのみ到達される普遍性の認識は以下のようにルーマンの仏教思想の解釈へと繋がるのである。

　仏教は否定するということの可能性を拡大し、存在の根拠をもその中に含める。[8]

東洋思想研究の側からは中村がナーガールジュナのプラサンガとの比較において以下のように述べている。否定神学の祖である偽ディオニシウス・アレオパギダのキリスト教神秘主義は、肯定・否定ののちに神との合一を目指すという意味において、本来、肯定法によるよりも、高次の神に至ることが可能である論法としての否定神学を記述したのである[9]、と。

第1節　ニコラウス・クザーヌスの否定神学とナーガールジュナ

異なる記述者による同様の趣旨のこれらの表現を参照すると、ルーマンの考察にきわめて中観派的な視点を見出せる。

2　神の観照

「隠れたる神についての対話」でクザーヌスは、神（Deus）= theos（θεὸς）の概念は本来「わたしは見る」という動詞に由来する[10]、と述べている。この神概念の由来を『非他なるものについて』において以下のように説明する。

　神の同一性とは、「見る＝観察する」というはたらきが、見るものと見られるものと見るはたらきとが分離不可能、すなわち同じ一つのものであることにある。すなわち、神は観照作用そのものであり、したがってこの三つによってこそ、われわれはそれを完全なものと見なし得る[11]。つまりこの三つは不可分なのであり、その全てが一つのものなのである。さらに、神の自己観察についてはこのように記している。

　　神は、智者曰く、自身とすべてを唯一無二の形容し難い一瞥で見るのです。なぜなら神は全ての観照作用の観照作用だからです。[12]

この言述に関連して、『中論』の第三章「認識能力の考察」第二詩に注目したい。

　　実に見る働き（視覚、眼）は自らの自己を見ない。自己を見ないものがどうして他のものを見るのであろうか。[13]

ナーガールジュナはここで、人の認識能力の考察、つまり制限された認識能力について述べている。したがって、上述のクザーヌスの絶対的な認識に対して、ナーガールジュナは相対的な認識能力を表現しているのであ

269

る。そのように考えれば、実は両者の言述は異ならざることを表裏に述べているということが理解されるであろう。さらに第三章第五詩に以下のように続く。

> ＜見るはたらき＞が見るのではない。＜見るはたらきでないもの＞が見るのでもない。[14]

したがって、見る主体もなく、見られるものも、見るはたらきもないのである。続く第七詩では「眼と色かたちとに縁って認識作用（識）が生ずる[15]」、と世諦の視覚作用を説明したうえで、続く第八詩では＜見られるもの＞と＜見るはたらき＞は存在しないため、認識作用などは存在しない、と帰結するのである。

この認識作用と内容の関係については、以下の『隠れたる神』におけるクザーヌスの記述が、別の角度から表現している。

> 把捉するものが先にあって、把捉されるものが後にある場合は、それ（真理）は把捉されえないのです。[16]

真理の外に真理がある訳ではない。真理を客体とみなした時点で、それは真理ではないことになってしまう。獲得できるものは、外的なもののみであり、把捉しようとする主体が真理の内にあるのならば、それは真理から離れては存在しえない。それにもかかわらず真理を把捉しようとすることは、それを試みようとする個体の前提とともに誤認によるものなのである。同じくクザーヌスの「言表しえない真理そのもの ipsa veritas ineffabilis[17]」という表現が、そのことをパラドキシカルにあらわしている。

クザーヌスによれば、「識別的な理性（ratio discretiva）[18]」が、諸名称を付与する。したがって、名称を付与されることに先んじるものについて

第1節　ニコラウス・クザーヌスの否定神学とナーガールジュナ

は理性によっては、把握しえないのである。人間の知性（intellectus）もまた、有限であり、分割されないものを知ることはできない。あらゆる思考（cogitatio）に先立つものに、思考によっては到達することはできない。クザーヌスは、神は矛盾の根（radix contradictionis）ではなく、むしろ根の前の単純性（simplicitas）である[19]、という。これは、パラドックスの理論、帰謬法、否定神学という観点から考えれば、神に矛盾がないということではなく、矛盾は神の内にあるものに過ぎないということである。そして、それは「神」の「性質」などではなく、「神」とはそのようなあらゆるものに対して先んじているということなのである。それは言表＝現表を超えているものであり、「言表されえないものであると同時に言表されうるものでもある（effabilis et ineffabilis）」とすら言えないものである。これは仏教で言えば、四句分別の範疇に収まらないものであると言えよう。

「神の探求について」のなかで、クザーヌスは以下のようにも言う。先のテオス theos が神を表す概念とされるのは、あくまで人間の制約された認識のうちに神が探し求められる場合の名称に過ぎないのである、と。これまでも言及したように、ルーマンは内在の中で言及される超越はあくまでも模造に過ぎないと述べているが、同様のことを示しているのである。この連関の認識に基づけば、すでに引用した以下の一文が『社会システム』にあるということの意味は、宗教理論に限定しないルーマンの社会理論そのものを理解する上でも軽視することはできないであろう。

> ある神（ein Gott）、つまりすべてを経験しており、コミュニケーション可能な、しかし、社会（Gesellschaft）には属していないような神、こうした唯一の例外的な存在は、社会システム自体の再帰可能な全体性の正確なコピーであり、世界を宗教的に経験可能にするような複製品なのである。[20]

さて、上述のような「神」の理解の上で、ふたたび「見る」ということについて考察すると、神は視覚そのもの、そして色の領域は現象界である

271

第4章 西洋の内在と超越・東洋の空と涅槃

ということになるであろう。色はその色彩で表すことのできる領域内のもの、すなわち現象世界の内部のものを存在とみなす。色にとって視覚そのものは自らの領域外であり、視覚は色にとって「存在」とはなりえない。なぜなら色は視覚が先立つことによってその領域自体を可能とするからである。つまり色は視覚に包含されるということである。したがって「隠れたる神についての会話」におけるクザーヌスの帰結にも結びつくであろう。つまり視覚が可視的なもの（visibilia）＝諸事物に関わりあうような仕方で神は万物に関わりあっている、ということである[21]。同様に、「名付けられる名称」は全て現象界の合成体に属している[22]、ということになる。なぜなら、Bezeichnung（＝名付け、指し示し）そのものが、「名前」と「それによって示されるもの」という分割の営為だからなのである。仏教では周知のように現象世界を「色」に喩える。ウパニシャッド哲学においても同様である。これらはラテン語の語義において「偶然」と言えるであろうか。

　クザーヌスによれば、合成体は自性では無い[23]。それは一切の合成体に先行するものに由来する。しかし、その先行するものは合成体の総合や、分析からは知ることはできない。これが隠れたる神なのである。
　神は、名称されえないのではなく、あらゆる名称付けを超えている。他方、これはあらゆる名付けを含んでいるというパラドックスでもある。あらゆる対立を超えてそれを包摂するものとしての空（すなわち無自性）と、それによって背後に指し示される自性という帰結に至るナーガールジュナの中道と、ニコラウス・クザーヌスの否定神学との調和がここに見られる。

　最後に、再びヤスパースのクザーヌス解釈を参照し、その「知」の概念について言及しておきたい。クザーヌスの言う「学識ある無知」によって描き出される知の本質とは、区別のないところ、すなわち有限なものにおいて無限なものの啓示を経験することにある。そこに至るために有限なも

第1節　ニコラウス・クザーヌスの否定神学とナーガールジュナ

のはその有限性を極めるのである。そして、この「知」とは人間が本来がそれ自身であるところのものになり得るものであり、それ自身でもある[24]。この知への動きは愛によってなされ、最終的には神の愛と合一する。この愛は洞察（Einsicht）を伴ってこそ感取されるのであり、「知性」をなおざりにしたもののみを「愛」と見紛う欺瞞に陥ったままではそこには至らない[25]。そして、そのようにして辿り着いた「知」は愛と異なるものではない。

　つまり、最終的には「人間の知性」もまた、本来の「知」であるところの愛の中に解消・包含されるのであろう。

　空の哲学が最終的に慈悲の智慧であったことと、ニコラウス・クザーヌスの否定神学が行き着く知とがここにおいても親和する。

第4章　西洋の内在と超越・東洋の空と涅槃

第2節　ルーマン理論と仏教思想

1　ルーマンの仏教理解

　第2章第2節においてルーマンの仏教哲学への関心を論じた。そして第3章においてナーガールジュナの哲学およびインド哲学に一貫する根本思想を論じた。その理解の上で、ここではあらためてルーマンの仏教理解がその本質に接近しつつあったことを見てゆく。

　『社会の宗教』でルーマンは「否定とは、多くの前提を必要とするオペレーションである[26]」と述べている。
　これは否定という作業の単純で本質的な論理構造を端的に示している。まず、否定とは有の概念の前提の上に成り立つ。その上で、はじめてそれを否定することができる。それは区別である。そしてこの区別のためには、そもそもの世界と意味が必要であり、記憶も必要とされる。あるものを否定するためには、それを肯定する場合の、その同一性を記憶していなければならないからである。「否定」によってこれほどの多様性がすでに前提とされることを示すということは、本書で帰謬法を中心に論じてきたことである。ルーマンは同様のことを表現しているのである。
　世界も意味も、その根源を否定することができない。したがって、この問題を存在論的な肯定・否定の二値コードで捉えることはできない。これまでも、ナーガールジュナ、ウパニシャッド哲学も示してきたように、言語の二値コードによる存在論的な規定は最終的には虚構に終わる。ルーマンも同様のことを明確に認識していた。
　しかし、インド思想とルーマン理論のアプローチは、この地点から道を異にし始める。空の現前やブラフマンへの帰入という方向とは逆に、常に区別観察されるという営為に留まり、スペンサー＝ブラウンの境界線や

第2節　ルーマン理論と仏教思想

再参入などの演算形式の援用による様式で、その運動を示そうと試みるのである。その一方で、仏教哲学を「否定の可能性を存在の根拠もそこに含めるまでに広げる」ものとして評価し、考慮すべき一つの可能性として認めている。それでもなお以下の疑問が残る、とするのである。

> 全ての規定されたものが、その《マークされない場所》から、それら自身を区別せねばならないような、だからこそ否定され得ないような世界をも否定することは、正当な評価たり得るのか、ということである。[27]

ルーマン理論と仏教思想との関わりという点で、実はこの一節は非常に興味深い。ルーマンがその概念規定をどこまで明確に認識していたかは不明であるが、これは内容的には仏教思想における「空見」の誤謬の指摘と同様の論理のことを述べているのである。

ルーマンの空についての解釈がどこまで進んでいたかについて、これまで参照した記述のみから確定的な推察をすることはできない。しかし、上記引用部分の脚註に参照文献としてあげられた西谷の『宗教とは何か』には、以下のような記述がある。

> その無がなお自己の底に無というものとして立てられている限り、それはまだ仏教で退けられる悪取空の立場、すなわち空に執した立場たるを脱しない。[28]

無を客体とする時点で自我の存在が要請されている。つまりそれは一種の我執を意味するのである。さらに西谷は、有の否定形としての無は、完全な虚無（果たして、そのような概念が可能であれば、であるが）とはなり得ないとする。

その無は、有の否定として現れながら、それに執着されている限り、

275

なお一種の客體であり、一種の有である。[29]

これらのテキストのかなり当を得た理解の上に、ルーマンが西谷の同書を『社会の宗教』において幾度か参照していることに鑑みると、仏教が西洋において一般に虚無主義との解釈をされることの誤謬をルーマンは少なくとも認識していたと考えられる。したがって、ルーマンの記述における「空の中に区別を埋めること」が、虚無を示しているのではないということは明らかである。

同書において西谷はまた、キリスト教の虚無思想、すなわち「絶対者による無からの万物の創造」という、絶対者たる創造主と、それ自身の存在根拠を持たない（無）である被造物との超えられないような対峙についても言及している。「その虚無は万物を神から仕切る絶対的な壁である[30]」とするのである。それは神の遍在に行き着くための「壁」、突き破るべき殻として、指摘されており、その虚無に出会うことは「神における絶対否定性[31]」に出会うことである。しかし、それはあくまでも、「神」の否定性でもあり、その否定性ですら、「神」を前提にしなければあり得ない。それにもかかわらず、同時にまさにそれだからこそ、最も強力な障壁であると言えるのである。そのことに気づかれた時に、一切の被造物の中に、創造者としての、万物に遍在する神の存在に遭遇する、という百八十度の転換が起こる。これは、すべての言表を否定し尽くした後に、ニルヴァーナが現世に他ならないとする『中論』解釈ときわめて近いと考えられよう。

実は、『社会の宗教』の中に、この百八十度の転換についてのシステム理論的な解釈の記述がある。例によって脚註に挿入されているが非常に印象深く、示唆に富むものである。

まず、観察可能／観察不可能という根本的な区別に関する記述で、その境界の横断については、スペンサー＝ブラウンの「横断が再び行われた時には、その横断の価値は、初回と同一ではない」という「横断の法則」が「キャンセルの形式」を伴って当てはまる[32]、と説明する。これは反対側がまさに観察不可能だからである。したがって、以下のような状況とな

第2節　ルーマン理論と仏教思想

る。「横断から戻ってきても、あたかも何もなかったかのように見える[33]」。

そして、この一文の脚註において以下のように示唆的な、しかし強調からも窺えるルーマンの意図が込められた重要な記述を挿入しているのである。

> 宗教上の文献、特に仏教起源のものは、しばしばまさに正反対のことを述べている。宗教的な死の経験から帰還した後では、世界の事物はもはや以前と同一ではない、と。ゆえに、宗教の独自の働きに注意が向けられるのはまさにこの論理的位置である。[34]

この記述が示しているのは、「悟り」の体験後の意識そのものの変化であり、あらゆる手段を用いて真理に到達したのちに現れる現象世界の姿のことであろう。上述の百八十度の転換や現世がニルヴァーナである、ということを『形式の法則』の理論を用いて逆に示唆しているのである。

「宗教の分出」では主にキリスト教における道徳システムと宗教システムの分離が明確に論じられていた。それによって、キリスト教神学的なゼマンティクから解放され、宗教の考察の上でエキュメニズム的な出発点を得ることができるとしている。その文脈で、これまでに何度か引用・言及した東洋の「瞑想技法」についての言及がなされているのである。

> これらの考察によって、≪区別せよ≫という指示に対しての問いを、≪誰が≫の問い立てとせず、例えば瞑想技法によって、いまだ区別の存在しない、あるいはもはや区別の存在しない≪マークされていない空間≫への接近を試みるような宗教が存在することに対する理解の突破口となるであろう、エキュメニズム的な出発点を得ることができるかもしれない。[35]

277

第4章　西洋の内在と超越・東洋の空と涅槃

　しかし、一神教（キリスト教）の神学者は「区別せよ」という神の命令を遵守しようとするがために、この、マークされない空間に向かう＝区別しないことを目指す、というような宗教に対しては拒否せざるを得ない。そして、その「拒否」こそがまさに、一つの区別であるということが反省されるのだということをルーマンは指摘する。これによって、キリスト教神学者にとって、非一神教的宗教の観察が可能になる。そして観察が可能である＝区別しているということ自体が、彼らの神、すなわちキリスト教の神が、彼らに課した指示であるということに他ならないのではないかと鋭く視透すのである。

　ルーマンの理論では、創造とは「区別せよ」という命令に他ならない、というのが常に出発点である。これは、たとえ一神教の側からの観察であっても（だからこそ）、そもそも一神教と非一神教という区別が可能であることをも示している。さらに、それによって同時に示されるその差異の統一という意味での、ひとつの普遍宗教的視点が可能となるのである。このような視点が（もちろん一つの区別としてのものではあるが）、現代の宗教システム、および西洋キリスト教神学にアクチュアルな可能性を開くのではないかということを、ルーマンはあくまで「一社会学者の思索」としながらも示唆しているのである。

　これは、ルーマンの表現に従えば「区別を埋め込む」ことをひとつの目的とする仏教思想が、社会理論のコンテクストで語られる宗教システムを担う現代の宗教学に与える影響が本質的なものであることを表している。その見通しは、エキゾチシズム的な扱いとは無縁の、根本的かつ緻密な理解に基づくものである。

2　「キリスト教の神」とルーマン

　ルーマンがエキュメニズム的な宗教論に活路を見ていた背景には、キリスト教（会）的「神」の概念に対する疑義があった。その疑義がいかなるものであったかを解き明かすことは、ルーマンの宗教論の記述の動機を理

解するために不可欠である。

(1) 神の対概念

すでに言及したように、神の観察ということの本質を表現するときに、ルーマンは「悪魔」という比喩を用いている。観察における悪魔の象徴的・機能的意味については、たとえば、観察者は悪魔の系譜である、という表現をする。キリスト教における悪しきものの名称、ルシファー、サタン、またはイスラム教のイブリスなど[36]。これは一体どのようなことか。まず、それは観察者としての盲点にその理由がある。これについて『社会の科学』の中でルーマンは以下のように述べているのである。

> パラドックスの観察者として、悪魔は自分自身の置かれている場所を（自分自身を観察者として）認識できないのである。[37]

繰り返し述べてきたように、全ての差異の統一と自己自身を観察できるのは「神」の概念で表されるものだけである。すると、一般に神の対概念とされる悪魔はどうなるのであろうか。まず、これまで理解されたように「観察そのものをも包含する統一[38]」、つまり神の観察は不可能である。悪魔が観察するのは観察者（分割者）から見た「神」であって差異の統一ではない。したがって悪魔は厳密には反対概念とはなり得ない。全ての差異の統一である神にその外側となるような対峙概念は存在しない。つまり、「神」における超越と内在の区別、さらにその再統一という神の反対側に位置するもの、絶対的な悪しきものとしての悪魔の存在というものが虚構であることが見透されるのである。

本来、区別を超えたところには彼岸は無い。唯一神としての人格神は超越というものの総体の人格化である[39]。それによって超越は存在命題となり、それに対する「信仰／不信仰」という区別がそこに伴う。このような存在論へのすり替えはまた、世界（被造物）と神を無自覚に非対称に分別することとなる。それの行き着くところは、いわば完全無欠者とその被造

第4章　西洋の内在と超越・東洋の空と涅槃

物である不完全態という主客の図式の隘路である。そのように定式化すると、世界は必然的に不完全で正されるべきものとなる。そしてその側からの観察は、すなわち悪魔の位置からの観察とならざるを得ない。それは自己を観察しようとする試みにも当てはまる。「自我」の発生は、(自己)観察の試みによって生じる矛盾の象徴でもある。これに関連して、以下の一文からは、純粋に理論的な分析のみならず、ルーマン自身のキリスト教の信仰と神学についての深い造詣を読み取ることができる。

　　堕天使の運命を、神によって容認された悪への自由（なぜそうなのか？）としてではなく、愛のパラドックスとして解釈するという洞察を、神学者たちはほとんどしていない。[40]

　ルーマンが道徳と宗教のコードの分離を試みてきた背景には、ヨーロッパに深く根付くキリスト教の教義的原罪意識があったことはすでに指摘した。このような「悪魔」の問題、その象徴的な意味についての解明、その希求には、部外者が推察することのできる以上の深い心理的な問題が潜んでいよう。

　　サタンの愛は実存的なパラドックスとなり、愛ゆえの違反を生む。[41]

　この記述が示唆するのは、「神の愛」を内在において言語化すると、「サタンの愛」も必然的にパラドックスとして生じるのである、ということであろう。換言すれば、神の愛を表そうとするために敢えて生じさせる「摩擦[42]」であるとも言えるのである。

(2) 偶発性の定式

　ルーマン理論においては、「神」は宗教システムの偶発性の定式（Kontingenzformel）とされる[43]。偶発性の定式とは、観察が依存するための形式である。つまり、何かを足がかりにすることなしには、作動は維持

第 2 節　ルーマン理論と仏教思想

されず、システムと環境の差異も保たれない。したがって偶発性の定式とは観察の足がかりとなるもので、そもそものはたらきの「意味」付け、運動の基盤なのである。具体的には、まず偶発性の定式としての神（宗教システム）、偶発性の定式としての希少性（経済システム）、偶発性の定式としての公共の福祉または正当性（政治システム）などの例が述べられているが、これはいかようにもありうるものの一定の形式化、と簡単に要約することが可能な概念である[44]。つまり、これはあくまでシステム理論という記述形式における一つの規定である。

　ルーマンは、仏教と一神教はともに「救済」という視座を土台としているという点で、これまで世界宗教が試みてきた定式化の最も成功した例であろう、という。したがって、もしかしたら構成主義的に仏教に接近点を見つける方が容易かもしれないが、さしあたり内在と超越の区別の差異の統一としての「神」というものを定式とする議論に限定する、としている[45]。この「限定」という断りは仏教が「神」を掲げないからであろうが、しかし、ルーマンの意図としてそこには上述の「救済」が含意されていということが、重要である。よって、この「神」というメルクマールによる記述は、ルーマンが見立てる（仏教も含めた）高度宗教の記述の足がかりとなりうると考える。そして前章で扱ってきたこと、本書のテーゼそのものからも問題はない。

　ルーマンはニコラウス・クザーヌスの世界観（すべては、contingent な統一体）から、その根拠の認識不可能性こそが神を受け入れる理由であるという、その宗教理論の核となる神観を示した。そして、明らかに仏教に配慮し、それがキリスト教の視座によるものと確認していた。だが、すでに中観派の空の哲学がそのプラサンガの帰結として示されえないものとして示唆する絶対者の存在を、そしてヴェーダーンタ思想も絶対としてのブラフマンを現していることは、本書でも取り上げてきた通りである。

　この偶発性の定式としての神という認識の上で、ここで再びルーマンの以下の一文について考察すべきであろう。

創造とは、明らかに以下の指示に他ならない。境界線を引け。[46]

　この創造とは「この世界」の創造者（神）の営為をあらわしている。つまり、そもそもこの世界の創造（誕生）自体が、境界線を引く＝区別することから始まっているということである。ここにおいてルーマンが述べているのは、あらゆる区別の始まりとは、この世界の始まりであるということである。その際に、われわれがいわゆる創造神たる「神」を信じるか否かに無関係に、そもそもそうした存在論にかかわらずに以下のことが言えるのである。つまり、「創造」と「区別」の概念の持つ指し示すところが、すなわち観察そのものが、そのような意味のことがらなのである。

　内在と超越の存在論的な区別を強調すればするほど、差異の統一体であるはずの「神」は遠方へと押しやられる。これは主客としての神と被造物（世界・生命）、絶対的な善としての神と悪しきものである悪魔、といった存在論的な二元分割である。しかし、ルーマンは、すでにそうした問題認識について、「外側から社会学的に」アプローチをすることは不可能であることを指摘している。それでは、あくまで社会学者として、神の区別についてはいかなる言及が可能なのであろうか。

　それを、ルーマンは以下のように表現する。

社会学者としてはこう問いかけてもいいかも知れない。彼は一体どの区別なのか？[47]

　これは、神が創造者（区別をつけるもの）であり、すべてであるとするならば、その（「神」の）区別をどこでつけるのか、というルーマンの記述に繰り返される、潜在的な（しかし、これは明確な意図を持って潜在化された）問いである。本書の目指したいくつかの明らかにすべきテーマのひとつ、ルーマン理論の書かれざる部分の吸引力はここにある、と考える。

　もし、語り始めること自体が分割（Einteilen）だとすれば、超越につい

第 2 節　ルーマン理論と仏教思想

て語るなら、内在との自己関連性について語るしかない。ならば、神を「超越」の領域で捉えることは、われわれの相対的にのみ可能な言語表現による分割に過ぎないであろう。ルーマンは、このパラドックスの統一の提案として、内在と超越の双方である神、すなわち「大いなる超越（große Transzendenz）[48]」という概念にとどまれば、その分裂に陥らずにいられるであろう、とするのである。

　区別と観察についての全てを見渡す観察者については、常にルーマンの念頭にあったに違いないと思われる。『社会の宗教』には「観察可能なものの中において（でなければどこだというのだ？）、観察可能／観察不可能の差異が観察可能とならなければならない[49]」という記述がある。
　もちろんこれは、どちらかの側の存在かというような存在論的発想ではなく、「形式」すなわち「区別そのもの」のことを指している。ここで、ナーガールジュナの縁起説に立って、これらの概念の「区別」について以下のように換言することができる。つまり、区別そのものは、観察者と同時に立ち現われるものであって、それが、観察不可能な領域をも同時に相互形成するのである、と。
　当然、内在の側にいる「われわれ」観察者はあくまで、われわれの観察可能な領域において「観察可能／観察不可能」の区別を行う。しかし、こうした表現が非常に誤解を招きやすいのは、あたかも「内在の側」という領域が自体として（an sich）にあるかのように捉える思考様式に慣らされているからである。実際のところ、「観察可能」という区別が世界の中で「観察不可能」なものを指し示すのである[50]。この「指し示す」ということもそれ自体が構成であって、何か実体としてある領域を指示しているのではない。こうしたルーマンの記述は、通常の西洋理論からは難解かつ謎めいていると受け取られるが[51]、縁起の説を受容・理解した場合にはきわめて納得のいく言表であると言えるのではないか。

　このような偶発性の定式がそもそものスタートである。偶発性の定式

は、全く規定のないすべてから、システムを成り立たせるための境界線を引く。この、ドグマ的でははいない循環的な意味の基礎づけが、パラドックスの解消とトートロジーの展開を覆い不可視化する。上記のすべては、偶発性の定式としての神にも当てはまり、また同時に当てはまらない、とルーマンは言う。そして、これはさらに、「当てはまる」のでもなければ、また「当てはまらない」のでもない、のであろう。

> 神という偶発性の定式は、その可能性が最大限に発揮されると、これこそがその意味であり機能であるという洞察を自力で持つことができる。なぜなら、これこそが、宗教の機能を示しているからである。[52]

　あえての難解な表現ではないかとすら考えられるのは、きわめてヨーロッパ的（もしくはドイツ的）な事情が随所に窺えるからである。簡略化して述べるならば、「神」という意味の規定によって、われわれは——少なくとも「考えられうる」——すべての多様性について扱うことができるはずなのである。それには、これまでの議論から自明のことながら、それを否定するものも含まれる。そして、その機能を担うものを、宗教のシステムと名付けることができるということである。これは、既存の宗教組織や宗教の教条や、いずれかの特定の宗教の特定の「神」、またはその意味の歴史における「神」の定義についての言及ではないということを、あらためて確認する必要がある。

　世界が所与のものであり、それについての絶対的真理が「是／非」の二値論理学で把握可能であり、必然的にそうしたすべての創造主であるような「神」の要請を掲げ、それを論じることが可能であるという前提で成立する思考、これこそがルーマンの最も批判する見解である。そうした「世界の存在論」からは、「離れる」という記述を、『社会の科学』でも『社会の宗教』でも行っている[53]。これは、伝統的なコスモロジーの意味の縛りからの解放をめざしたものであり、「神」の「存在」の否定ではないことは要所においてルーマンも強調している。

創造が「境界線を引け」ということと同義であるとすれば、神という偶発性の定式が上述のようにすべての多様性を可能にしたということは、このように表現できるであろう。つまり、もはや神とは神であるというトートロジーのあらゆる展開のために、すべての多様性すなわち分割が行われるのである、ということである。

　ルーマンの単著としての宗教理論は、本書で中心的に扱ってきた未完の『社会の宗教』の他には、『宗教の機能』 Funktion der Religion（1977）のみである。この『宗教の機能』のテーゼついて、ルーマン自身が、『社会の科学』において以下のように述べている。全ての偶発性の定式は複雑性において規定不可能なものを規定可能に変異させるということについてであり、最終的には、それは宗教の領域に行き着くということである[54]、と。
　厳密にこの意味において、ルーマンはきわめて語源的な意味での宗教（re-ligio[55]）的な哲学者である、と言えるのではないであろうか。つまり、内在と超越について語るときは、人は誰でも宗教的、すなわち re-ligio（「再 - 統一」）的にならざるを得ないのである[56]。これは、世界の観察の試み、それについてのコミュニケーションは、宗教的なものに他ならないと言い換えることができる。

(3) キリスト教とルーマン

　意味とはオートポイエーティック・システムのメディアであるのならば、最後の要素などというものもないし、この作動の止んだ後（あくまでも仮説として）の意味などというものもありえないことになる。システムの作動に不可欠な、時間という「虚構」について、ルーマンは、「絶対的な始まりも終わりもない」とアウグスティヌスを引用して述べる[57]。キリスト教的な時間概念において、生成も断滅もない解消不可能な単一（einfach）の生、すなわち神に属する時間であるエテルニタス aeternitas に対して、temps は、生成も消滅もある人間の生命を表す「時間」を意味する。この視座においては人間は、ただ魂によってのみ神の永遠の時間に

第 4 章　西洋の内在と超越・東洋の空と涅槃

加わることができるのである。この「生命」という、ひとつの時間の区別を生じさせることが創造であるとするなら、キリスト教において創造以前の時間について問うことは無意味となり、死後の時間も認識不可能である（あくまで創造によってのみその区別が可能となるからである）。したがって、死後の世界を想定した聖と俗の区別を教義で定義づけ、パラドックスを隠蔽しない限り崩壊する。さもなくばキリスト教的創造論そのものが成立しないのである。

　宇宙の創造主が被造物である人間を「俗」の世界に置き、罪を犯す余地を与えた上で（厳密な意味でその「余地」は疑問である[58]）、懺悔・贖罪させるという教義では、最終的には審判を経て、生前の行いにしたがって善悪に振り分けられ、そこで永遠の生を与えられる。この、時間概念、創造と被造物の関係性、自由意志といった定義において言うなれば「粗雑」な図式の瑕疵をルーマンは繰り返し指摘する。何より、その「創造主」は、全てを見渡すことのできる「神」でなく、人間による創造物の中の一つのエピソードにすぎない。特にこの批判的記述は幾度も繰り返されている。

　キリスト教圏の出自ではない、もしくは無神論者や「宗教」を「異なる」ものと見る人々にとっては、概念整理として不可欠であっても、やや真摯すぎる分析と映るかもしれない。ともあれ信仰を持つか否かにかかわらず、「神」という概念についてのコミュニケーション、超越と内在の区別についてのコミュニケーションは確実に社会の中でなされている。その際、このようなコンテクストはキリスト教圏において捨象することは不可能である。一般的な宗教論争（哲学的な記述も含めて）をいかに回避するかという苦心の跡は、ルーマンの宗教理論の著作・論文の全編にわたって見て取れる。いつにもまして難解に、意図的に曖昧にされたと思しき記述によって、このような宗教教義の精神的な制約を文化背景に持たない者にとっては、それがむしろ強調されて伝わってくる。

　その中で目に留まるのは、ルーマンは、キリスト教教義や教会といった組織と、イエス・キリストという人物に象徴されるものについては明確に

峻別していた、ということである。ルーマンのイエスその人に対する非常に慎重に秘匿された信愛については、二箇所の重要な言及において感取することができる。それについては後に引用言及する。

ルーマンは常に、従来のキリスト教教義における「神」、つまり恣意的な限定によって制限された人格的な神ではなく、また、認識不可能であるとするのでもなく、理論的にも、信を置くという意味においても、区別の全てを包含するような「神」をいかに表現することが可能であるかを必ず念頭に置いていたと思われる（もっともルーマン自身はおそらく「いかにコミュニケーション可能か」と表現するであろうが）。そして言語の限界を自覚しつつも、その限界に至るまで様々な制約やパラドックスの隠蔽に過ぎない措定をいかに解き放つことができるのか、このことをルーマンは追求していたのではないであろうか。

さらに宗教、特にキリスト教を語る上で不可避の「罪」ということに関して言えば、それを裁き罰するキリスト教教義による「神」ではなく、すべてを見渡す「神」についてのルーマンの見通しは以下のようなものである。

> 明らかに、神は世界における罪を許容し、また、罪なき苦悩も許容している——それによって、すべての区別を超えて神が自己実現を実行しているということを知らしめているのである。[59]

そして、本書第2章第2節にも論じたような、原罪意識の基盤となる自我意識の強固なヨーロッパのキリスト教的諸事情から、どのような思考の経緯によってルーマンが仏教に関心を示すこととなったのか、それが『社会の宗教』の以下の記述によく現れている。

> いまや超越は、その都度の自己、つまり私（Ich）の、解明不可能性の中にある。これによって、人格神という想定を持つキリスト教の教義学は、困難に陥る。このことは、仏教が今なぜ魅力的であるかを説

第 4 章　西洋の内在と超越・東洋の空と涅槃

　　明するかもしれない。というのも仏教が、区別をつけるという日常生
　　活の習慣を捨て去り、そして瞑想の中で、自己自身も含めて存在する
　　すべてのものが最終的に基づいている空へと回帰することを重要な教
　　えとするからである（しかしこれによって、《主体》としての個人理解は
　　否定される）。60

　キリスト教（プロテスタント）の伝統と分かち難い環境に生を受けた
ルーマンは、ドイツ人として第二次世界大戦の厳しい影響を個人としても
直接に体験した。その後は直截的な主義主張とは距離を置き超領域的な社
会の抽象理論の構築に専心した、非常に生産的な思想家であった。
　そのようなルーマンが、論理的にも整合性を持ち（パラドックスの理論
として）、そしておそらくその理論すらも包含することを理論的に納得で
きるような「大いなる何ものか」について、それを仏教の思想の「寛容
性」の中に抱いた展望、その最も根拠としていたことは何であったのか。
これまでの議論を総括し、次節に考察してみたい。

第3節　内在の営為と空

　仏教や古代インド思想における「悟り」、そしてニコラウス・クザーヌスやトマス・アクィナスなどのキリスト教神学における「恍惚における神との合一」は、根本的には同じ境地を表しているととらえられる。そうした主旨に基づく言述をこれまで扱ってきた。
　この境地において明智を得たものは、知る「対象」と知ること、そして知る「主体」がなんら異なるものではないことを知る。すなわち、区別されない境地を垣間見るのである。諸思想家が異口同音に時に控えめな慨嘆を以て述べてきたように、その境地を言語表現によって表すことは不可能である。それは言語の性質上自明であろう。言語は区別であり、分割であるからである。そしてその再統一でもある。それは生産的なトートロジーでもある。それゆえにはじめに言葉ありき、であり、また同時に言葉は時間概念と同様に無明の装置でもある。
　もし、諸現象が空であり自性では無いながら、その縁起によってあらわれる事柄がわれわれにとって現実であることを表すのであるならば、ロゴスはまさに、空を「現実化」する無明の道具とも言える。それは、叡智を覆い隠し、根源存在を見えなくしてしまう。思惟の戯論に陥り、「理性」の名の帯びる自我に対する誘惑に囚われ、ヤスパースが指摘したような「言語明瞭でありながら意味の空虚な」議論に没頭せしめるのもまた、言語である。しかし、その幻術の道具としての姿を極限的には現出させる鍵を秘匿しているのもまた、言語なのである。それを究極的に使い尽くしたのが帰謬法であり、否定神学であると言えよう。
　そして、現代の社会の理論家であるルーマンは、このような言語の性質を熟知した上で、言語を社会（Gesellschaft）のメディアと位置づけることによって、社会のコミュニケーションのシステムの現実（real）であることを指し示そうとした。しかし、それは決して自性のものではなく、何ら

第4章　西洋の内在と超越・東洋の空と涅槃

かの基礎づけ可能性に基づくものではない。

ルーマンが、社会についての理論という名の下に、膨大な文献資料の参照に基づく長大な記述を、きわめて抽象的な理論装置でもって展開したのは、この世界の特殊相を様々な（できる限り）多様な様相のもとに一つの切り口で描き出そうという試みであった。そしてきわめて現代的なそうしたコミュニケーションのなかにありながらも、世界が意識そのものに満たされていることを時には迷いつつ潜在下に置いていたように思われる。そのことは、二分コードとしては究極的と言える内在と超越の区別によって記述することができる宗教システムにおいての、これまで挙げてきたいくつかの含みを持った言及に現れている。以下のような一見無機的な記述にも、哲学者としての顔を隠していることを指摘されるような視座が浮かび上がっている。

> パラドックスの定理によって、何も可能でない、もしくは全てが可能であることを人は観察する。[61]

> 出発点はきわめて簡単だ。つまり起こることが起こる。[62]

ルーマン理論は、バレーラらの問題提起に対する一つのアイディアでもある。

たとえ認知科学が自己についての吟味を必要としないまま、科学としての営みを続けようとも、われわれ人間が最初に目覚め、最後まで固執するところの「自己」、その同一性についての果てしない探究心が止むことはない。たとえわれわれの何らかの存在意義が、ある種「現実的」な目的に方向づけられた存在としての人間を前提とする今日の経済・政治・法律・学問・教育の枠組みの中にあるように見えても、その中で「自己」を忘却していたとしても、個人の内心のすべてがそこに含まれているなどということはない。ましてや「真の自己」などが差しあたって問題となることはない。そこには回答はないのである。

第 3 節　内在の営為と空

　ひとつ興味深いことは、学問理論において多くの記述者がその個人のアイデンティティへの固執を持つことに対して、ルーマンは全く逆の見解・態度を取っていたことである。ルーマンにとって、自らの記述は社会の学問のコミュニケーションのコミュニケーションそのものに過ぎず、「著者」という形態はそのコミュニケーションにおいては人工的なものであるという[63]。要するに誰（名前）が述べていようがそのようなことは本質ではないということである。これはもちろんこれまで述べたように、人格の識別がコミュニケーションのためのマークであり、評判という意味での「個人の名前」がコミュニケーションのための意味的人工物であり[64]、そして人間が社会の外側に位置するという理論に基づくものであろう。このスタンスを、仏教的・インド的思惟の観点で書き換えると、名前（名誉）に重きを置くことは自身とその生産物（著作）に固執することであり、自我への執着である、ということになる。個人としての内心の考えはともかくとして、いずれにしても、社会の中での自他の「区別」の意味ということに対する一つの態度をここに見ることができる。

　既出の『近代の観察』の示唆に富んだ研究スケッチに近い「非知（Nichtwissen）のエコロジー」でルーマンは現代社会について以下の観察をしている。

　　今、われわれを包み込んでいる文化では、心配が目的地を探し求めている。それが育成された恐れだとまでは言わないでおこう。[65]

　この、ルーマンとしては感覚的な洞察はしかし、ルーマン理論における「排除されている」――問題は「何から」である――ということ無関係ではない。そして、これらの「今の観察」は1990年代初頭当時のものであっても、この描写は現在にもそのまま通用するであろう。
　心配や不安とは「知られないこと」による心理作用である。ルーマンの観察による現代を覆う不安がどのような状況の投影なのか、そうした事情

第4章　西洋の内在と超越・東洋の空と涅槃

は如何様にも分析可能であり、その「対処」についてもさまざまであろう。しかし高度に抽象化すればそれはすなわち非知によるものであり、だからこそ世界は「開展」する。究極的には仏教の無明、ウパニシャッドのアヴィディヤー、これらの概念が示すものに覆われた営為とは、実は生産性なのである。

　ここで、このことを逆方向に表しているヤスパースの「ナーガールジュナ」の一節を再びを参照したい。

　　思想ではないもの（Nichtgedanke）においては、存在とか非存在などというものは見出されない。したがってそうした思想が思想ではないものであるかどうかという問いはあり得ない。[66]

　そして、その背後にあるものは「むしろ一切の区別を再び止揚しようとする要求[67]」なのである。一切の区別が止揚されたとき、コミュニケーションは止み、そのような生産もまた霧消する。

　上記のようなヤスパースの視線に対して、「社会学を選んだ」記述者としてルーマンは、逆に、この二者択一の多様相の観察を自覚的に行う。しかし、繰り返すように、それは、マークされない部分を背後に含みおくことによってのみ可能なのであり、「超越」が「無い」と言っているわけではない。また「個人的な宗教体験」を否定したり、ましてや軽んじるものでもない。社会の記述においてわれわれが言及可能なこと、不可能なことについての差異を明らかにしたに過ぎない。

　そして、そのようにするしかないという諦念のようなものもまた感取される。それは、希求しても掴み得ないものへの憧憬を諦念することができないことと、表裏のように立ち現れる。

　ルーマンの社会学者としてのあり方に関して、最後に「語ることと沈黙すること」の終わりの一節を引用したい。ここでルーマンは、沈黙によって対応するしかない様々なネガティブな社会的事実に関していくつか列挙

第3節　内在の営為と空

した後で、「社会学者としてはこのように言う誘惑にかられるかもしれない、とはいえ可能性がすっかりなくなったわけではない、と」と述べる。その後にすでに引用した以下の一節が続く。

> 書く人は誰もが「紙」を描いており、そしてそれを白紙として描くのである。社会を描く人は、社会が除外し、沈黙を強いたものを暗黙のうちに描いているのである。[68]

そして、このように社会が除外するものの状況について、それを悲観したり主張に結びつけるといったような新たな制約を作り上げるのではなく、社会学は記述のための装置を磨くことによって、「何が排除されているのか」をより正確に把握することができるのである、と記して、「語ることと沈黙すること」を終えている。

状況の如何にかかわらず、観察による記述という生産（区別）をし続ける、ということなのかもしれない。

社会学者としてのこのような態度に対して異なる視座、批判や様々な見解があるであろう。それもまた当然の表れであり、その差異は、あらゆる記述が記述された時点で既に刻まれている区別なのである。それも縁起のうちに立ちあらわれるものであると言える。

仏教の二諦で言えば世諦であるところの「社会学」を「選んだわれわれ」は、おそらく縁起の相依性の細分化されたひとつのダイナミズムを描くことが可能なのかもしれない。むしろ、記述と観察の社会学によって、細分化してゆくダイナミズムの動きそのものを担っているのかもしれない。最も複雑な多様性は、最もダイナミックな統一であり、同一である。なぜなら、異なるものとは、同一なものを規定して初めて認識可能となるからである。

第4章　西洋の内在と超越・東洋の空と涅槃

第4節　伴われてあること　菩薩とイエス

　「神の区別」の結論としてのルーマンの以下の記述が表すことは、これまでも示唆的に言及してきたが、本書の最終節にあたって、ここで引用したい。

> これを前提として、コードの概念について、超越と内在の区別について、そしてこれらの区別を無条件にポジティブな意味との対峙として解釈するということについて話し始めることを、真剣に考えて良いであろう。ナザレのイエスの一生を、二つ目の意味、つまり神または父と呼ばれる、より高次の意味によって伴われている（Begleitetsein）ということの疑いのない確信という観点から、このコードに従った模範的な生き方として社会学的に読み取ることができるかもしれない。それは、超誘導されたあらゆる神学的規定、つまりイエスの人生の言語で表現の可能なものから展開した以下の様々なこととは無関係に、である。すなわち、父と子という比喩から処女懐胎そして三位一体に至るまで、それから受肉・化身から復活の理念に至るまで。たとえ、こうしたことを全て度外視したとしても、なお、内在と超越のコードに基づいたひとつの模範的な生き方が、そこに残るのである。[69]

　これらからは、特有の迂回表現によりながらも、ひとつの明確な趣旨を読み取ることができる。それは、超越と内在の二値コードに基づいて機能し、宗教のコミュニケーション・システムとして成り立つ宗教理論、という概念の集積からは捉えられないことである。
　「ひとつの模範的な生き方」としてあげられているのは、特定の教義や神秘主義的エピソードではなく、現代にも理解することができる歴史的人物としてのイエスの生き方として伝えられているものである。特に以下の

第 4 節　伴われてあること　菩薩とイエス

表現に、よりはっきりとした意味が現れている。「二つ目の意味、つまり神または父と呼ばれる、より高次の意味によって伴われているということの疑いのない確信 (Sicherheit)」。

この「より高次の意味」とは区別の彼岸を指し、超越と内在の区別の側にいるということは、常にそのパラドックスとしての大いなる超越の隣にいるということなのである。常に父（神）と共にある、というキリスト的な態度を、ルーマンは、このようにシステム理論的に、「社会学的に」表現しているのである。

これまで言及した、「宗教の分出」における否定神学と東洋の瞑想法の本質的な類似についての記述では、差異の統一としての「神」概念が受け入れられれば、内在と完全に分離した唯一神としての超越が成立しないことがあらためて確認される。そして、以下のように続く。

> その上で、超越の位置が空席となり、新たにその位置につくものが必要になった場合、今日の社会では唯一の候補が考慮されるだろう。それはいずれにしても排除によって定義された個人である。排除された状態にあっても世界への慈しみを失うことがないという仮定は、社会学的にも、心理学的にも、殆どありえないことのように思えるだろう。ならば、こうした指摘が何かを意味することができるのかもしれない。このことは、少なくともひとつの模範的な例においては可能だったのだと。それはナザレのイエスである。[70]

これは、社会の外側、つまり内在の中の「内在と超越の区別」における、「超越」の位置についての言及である。そして、「模範的な生き方」としてのイエスが、社会からは排除された個人として、内在における「内在と超越」の区別の「超越」に位置することができるのではないか、ということを意味する（絶対的な超越ではない）。そのような厳しい生き方は、「心理学的にも、社会学的にも」もあり得ないことかもしれない（特に現代に

第4章　西洋の内在と超越・東洋の空と涅槃

あっては、という含意がある）としながらも、それでもなお世界への慈悲を失わないというあり方に、ルーマンは言及しているのである。

　そもそも「排除によって定義された個人」は社会のいずれのシステムにも参与者とはなりえない。その心や意識は、排除された位置にあっても、世界への慈しみを失わない。社会ではなく「世界」であること、そしてこの「慈しみ、慈悲（Zuwendung）」の意はどのようなことだろうか。この記述を考察するにあたって、ここで、再び人間に関するルーマンの記述を引用したい。

　　人間を環境に置くのは、しばしばそう受け取られがちなように、拒絶や軽視のためではない。むしろ、社会に対するわれわれの通常の批判的な姿勢を考えれば、環境ポジションの方が快適なのではないかと思う。[71]

　一見軽妙な言述の表面下に、このような視点ならば、この世界で生きることもまた、あらゆる意味で肯定できるのではないか、という思いが感じられる。いずれにしても、その「世界」はルーマンがコミュニケーション・システムと捉える「社会」のことではない。コミュニケーション・システムの「環境ポジション」という表現はシニカルでありつつも、ルーマンの「世界」観をもまた含めた見方なのである。

　さらに、ルーマンは「神の区別」でこのように述べる。

　　このことは確信してよいであろう。経験することにはすべて、二つ目の意味、強力にポジティブな意味が獲得されうるのだということを。そして、ルックマンが、〈大いなる超越〉と呼んだものの文脈において、それについてコミュニケーションをすることが可能であるはずだ、ということを。そして、それこそはすでに宗教であろう。[72]

第4節　伴われてあること　菩薩とイエス

　内在と超越のコードの指標にしたがった「生き方の模範」として、より高い意味、すなわち区別を超えたものが常に随伴したその「確信（Sicherheit）」の意味とはこのようなことを指しているのであろう。いかなる内在における経験的事象も行為も、常に区別そのものの向こう側である大いなる超越に裏打ちされた「強力に肯定的（emphatisch-positiv）」な意味を獲得するものである。そうした視点を持ち続けることはいかに可能であろうか。そもそも、この世界において超越が超越でありうるのは、区別によって内在が示され、その内在における全ての活動、観察、思考などを含めた諸現象によってである。その区別はまさにここでなされている。これは『中論』における空がニルヴァーナに他ならないことと同じ意味であると言えるであろう。

　この世界に生きることから逃れ、ニルヴァーナの境地に憧れるということが迷いであるとするなら、いわゆる区別をなくした次元に到達し、再び区別の次元に戻ってきた時に、人は慈愛を持ってこの世界を眺めるというルーマンの視点もまた、仏教における菩薩の思想を表したものに他ならないと言える。

　仏教では涅槃に達しながら、解脱せずに現象世界において衆生を救済し続けるという菩薩という存在を示している。ルーマンがキリスト教的な「神の愛」について言及せずに、仏教の「菩薩の慈悲」に活路を見出したこと、つまり別の表現をすれば、ナザレのイエスに菩薩を重ね合わせたこと、その意味をあらためて吟味すると、以下の様相が現れてくる。ルーマンが探求しようとした、教義学とは異なったキリスト教神学の姿である。そして、それとキリスト教以外の高度宗教の普遍的な思想との調和なのである。

　同様のことを、中村は、逆に仏教思想の立場からこのように歩み寄って表現している。

　　人間の行動の基本的な徳としての＜慈悲─愛＞と絶対者の＜知識＞とが実質的には同じものであるという見解は必ずしも仏教だけに限られ

297

第 4 章　西洋の内在と超越・東洋の空と涅槃

たものではなかった。[73]

　ニルヴァーナは輪廻と異ならず、空と同一（諸法実相）なのである。その境地に至れば、輪廻、現象世界、空＝諸法実相、涅槃の全てが同一であり、区別がない[74]ということに行きつく。このように仏教思想の側から、ふたたび、ルーマンの理論の出発点に戻ることができる。「全ては区別により始まる」。

　これは、シャンカラに従えば、さらなるブラフマンの開展である。それは自己＝アートマンがすなわち包括者＝ブラフマンであることと辿りつく地点、始まる地点と同じなのである。

　ここで、バレーラらの『身体化された心』執筆の動機となった、科学や哲学によっても回答を得られない自己についての問いをめぐる問題を再び考えてみたい。ルーマンもまたこのように洞察していた。「古くからの知恵に従えば、個人は≪自分は誰か≫という問いに自分で答えることができないという[75]」。この事実を、利己的でそれゆえに洞察力に欠き結果として罪を犯し易いという個人の内在的存在の弱さの表れに帰着させてきたのが（キリスト教の）伝統的なやり方であったと、ルーマンは続ける。さらに、「自己」なるものの不確定さを「すなわち個人というもの自体が超越であり、まさにそれだからこそ、危うい自己を常に規定し続けなくてはならない[76]」と表現する。

　自己なるものがそれ自体で超越である、ということは、区別の観点からすれば、自己が常に自己自身であり続ける作動によって、自己自身内での内在と超越の差異の統一というパラドックスを自己自身において経験し続けることであると言える。つまり、超越はここにおいて、「彼方」ではなく、パラドックスを経験する差異の統一の中、つまり自己自身の、その解明不可能性の中にこそある。

　全ての超越の内在的なもの（alles Immanente der Transzendenz）は同時

第 4 節　伴われてあること　菩薩とイエス

に近くにあり、また遠くでもあらなければならない。特権的に神に近い聖なる場所、地域、画像などというものはない。すると必然的に聖俗の差異は、少なくとも神学においては克服され、たとえ残ったとしてもそれは民間信仰に委ねられるものとなる[77]、という表現で、ルーマンはそのような「神」像を片付ける。

　それでも、個人というもの自体が超越である、すなわち梵我一如のパラドックスとしての分かたれた存在である個々は、この世界を生きている。

　区別が可能ということは、まさに区別しないことも可能であるということであった。しかし、「現実」にはわれわれは区別せずにいられない。区別可能性から、区別不可能性に言及するのは、否定形を以てしか可能ではない。それこそが、プラサンガの意義であった。そのように考えれば、疑義は真への渇望、つまり真なる自己への渇望である。大いなる懐疑は大いなる信仰の否定的契機による志向なのである。

　ルーマンは前節に引用した『近代の観察』の「現代を覆う不安」の記述の前に以下のような重要なスケッチを残している。これは「個人化（Individualisierung）」という議論とその意味についての言及である。

> さらにこう付言できよう。すなわち、異なる存在をその異なるままに、たとえその存在が自己破壊的な傾向を示していても、愛することである。つまり、愛がセラピーに堕するのを避け、少なくとも愛とセラピーとの、その区別を保つことなのである。[78]

　ここで言われている「セラピー」とは、他者に自己の規範を当てはめて「診断」し、「治療」しようとすることを指すと思われる。セラピーの語は、現代社会の特徴的なメルクマールとして、「語ることと沈黙すること」の中でも短くも印象的に用いられている。この場合、文字通り医学的な「診断」「治療」の場合もあれば、ある種の倫理規範の強要とも解釈可能であろう。こうした「教説」は、慈悲とは逆のものであることを、ルーマン

第4章　西洋の内在と超越・東洋の空と涅槃

がイエスの生き方に見たものとは全く異なるものであることを表していると思われる。そして、この他者への「愛」という見解は、マトゥラーナ／バレーラの『知恵の樹』の終章において生物学的に至った結論[79]にも通ずるものである。

　ここで再び、メルロ＝ポンティの表現、「汲み尽くし得ない世界」けれども「われわれがその諸関係の結び目である」ような世界とはいかなるものであるか考えてみたい。それは、一部の仏教思想の固定した輪廻観の現象世界、無知と苦と迷妄によって成り立つ脱出すべき輪廻の呪縛ではない。または、一部のキリスト教教義によるように、原罪によって始まり、絶対神の最後の審判という直線的未来の時間次元に押し込められた道筋を進むのみの、罪に満ちた人間存在として悔い改めながら生きる場所でもない。ましてや、万人の万人に対する闘争を現代風に洗練されたやり方でいかに出し抜くかに総力を注ぎ、身体の限界に達したら死してゆくのみの生物としての人間の集合体でもないであろう。

　それでもなお仮のものであるこの現象世界という理解に到達した上で、あえて、この区別可能な世界に戻ってくることの意味を、ルーマンは「慈しみ」という表現に求めたのではないか。それが、常に「神に伴われた(begleitet sein)」存在としての、その意味での二重性、つまり差異の統一を常に保持し続けるナザレのイエスのような生き方として表されているものであろう。

　このようなイエスの生き方を、通常の意識の普通の個人が努めることは可能であろうか。一切の真理に先行するものとしての「神」は、未だ分かたれぬものである。分かたれた存在としての観察者は、観察者でいる限りそれを把捉することはできない。それでも常に伴われてあることの確かさに信を置くことは可能かもしれない。そして目の前の分かたれた存在に対し、そのあるがまま異なるままに愛する（たとえ不完全であっても）、そのような生き方が不可能ではないことを自他に問おうとしたのではないかと思われる。

第4節　伴われてあること　菩薩とイエス

　思惟されたものはすべて、必ず突き崩される。思惟の意義とは、限界まで突き詰めてその結果、非思惟へと回帰することであった。それは縁起をみとめることである。覚者（Erkennende）とは、究極の明智に目覚めたものとされる。明智に目覚めたものは「菩薩であることを知る（学ぶ）」のであって、何らかの「法（ダルマ）を学ぶことはない[80]」。そして、「何もないことと同時に存在の充実であるようなあらゆる形がそこから出てくる空[81]」を見、それを生きるのである。
　伴われてあることに確信を得て、異なるままの他者に慈悲を持ち続けることによって至る境地は、思惟を限界まで極め尽くしてその潰えるところに現れる空と、究極的には他なるものではない。それは絶対者の知識と慈悲が異なるものではないことにたどりついた意識でもある。
　その意識はもはや無智・無明に束縛されていない。ゆえに、非有非無でありながら同時に異なるすべての存在に対する慈悲を持って空を観ずることが可能となる。
　それが、慈愛をもって内在に生きる、ということではないであろうか。

第4章　西洋の内在と超越・東洋の空と涅槃

註

1　BM, S. 219.（166頁参照）。
2　Vgl. Cusanus (1967), S. 4.
3　Rel, S. 36-37.（36頁）。
4　Ebd., S. 344.（389頁参照）。
5　Wittgenstein (1963), S. 115.
6　これはつまり、認識可能な根拠が「内部」には無い、ということである。
7　Rel, S. 344.
8　Ebd., S. 37.
9　中村、437頁。
10　Cusanus (1967), S. 5.（15頁）。
11　Cusanus (1987), S. 80-81.
12　Ebd., S. 81.（117頁参照）。
13　中村、329頁。
14　同書、同頁。
15　同書、330頁。
16　Cusanus (1967), S. 1.（5頁参照）。
17　Ebd., S. 3.（8頁）。
18　Ebd., S. 2.（6頁）。ratio を「悟性」とし、intellectus を「理性」と訳す場合あるが、本書では、前者を「理性」後者を「知性」とする訳に倣う。
19　Vgl. ebd., S. 4.
20　SY, S. 556. 本書、121頁。
21　Vgl. Cusanus (1967), S. 6.
22　Vgl. ebd., S. 6.
23　Vgl. ebd.
24　Vgl. Jaspers (1964), S. 143.
25　Vgl. ebd., S. 54.
26　Rel, S. 37.（37頁参照）。
27　Ebd.
28　西谷、39頁。
29　同書、同頁。
30　同書、44頁。
31　同書、同頁。
32　横断の法則は、情報を反対側に持っていくことはできない、そのためには形式内部にとどまらねばならないことを示す。Vgl. Rel, S. 27; Spencer-Brown (1972), p.2. しかし、その反対側がマークされない状態の場合、キャンセルの法則が適用される。Cf. ibid., p.5.
33　Rel, S. 34.

第 4 節　伴われてあること　菩薩とイエス

34　Ebd.（412-413 頁）。
35　GS 3, S. 357.
36　Vgl. WG, S. 118 ff.
37　Ebd., S. 120.
38　Ebd., S. 268.
39　Vgl. Rel, S. 152.
40　Ebd., S. 163-164.（188 頁）。
41　Ebd., S. 164.（188 頁）。
42　Vgl. ebd., S. 164. 脚注のイスラム神秘主義などの「悪魔」観、すなわち「摩擦の表象」などの参照が興味深い。
43　本書、135 頁も参照。
44　Vgl. Rel, S. 148 ff.
45　Vgl. ebd., S. 150-152.
46　ES, S. 73.
47　Vgl. SA 4, S. 253.
48　Ebd. Vgl. Luckmann（1985）.
49　Rel, S. 34.
50　Vgl. ebd., S. 35-36. 観察それ自体の観察不可能性でもある。
51　Cf. Laermans/Verschraegen（2001）, p.13. 彼らの「反証」もまた、西洋的である。
52　WG, S. 397.
53　Vgl. Rel. S. 47.
54　Vgl. WG S. 397.
55　Vgl. Rel, S. 80. ラテン語の religio の語源が「再び — 束ねる」ということであるのは、偶然ではないとしている。ただし、ここでは内在の制約に関わる文脈で使われている。
56　ルーマンは以下のように言う。「超越の観点の下に内在を捉えているコミュニケーションは常に宗教的なのであると言えよう」（Ebd., S. 77）。
57　Vgl. ebd., S. 51.
58　Vgl. ebd., S. 99.
59　Ebd.
60　Ebd., S. 111-112.（125 頁参照）。
61　WG, S. 537.
62　Ebd., S. 681.
63　Vgl. GS 3, S. 10.
64　Vgl. WG, S. 246.
65　BM, S. 202.（153 頁参照）。
66　Jaspers（2013）, S. 947.
67　Ebd., 947.（75 頁）。
68　RS, S. 19. スペンサー＝ブラウンのマークされない白紙状態の意味も含めている。

第 4 章　西洋の内在と超越・東洋の空と涅槃

69　SA 4, S. 252. 続けて「(例えばエジプトの宗教のように、神々の像が同時に内在的かつ超越的な事実であると前提としていた宗教とは対照的に)。」とある。
70　GS 3, S. 339-340.
71　ES, S. 256.
72　SA 4, S. 252. Vgl. Luckmann (1985). また、この「大いなる超越」については Luckmann (1967) 参照。
73　中村、449 頁。
74　同書、292-299 頁参照。
75　Rel, S. 110.（124 頁参照）。
76　Ebd., S. 110-111.
77　Vgl. SA 4, S. 248.
78　BM, S. 201.
79　Cf. Maturana/Varela (1998), pp.246-248.
80　Jaspers (2013), S. 939.
81　中村、446 頁参照。

おわりに

　これまで言及した古今東西の思想家の言述において、いかなる概念や理論であれ、生命とは何か、この世界で生きるとは何か、についての真剣な追求によって形作られてきたことを見てきた。彼らの様々な試みは、そうした探求があらゆる区別に始まり多様性の生産が尽くされた上で、最後にそのすべてが依って成るものであることを知り、区別のないところに到達する、そのような視座の思惟の営為であった。

　考える者をこのような探求に駆り立てるもの、それをあらわす概念もまた多様であろう。しかしその表そうとされるところは、結局区別では示しえない。それでもなおあらゆる区別、自他との区別を保持しつつ、空、つまりそれが自性ではないものである認識を持って生きる。そこに意義を見い出すことは、分かたれぬものを常に内外に知ることによって可能となるのであろう。

あとがき

　本書は 2018 年に学位授与された博士論文に加筆修正したものである。執筆当初から年月を経ており、その間の認識の変化をすべて反映することはできなかったが、あえてそのままにした部分もある。いずれにしても現時点でできる限りのことを終え、様々な方々のお力添えによって今般書籍化の運びとなった。
　これまでお世話になったすべての方々、そしてすべての機会に感謝したい。

2024 年 7 月　　　　　　　　　　　　　　　　　　西　菜穂子

―文献―

<日本語文献>

井筒俊彦『意識と本質―精神的東洋を索めて―』岩波書店（岩波文庫）、1991 年。
――『イスラーム生誕』中央公論新社（中公文庫）、2017 年。
岩本裕（編訳）『ウパニシャッド』筑摩書房（ちくま学芸文庫）、2013 年。
上村勝彦訳（訳）『バガヴァット・ギーター』岩波書店（岩波文庫）、2011 年。
梶山雄一・上山春平『仏教の思想 3 空の論理＜中観＞』角川書店（角川文庫）、1997 年。
佐藤道郎「ヘーゲルとインド思想―ギーター批判をめぐって―」『比較思想研究』第 21 号、1994 年、75－82 頁。
長岡克行『ルーマン／社会の理論の革命』勁草書房、2006 年。
中村元『人類の知的遺産 13 ナーガールジュナ』講談社、1980 年
――『シャンカラの思想』岩波書店、1989 年。
――『インドとギリシアとの思想交流 中村元選集 第 16 巻』春秋社、1968 年。
――『中村元選集［決定版］第 1 巻 インド人の思惟方法 東洋人の思惟方法 I』春秋社、1988 年。
――『中村元選集［決定版］第 9 巻 ウパニシャッドの思想』春秋社、1996 年。
――『中村元選集［決定版］第 24 巻 ヨーガとサーンキヤの思想 インド六派哲 I』春秋社、1996 年。
――『中村元選集［決定版］第 27 巻 ヴェーダーンタ思想の展開 インド六派哲学 IV』春秋社、1996 年。
――『中村元選集［決定版］第 19 巻 インドと西洋の思想交流』春秋社、1998 年。
――『中村元選集［決定版］別巻 2 普遍思想 世界思想史 II』春秋社、1999 年。
――『龍樹』講談社（講談社学術文庫）、2002 年。
――『慈悲』講談社（講談社学術文庫）、2010 年。
――『原始仏典』筑摩書房（ちくま学芸文庫）、2011 年。
――『ブッダ神々との対話―サンユッタ・ニカーヤ I ―』岩波書店（岩波文庫）、2014 年。
――『ブッダ悪魔との対話―サンユッタ・ニカーヤ II ―』岩波書店（岩波文庫）、2015 年。
――『ブッダのことば―スッタニパータ―』岩波書店（岩波文庫）、2015 年。
――『ブッダ最後の旅―大パリニッバーナ経―』岩波書店（岩波文庫）、2016 年。

中村元・福永光司・田村芳朗・今野達・末松文美士編『岩波仏教辞典　第二版』岩波書店、2015年。

西田幾多郎『西田幾多郎哲学論集Ⅲ　自覚について他四篇』上田閑照編、岩波書店、2002年。

西谷啓治『宗教とは何か』創文社、1961年。*Was ist Religion*, übers. von Dora Fischer-Barnicol, Frankfurt/M 1982.

馬場靖雄『ルーマンの社会理論』勁草書房、2001年。

山本光雄（監訳）『プラトン全集2』角川書店、1974年。

＜外国語文献＞　（参照した邦訳を記載）

Aquinas, Thomas: *The Summa Theologica*, Vol. I, translated by Fathers of the English Dominican Province, Westminster, MD 1981.

Bernstein, Richard J.: *Beyond Objectivism and Relativism: Science, Hermeneutics, and Praxis*, Philadelphia 1983.

Bertalanffy, Ludwig von: *General System Theory: Foundations, Development, Applications*, New York 1968.

Borofsky, Robert: *Making History: Pukapukan and Anthropological Constructions of Knowledge*, Cambridge, UK 1987.

Bühl, Walter: Luhmanns Flucht in die Paradoxie, in: Peter-Ulrich Merz-Benz/Gerhard Wagner（Hrsg.）, *Die Logik der Systeme*, Konstanz 2000, S. 225-256.

Cassirer, Ernst: *Wesen und Wirkung des Symbolbegriffs*, 8. Aufl., Darmstadt 1997.

Cusanus, Nikolaus: De docta ignoratia, in: *Opera Omnia*, Vol. I, hrsg. von Ernst Hoffman/Raymond Kilbansky, Leipzig 1932.『学識ある無知について』山田桂三訳、平凡社、1994年。

――: Directio speculantis seu de non aliud, in: *Opera Omnia*, Vol. XIII, hrsg. von Ludwig Baur/Paul Wilpert, Leipzig 1944. *Vom Nichtanderen*, hrsg. von Paul Wilpert, Hamburg 1987.『非他なるもの』松山康国・塩路憲一訳、創文社、1992年。

――: De deo abscondito, De quaerendo deum, De filiatione dei, in: *Opera Omnia*, Vol. IV, hrsg. von Paul Wilpert, Hamburg 1959. *Drei Schriften vom Verborgenen Gott*, hrsg. von Elisabeth Bohnenstädt, Hamburg 1967.『隠れたる神』大出哲・坂本堯訳、創文社、1972年。

――: De venatione sapientiae, in: *Philosophisch-Theologische Schriften*, Band I, hrsg. von Leo Gabriel, Wien 1964, S. 1-189.

――: *Tu quis es (De principio). Über den Ursprung*, hrsg. von Karl Bormann, Hamburg 2001.

Deussen, Paul: *Das System des Vedânta: Nach den Brahma-Sûtra's des Bâdarâyana und dem Kommentare des Çakara über dieselben als ein Kompendium der Dogmatik des Brahmanismus vom Standpunkte des Çankara aus*, Leipzig 1906.

Dreyfus, Hubert L.: Review of the Embodied Mind, in: *Mind*, 102 (407), Oxford UK 1993, pp. 542-546.

Foerster, Heinz von: Entdecken oder Erfinden: Wie lässt sich Verstehen verstehen?, in: Heinz Gumin/Armin Mohler (Hrsg.), *Einführung in den Konstruktivismus*, München 1985, S. 27-68.

Foerster, Heinz von/Bernhard Pörksen: *Wahrheit ist die Erfindung eines Lügners: Gespräche für Skeptiker*, 3. Aufl., Heidelberg 1999.

Gödel, Kurt: *Über formal unentscheidbare Sätze der Principia Mathematica und verwandter Systeme I*, in: *Monatshefte für Mathematik und Physik*, 38, Leipzig 1931, S. 173-198.『不完全性定理』林晋・八杉満利子訳・解説、岩波書店（岩波文庫）、2006 年。

Günther, Gotthard: *Idee und Grundriß einer nicht-Aristotelischen Logik: Die Idee und ihre philosophischen Voraussetzungen*, 2. erw. Aufl., Hamburg 1978.

Heidegger, Martin: *Zur Seinsfrage*, Frankfurt/M. 1956.

――: *Sein und Zeit*, 18. Aufl., Tübingen 2001.

Hofstader, Douglas R.: *Gödel, Escher, Bach: An Eternal Golden Braid*, New York 1999.

Horster, Detlef. *Niklas Luhmann*, 2. überarb. Aufl., München 2005.

Husserl, Edmund: *Ideen zu einer reinen Phänomenologie und phänomenologischen Philosophie*, hrsg. von Elisabeth Ströker, Hamburg 2009.

――: *Die Krisis der europäischen Wissenschaften und die transzendentale Phänomenologie: Eine Einleitung in die phänomenologische Philosophie*, hrsg. von Elisabeth Ströker, Hamburg 1982.

Jackendoff, Ray: *Consciousness and the Computational Mind*, Cambridge, MA 1987.

Jaspers, Karl: *Die großen Philosophen*, 2. Aufl. München 2013 (1957).『佛陀と龍樹〈ヤスパース選集5〉』峰島旭雄訳、理想社、1960 年。

――: *Nikolaus Cusanus*, München 1964.『ニコラウス・クザーヌス〈ヤスパース選集27〉』薗田担訳、理想社、1970 年。

Kant, Immanuel: *Kritik der reinen Vernunft*, 2 Bände, hrsg. von Wilhelm Weischedel, 9. Aufl., Frankfurt/M. 2017.

――: *Kritik der praktischen Vernunft. Grundlegung zur Metaphysik der Sitten*, hrsg. von Wilhelm Weischedel, 9. Aufl., Frankfurt/M. 2017.

Kneer, Georg/Armin Nassehi: *Niklas Luhmanns Theorie Sozialer Systeme: Eine Einführung*, München 1993.

Laermans, Rudi/Gert Verschraegen: "The Late Niklas Luhmann" on Religion: An Overview, in: *Social Compass*, 48(1), 2001, pp. 7-20.

La Vallée Poussin, Louis de: *Mūlamadhyamakakārikās de Nāgārjuna, avec la Prasannapadā commentaire de Candrakīrti*, St.-Pétersbourg 1903-1913.

Lewontin, Richard C.: The Organism as the Subject and Object of Evolution, in: *Scientia*, 77(18), 1983, pp.63-82.

Luckmann, Thomas: *The Invisible Religion: The Problem of Religion in Modern Society*, New York 1967.

――: Über Funktion der Religion, in: Peter Koslowski (Hrsg.), *Die religiöse Dimension der Gesellschaft, Religion und ihre Theorien*, Tübingen 1985, S. 26-41.

Luhmann, Niklas: *Funktion der Religion*, Frankfurt/M. 1977.

――: *Gesellschaftsstruktur und Semantik: Studien zur Wissenssoziologie der modernen Gesellschaft*, Band 1, 4. Aufl., Frankfurt/M. 2012 (1989).『社会構造とゼマンティク 1』徳安彰訳、法政大学出版局、2011 年。

――: *Soziale Systeme: Grundriß einer allgemeinen Theorie*, Frankfurt/M. 1987 (1984).

――: *Archimedes und wir: Interviews*, hrsg. von Dirk Baecker/Georg Stanitzek, Berlin 1987.

――: *Soziologische Aufklärung 4: Beiträge zur funktionalen Differenzierung der Gesellschaft*, Opladen 1987.

――: *Gesellschaftsstruktur und Semantik: Studien zur Wissenssoziologie der modernen Gesellschaft*, Band 3, 4. Aufl., Frankfurt/M. 2012 (1989).『社会構造とゼマンティク 3』高橋徹・赤堀三郎・阿南衆大・徳安彰・福井康太、三谷武司訳、法政大学出版局、2013 年。

――: *Paradigm lost: Über die ethische Reflexion der Moral*, Frankfurt/M. 1990.

――: *Die Wissenschaft der Gesellschaft*, Frankfurt/M. 1992 (1990).『社会の科学 1』『社会の科学 2』徳安彰訳、法政大学出版局、2009 年。

――: *Beobachtungen der Moderne*, Opladen 1992.『近代の観察』馬場靖雄訳、法政大学出版局、2003 年。

――: *Soziologische Aufklärung 6: Die Soziologie und der Mensch*, 3. Aufl., Opladen 2008 [1995].『ポストヒューマンの人間論』村上 淳一訳、東京大学出版会、2007 年。

――: *Die Gesellschaft der Gesellschaft*, 2 Bände, 9. Aufl., Frankfurt/M. 2015 (1997).『社会の社会 1』『社会の社会 2』馬場靖雄・赤堀三郎・菅原謙・高橋徹訳、法政大学出版局、2009 年。

――: *Die Politik der Gesellschaft*, hrsg. von André Kieserling, Frankfurt/M. 2002 (2000).『社会の政治』小松丈晃訳、法政大学出版局、2013 年。

――: *Die Religion der Gesellschaft*, hrsg. von André Kieserling, 4. Aufl., Frankfurt /M. 2015 (2000).『社会の宗教』土方透・森川剛光・渡會知子・畠中茉莉子訳、法政大学出版局、2016 年。

――: Das Medium der Religion. Eine soziologische Betrachtung über Gott und die Seelen, in: *Soziale Systeme*, 6, H1, Opladen 2000, S. 39-51.

――: *Einführung in die Systemtheorie*, hrsg. von Dirk Baecker, 2. Aufl., Heidelberg 2004 (2002).

Luhmann, Niklas/Peter Fuchs: *Reden und Schweigen*, Frankfurt/M. 1989.

Maturana, Humbert/Francisco Varela: *Autopoiesis and Cognition: The Realization of the Living*, Dordrecht 1980.

――: *The Tree of Knowledge: The Biological Roots of Human Understanding*, rev. ed., Boston 1992.

Meier, Christian: *Die Entstehung des Politischen bei den Griechen*, Frankfurt/M. 1980

Merleau-Ponty, Maurice: *La structure du comportement*, Paris 1942.『行動の構造』滝浦静雄・木田元訳、みすず書房、1964 年。

――: *Phénoménologie de la perception*, Paris 1945.『知覚の現象学 1』竹内芳郎・小木貞孝訳、みすず書房、1967 年、『知覚の現象学 2』竹内芳郎・木田元・宮本忠雄訳、みすず書房、1974 年。

Minsky, Marvin: *The Society of Mind*, New York 1986.

Müller, Friedrich Max: *Introduction to the Science of Religion: Four Lectures Delivered at the Royal Institution, Two Essays on False Analogies and the Philosophy of Myth*, London 1873.『比較宗教学の誕生 ―宗教・神話・仏教―』松村一男・下田正弘監修、松田仁史・久保田浩・日野慧運訳、図書刊行会、2014 年。

Pandeya, R.C.: The Mādhyamika Philosophy: A New Approach, in: *Philosophy East & West*, 14(1), Honolulu 1964, pp. 3-24.

Parsons, Talcott: *The Social System*, New York 1951.

Picard, Max: *Die Welt des Schweigens*, München 1988.
Priest, Graham: *Towards Non-Being: The Logic and Metaphysics of Intentionality*, New York 2005.『存在しないものに向かって―志向性の論理と形而上学―』久木田水生・藤川直也訳、勁草書房、2011年。
――: The Structure of Emptiness, in: *Philosophy East and West*, 59(4), Honolulu 2009, pp. 467-480.
――: Beyond true and false, in: *Aeon*, May 15, 2014. https://aeon.co/essays/the-logic-of-buddhist-philosophy-goes-beyond-simple-truth (accessed January 4, 2024).
Priest, Graham/Francesco Berto/Zach Weber: Dialetheism, in: Edward N. Zalta/Uri Nodelman (eds.), *The Stanford Encyclopedia of Philosophy*, Summer 2023 ed., Stanford University. https://plato.stanford.edu/archives/sum2023/entries/dialetheism/.
Plotinus: The Enneads, translated by Stephan Mackenna, London 1917.
Putnam, Hilary: *The Many Faces of Realism*, Illinois 1987.
Radhakrishnan, Sarvepalli: *Indian Philosophy*, Vol. 2., rev. ed., London 1958.
Shapiro, Lawrence/Shannon Spaulding: Embodied Cognition, in: Edward N. Zalta/Uri Nodelman (eds.), *The Stanford Encyclopedia of Philosophy*, Winter 2021 ed., Stanford University. https://plato.stanford.edu/archives/win2021/entries/embodied-cognition/.
Stichweh, Rudolf: Niklas Luhmann, in: George Ritzer/Jeffery Stepnisky (eds.), *The Wiley-Blackwell Companion to Major Social Theorists: Vol. II Contemporary Social Theorists*, Oxford UK 2011.
Spackman, John: Between Nihilism and Anti-Essentialism: A Conceptualist. Interpretation of Nāgārjuna, in: *Philosophy East and West*, 64(1), Honolulu 2014, pp. 151–173.
Spencer-Brown, George: *Laws of Form*, New York 1972.
Stcherbatsky, Th.: *Buddhist logic*, New York 1962.
Thagard, Paul: Cognitive Science, in: Edward N. Zalta/Uri Nodelman (eds.), *The Stanford Encyclopedia of Philosophy*, Fall 2014 ed., Stanford University. https://plato.stanford.edu/archives/fall2014/entries/cognitive-science/.
――: Cognitive Science, in: Edward N. Zalta/Uri Nodelman (eds.), *The Stanford Encyclopedia of Philosophy*, Spring 2023 ed., Stanford University. https://plato.stanford.edu/archives/spr2023/entries/cognitive-science/.

Varela, Francisco J.: Living Ways of Sense Making: A Middle Path for the Neurosciences, in: Paisley Livingston (ed.), *Order and Disorder*, Saratoga, CA 1984, pp. 208-228
――: *Principles of Biological Autonomy*, New York 1979.
Varela, Francisco J./Evan Thompson/Eleanor Rosch: *The Embodied Mind: Cognitive Science and Human Experience*, rev. ed., Cambridge, MA 2016 (1991).『身体化された心 ―仏教思想からのエナクティブ・アプローチ―』田中靖夫訳、工作舎、(2001 年)。
Der Mittlere Weg der Erkenntnis: Die Beziehung von Ich und Welt in der Kognitionswissenschaft, Bern 1992.
Vivekananda: *The Vedanta Philosophy: An Address Before the Graduate Philosophical Society of Harvard University, March 25, 1896*, New York 1901.
――: *The Complete Book of Yoga*, New Delhi 2019.
Wilson, Robert A./Lucia Foglia: Embodied Cognition, in: Edward N. Zalta/Uri Nodelman (eds.), *The Stanford Encyclopedia of Philosophy*, Spring 2017 ed., Stanford University. https://plato.stanford.edu/archives/spr2017/entries/embodied-cognition/.
Wittgenstein, Ludwig: *Tractatus Logico-Philosophicus: Logisch-philosophische Abhandlung*, Frankfurt/M. 1963.『論理哲学論考』野矢茂樹訳、岩波書店(岩波文庫)、2003 年。

＜視聴覚資料＞

Luhmann, Niklas/Thomas Strauch: *Philosophie Heute: Beobachter im Krähennest. Niklas Luhmann* [VHS], Düsseldorf 1989.
Luhmann, Niklas: *Gibt es in unserer Gesellschaft noch unverzichtbare Normen?* [DVD], München 2009.

索　引

【あ】

アートマン　38, 42, 176, 197, 200-206, 229, 236, 247-252, 255-256, 259, 298

愛　17, 39-42, 65, 126, 220, 273, 280, 297-301

アヴィディヤー　無知　68, 77, 173-174, 208, 253-256, 283, 292, 301 →無明

悪魔／サタン　141, 149, 279-282, 303

アナートマン　無我　29, 38, 176, 197, 203-210, 231, 247-252, 261

アビダルマ　24, 180

因果　24, 29, 54, 91, 174, 180, 188, 191, 196, 200, 203, 208-209, 221, 226, 240-243

ウパニシャッド　5, 42, 120, 142, 154, 173, 223, 234-238, 247, 251, 253, 272, 274, 292

叡智　32, 179, 253, 273, 289

縁起　23, 28, 89, 99, 177, 180, 187-196, 199-200, 202, 206-208, 213-221, 225-229, 239-240, 252, 259, 283, 289, 293, 301

オートポイエーシス　51, 55-57, 68, 91, 93, 266

オートロジー　34, 95, 96

【か】

回帰→再帰

覚者　等正覚者　173, 187, 204, 207-208, 213, 219, 231, 253, 301

渇愛　17, 41, 200

観察者　3, 21-22, 40, 49-149, 204, 208, 213, 222-225, 229, 232, 252, 255, 266, 279, 283, 300

記号　9-12, 115, 156, 161

基礎づけ　29, 71, 92-96, 104, 119, 138, 228, 284, 290

境界線　8, 47-50, 53, 56, 58-59, 68, 79-81, 96, 105, 107, 117, 121, 225, 244, 274, 282, 284-285

虚無主義　ニヒリズム　17, 29, 30, 35-38, 43, 90, 98, 104, 153, 159, 170-172, 176, 183-184, 196, 210, 276

苦　160, 170, 172, 194-195, 197, 206-211, 287, 300

空観　8, 135, 158, 169, 178, 190-191, 211, 216, 219, 232, 246

空見　37, 165, 187, 191-194, 275

空亦復空　192, 242

五蘊　24-25, 38, 180, 202-203, 210, 247-248

【さ】

サーンキヤ　253, 264

再帰　57, 62, 75, 95, 110, 121-122, 199, 271

再参入　75, 115, 145, 232, 275

サイバネティクス　9, 21, 79, 140

サット　214, 236

悟り　39, 127, 144, 175, 208, 232, 254, 264, 277, 289

ジーヴァ（個我）　174, 248, 250, 256

自我　30-31, 33, 37-44, 61-62, 129-132, 160, 172, 175-177, 202-203, 210, 222, 231, 249-256, 275, 280, 287, 289-291

四句分別　269, 186, 188, 204-205, 271

自己観察　61, 63, 75, 91, 110, 269

自己言及／他者言及　50-56, 62-64, 81, 84, 103, 113, 122, 222

自性　29, 156, 170, 172, 177, 188, 195-197, 206, 212, 216-218, 220, 255, 266, 272, 289

実体　154-155, 181, 185, 187, 189, 191, 203, 210-213, 218, 227, 230-231, 236, 241, 248, 283

慈悲　39, 42, 44, 219-220, 231, 273, 295-297, 299-301

社会 Gesellschaft　48, 67, 82, 121, 143,

271, 289
社会的 sozial 55, 67, 143
シャクティ 242-245
執着 23, 28, 30, 31, 37-39, 92, 154, 156, 164, 170, 172, 174-176, 187, 192, 196, 203, 210, 216-219, 231, 253, 275, 291
十二因縁 17, 174, 180, 188, 190, 199, 214, 229, 241
上座部→伝統的保守的仏教
小乗→伝統的保守的仏教
諸法実相 203, 206, 298
真諦 211, 214-218, 229, 241
身体 8-40, 69-61, 65, 84, 96, 103, 129, 197-199, 201-203, 222, 248-250, 298, 300
セカンド・オーダー 52, 140, 141
世諦 34, 211, 213-218, 229, 230, 238, 241, 254, 270, 293
絶対者 5, 197, 217, 220, 223, 236, 237, 242-247, 252, 254-255, 276, 281, 297-301
ゼマンティク 101-102, 124, 136, 147, 277
相依性 26, 169, 188-189, 191, 195-196, 206, 208, 210-213, 216, 221-222, 226, 232, 241, 247, 262, 293
創出 10, 26, 32, 178, 244
創発 11, 22, 25-28, 43
俗諦→世諦
存在論 58, 88, 90, 120, 127, 140, 181, 185, 222, 266, 274, 279, 282-284

【た】
大疑 35, 130-132, 222, 299
大乗仏教 152, 178-179, 185, 187, 191, 231, 240, 242, 258-259
ダルマ 法 17, 33, 152, 154, 160, 163, 170, 174, 180, 183, 199, 211-212, 218, 226-236, 248-249, 301
中道 5, 13-14, 16, 25, 33, 37-38, 94, 135, 167-255, 272
超越 32, 54, 74, 84, 95, 97, 100-142, 159, 168, 175-176, 213, 230, 238, 245-246, 255, 266
超越論的 23-24, 28, 42, 69, 113, 127
沈黙 70-74, 81-85, 95, 108, 114, 119, 157-159, 230, 238, 251, 293
伝統的保守的仏教 小乗 部派仏教 上座部 15, 17, 152, 154, 163, 178, 180-181, 185, 199, 200, 209, 212, 214, 231, 234, 241, 248, 259, 263

【な】
内在 84, 94, 100-142, 159, 213, 215, 230, 245, 266-301
二諦 211, 214-218, 230, 241, 242, 293
認知科学 3-5, 8-35, 43, 48, 50, 94, 99, 290

【は】
排除された第三項 53, 55, 113, 182
バガヴァッド・ギーター 176, 242, 253, 262, 264
八不 104, 187, 194, 214
パラドックス 58-59, 62, 70-84, 109, 117, 135, 145, 157, 226, 229, 254, 268, 270-272, 279-290, 295, 299
非有非空 194
非有非無 186-187, 191, 194, 202, 225, 301
否定神学 5, 123, 127, 148, 163, 167, 266-273, 289, 295
不一不異 187, 200, 248
不断不常 181, 187, 206
ブッダ 39, 152, 170, 181, 186, 196, 199-201, 204, 207-210, 214, 218, 241, 249, 251-252
プドガラ 198-199, 202, 210, 247
部派仏教→伝統的保守的仏教
プラサンガ 帰謬法 133, 135, 152-159, 181-186, 193, 210-214, 228, 231-232, 242, 250, 255, 268, 271, 274, 281, 289, 299
ブラフマン 5, 136-142, 159, 173, 175, 206, 221, 236-256, 263, 274, 281, 298

弁証法　154, 156, 173, 184, 193, 223, 242, 255
法有　24, 154, 163, 180-183, 187, 199, 212, 214, 218, 221, 228, 229, 241, 251, 259, 261
包括者　138, 159, 165, 167, 171, 298
梵我一如　255-256, 299

【ま】

マーヤー　171, 184, 201, 242, 245-248, 256
無自性　29, 104, 168, 189, 191, 196-197, 199, 206, 216-218, 261, 272
無明　120, 190, 200-201, 208, 213, 236, 239-244, 252, 263, 289, 292, 301 →アヴィディヤー　無知

明智　ヴィディヤー　240, 242, 253, 286, 289, 301 →叡智
メディア　57-58, 60, 68, 74, 78, 106-107, 285, 289

【や】

ヨーガ　125, 165, 235, 253, 254, 264

【ら】

論理学　71-72, 92, 132, 145, 153-154, 156, 161-162, 181-182, 186, 222, 236, 284

【わ】

和合有　198, 249

略歴

西　菜穂子（にし　なほこ）
1968年生まれ。
お茶の水女子大学文教育学部哲学科卒業。
銀行勤務を経て渡独、
ヴィッテン/ヘルデッケ大学経済経営学部（旧フォアディプロム修了）。
博士（社会学）（一橋大学）。
元大学非常勤講師。

空の区別
－中観派哲学と区別のシステム理論－

令和6年（2024年）11月25日　初版第一刷発行

著　者　西　菜穂子
発行所　株式会社　溪水社
　　　　広島市中区小町1-4（〒730-0041）
　　　　電話 082-246-7909　FAX082-246-7876
　　　　e-mail: contact@keisui.co.jp
　　　　URL: www.keisui.co.jp

ISBN978-4-86327-653-6 C3010